吃定庄家

——八线理论锁定股市风险

曹明成 谭 文 著

中国宇航出版社

·北京·

图书在版编目（CIP）数据

吃定庄家：八线理论锁定股市风险 / 曹明成，谭文著. -- 2版. -- 北京：中国宇航出版社，2015.7（2024.4重印）

ISBN 978-7-5159-0975-2

Ⅰ. ①吃… Ⅱ. ①曹… ②谭… Ⅲ. ①股票投资－基本知识 Ⅳ. ①F830.91

中国版本图书馆CIP数据核字（2015）第166229号

策划编辑　卢　珊　　责任校对　方　妍
责任编辑　卢　珊　　装帧设计　宇星文化

出版发行　中国宇航出版社
社　址　北京市阜成路8号　　邮　编　100830
(010)60286808　　(010)68768548
网　址　www.caphbook.com
经　销　新华书店
发行部　(010)60286888　　(010)68371900
(010)60286887　　(010)60286804(传真)
零售店　读者服务部
(010)68371105
承　印　三河市君旺印务有限公司
版　次　2015年7月第2版　　2024年4月第8次印刷
规　格　787×960　　开　本　1/16
印　张　20.5　　字　数　260千字
书　号　ISBN 978-7-5159-0975-2
定　价　39.80元

序
preface

近年来，市场上的股票类书籍渐有泛滥之势，且质量良莠不齐，多有鱼目混珠之作，真正能指导投资者实战应用的作品可谓少之又少。然最近读曹明成先生主笔的实战炒股系列丛书，感觉甚好。细读之下，书中不乏作者多年的实战经验心得与“不传之密”，实为“用心之作”，相信读者阅后当有所裨益。

我与曹明成先生相识已久。初识其人，还是1997年在湘财证券的营业部，当时因本人虚长几岁，故称他为“小曹”。其时的“小曹”，瘦瘦小小，貌不惊人，书生气十足，亦没有什么名气。后常有散户打听“曹明成”，发展到后来，不断有大户托我的关系来约“曹先生”吃饭，这才让人刮目相看。再到1999年的狙击网络科技股一战成名，早年的“小曹”已经成为了当时湘楚一带赫赫有名的“老曹”。

几年后我们也相继开始单干，都有了自己的事业，与曹明成先生的联系渐少，偶闻他的消息也只是在报刊杂志上见到他的有关跟庄理论的文章。这次接到他的电话让我为丛书写序，颇感意外。在我的印象中，他身体并不太好，甚至可以用“体弱多病”来形容，又常沉溺于股票实战中，写书这种耗时耗力之事，以他一人之力怎能办到?

见面后我才知道，原来他这几年收了一个得意门生——谭文。谈论间他的得意之色溢于言表，“已得我九成功力”。小谭属于新时代的复合型人才，精通计算机编程，自行钻研了传统技术分析与计算机海量数据模拟测试相结合的分析方式，丛书的写作过程就曾大量使用计算机模拟测试的论证，纠正了许多人力无法克服和发现的错误，使书中的理论更趋完美。大有青出于蓝更胜于蓝之势，真是后生可畏!

“曹氏八线理论”是曹明成与谭文师徒两人多年实战理论研究的结晶，曾被股民朋友冠以“零风险操作理论”的美誉。该理论我个人觉得至少有两点值得推崇：一是最大限度地回避了风险；二是几乎不会错过任何一波有价值的行情。炒股不是纸上谈兵，能在实战中真正做到稳定获利的理论才是好理论。

本次为曹明成先生的书重新作序，特意参加了他的书友会。有一位读者谈论成功经验时的发言让我印象深刻，他说：“曹老师的书，我都读过!”

是的，曹明成先生不会忽悠人，他主笔的丛书更不会忽悠人！读他的书，您一定会有收获!

鉴于此，我愿为此丛书作序，并向全国的广大股民朋友们推荐。

李华

原湘财证券高层管理人员，现为广东某私募基金总裁

2015 年于北京

再版前言

时光荏苒，岁月如梭。自2008年《吃定庄家》出版，至今已过去七个春秋。承蒙读者朋友们的厚爱，该书多次脱销，一再加印。在笔者的邮箱和QQ上，问的最多的也是：“《吃定庄家》怎么没货了？”“《吃定庄家》在哪里能买到？”……经中国宇航出版社卢珊老师策划，该书重新修订付梓，终于能给关注该书的朋友们一个交代了。

《吃定庄家》自2008年出版以来，获得了巨大的市场反响，得到了众多媒体的特别推荐。与其姊妹篇《一本书看透庄家》一起，被业内誉为“中国版《股票大作手回忆录》”。书中提到的庄家内幕相关资料与庄家战法的技术分析等文章，广泛流传在网络上，不少章节已被收录进百度百科。

这些都是笔者始料未及的。从笔者的角度来说，仅仅是将自己十多年来的股市经历与操盘心得，整理归纳之后与读者朋友们分享，远谈不上经典。感谢同行的认可，感谢投资朋友们的厚爱。这也是我和谭文在紧张的投资之余，笔耕不辍的动力源泉。

七年时间弹指一挥间，股市牛了又熊，熊了又牛。从2007

年的辉煌到持续几年的低迷，再到 2014 年开始的疯狂，上演了无数的悲与欢。庄家翻云覆雨，制造了一个又一个神话。

2014 年开始的牛市中，最疯狂的是创业板与小盘股，截至 2015 年年中，创业板指数从 1000 多点涨到 4000 多点，小盘股指数从 3000 多点涨到一万多点。这两个板块创造了一个又一个股市纪录，是牛市中的“牛市”。最典型如暴风科技（300431），连续 36 个涨停板，安硕信息（300380）的股价更是创纪录地达到了 400 元的高价。

如果以价值投资的眼光来看，这是不可理喻的：400 元一股的安硕信息（300380），这家公司 2015 年一季度净利润仅 273.69 万元，每股 0.04 元，市值却已经超过 270 亿元；全通教育（300359）股价 379 元，一季度每股收益 6 分钱，市盈率 1600 倍；还有 23.45 万倍市盈率的启源装备（300140），过去几年的财报显示，上市后的第二年，启源装备净利润骤降 19%。2012 年，公司业绩再次出现跳水，全年完成净利润仅 1276 万元，下滑幅度高达 67%。到 2015 年一季度，启源装备完成的净利润仅有 1 万元。

庄家，只有神奇的庄家才能制造这一切！哪里有股市，哪里就有庄家！哪里有庄家，哪里就有战斗的硝烟！

希望本书能给读者朋友们在操作层面上带来一点启示。在面对各种纷繁复杂的消息、盘面时，不再随波逐流，而是认真探究庄股涨跌背后的深层本质，看透庄家的各种伎俩，勇敢地“与庄共舞”，在各种形势下进退自如，吃定庄家。

这次修订再版，感谢中国宇航出版社的支持，感谢卢珊老师的指导。由于笔者水平有限，书中可能存在纰漏，欢迎各位朋友提出宝贵意见。我的邮箱 caomingcheng@yeah.net，QQ：150610568。同时我们也接收大资金的理财合作，欢迎来函交流。

曹明成

2015 年 7 月

前言

股市投资永远存在二八定律，也就是只有少数人能够赚钱，多数人处在亏损状态。即使在一轮大牛市中也不例外，2006年到2007年这轮大牛市中，沪指最高涨至6124点，上涨了5倍多，而根据2007年12月中央电视台《经济半小时》栏目和新浪网联合调查结果显示，这一轮牛市最为火爆的时期，股市中亏钱的投资者仍高达69.37%，赚钱的人只有21.14%。如果赶上股市出现像2008年上半年一样的深幅调整，能从股市中赚钱的人就更少了。

是否有一种投资交易方式能有效地规避风险，使利润最大化？“八线理论”是我在实战中总结出来的一套股票交易系统，买点入场，卖点出局，线上持股，线下持币，机器化的操作过程，曾被业内戏称为“零风险投资系统”。“零风险”是一个相对概念，在股票投资这个高风险市场，我相信没有人能百分之百不亏损！但我们可以通过科学合理的交易方式，最大限度地降低风险，并实现真正获利。八线理论希望能帮您做到这一点。

在多年的股票投资咨询服务中，经常会有一些散户朋友向我提出这样一些问题：为什么上市公司发布的消息会与股价走势相背离？为什么股票的题材那么好，买了反倒被套？为什么股票明明跌破了技术上的重要支撑，形态走坏后，转身又成了黑马？

要回答这些问题，必须了解庄家坐庄的思路。股市是一个博弈的市场，在庄家与散户的博弈中，在我看来，庄家坐庄的目的能否实现，关键在于能否成功地欺骗散户。比如庄家坐庄时会把股票图形做得非常好看，公司的前景描绘得极为诱人，于是广大散户趋之若鹜，然后庄家“功成身退”，这些好看的图形和诱人的前景也就悉数留给了众散户独自“享受”。

我在市面上见到过不少论述庄家或者描述坐庄情况的书和文章，但大多都是圈外人士根据道听途说而编写的，人云亦云的居多，其中的描述与实际相去甚远。闲下来的时候，我也曾想将自己的一些经历、所了解的一些坐庄内幕以及一些实战经验总结下来与广大的股民朋友分享。这次受中国宇航出版社及圈内的朋友所邀，与我的学生谭文一起写了这本书。

本书另一位作者谭文是我的学生，进入股市时间不算太长，但悟性极高，对行情时机的捕捉，有时候连我都自叹不如。2007 年开始与我合写的博客，其中大部分时间由他执笔，我只作一些指导。博客中他曾多次成功预测行情的阶段性顶底，曾经创造了半年时间点击率超过 2000 万的成绩（博客地址 www.8stock.net，欢迎各位朋友交流指导）。谭文精通计算机编程，使用计算机对八线理论进行了海量数据的模拟测试，修正了其中不少的错误。信息化发展日新月异，炒股也必须跟上时代的发展。长江后浪推前浪，新时代是属于年轻人的。

实践是检验真理的唯一标准。本书的观点肯定还存在不少的错误，希望各位朋友在实践中不断完善，给予批评和指导。

曹明成

2008 年 7 月于海南南丽湖

目录
content

第一章　八线系统理论——零风险交易理论

第一节　建立科学的交易系统 // 2
第二节　八线系统简述// 8
第三节　八线系统参数设置及应用法则 // 14
第四节　线上持股，线下持币 // 16
第五节　买点入场，卖点出局 // 19
第六节　长牛线抓黑马 // 22
第七节　黑马买点的常见情形 // 24
第八节　大盘实战逃顶抄底 // 28

第二章　谁在坐庄

第一节　正确认识庄家 // 33
第二节　庄家的种类及其特点 // 35
第三节　庄家的人员组成 // 44
第四节　庄家的融资 // 49
第五节　庄家的特征 // 51

第三章　散户如何与庄家博弈

第一节　如何应对庄家 // 58
第二节　庄家的优势和弱点 // 61
第三节　散户的优势与弱点 // 67

第四章　庄家的公共关系

第一节　庄家与上市公司的关系 // 74
第二节　庄家与股评家的关系 // 79
第三节　庄家与媒体的关系 // 84
第四节　庄家与其他各方的关系 // 85

第五章　庄家的常见骗术

第一节　庄家信息发布的骗术 // 88
第二节　庄家炒作中常用的骗术手法 // 92
第三节　庄家的骗线手法 // 94
第四节　庄家盘口的骗术 // 98
第五节　几种常见的对敲手法 // 100
第六节　多头陷阱和空头陷阱 // 102
第七节　成交量的骗局 // 110
第八节　思维定式的骗局 // 116

第六章　剖析庄家

第一节　庄家坐庄资金的分配 // 122
第二节　如何判断庄家的成本 // 126
第三节　如何判断庄家的持仓量 // 131
第四节　如何判断庄家的利润率 // 136
第五节　如何发现庄家筹码锁定 // 139
第六节　如何判断市场庄家的动向 // 140
第七节　庄家常见的违规手段 // 144

第七章　庄家如何建仓

第一节　庄家坐庄的流程 // 147

第二节　庄家建仓的方式 // 151

第三节　庄家建仓时的盘面特征 // 165

第四节　庄家建仓时的成交量特征 // 170

第五节　庄家建仓时的形态特征 // 173

第八章　庄家如何试盘

第一节　庄家试盘的目的与作用 // 184

第二节　庄家试盘的方式 // 189

第三节　庄家试盘的技术特征 // 195

第四节　庄家试盘的 K 线形态 // 198

第九章　庄家如何洗盘

第一节　庄家洗盘的目的和作用 // 209

第二节　庄家洗盘常用手法 // 212

第三节　庄家洗盘的盘面特征 // 227

第四节　庄家洗盘的技术特征 // 229

第五节　从成交量判断洗盘还是出货 // 233

第六节　如何判断洗盘结束 // 235

第七节　散户如何应对洗盘 // 237

第十章　庄家如何拉升

第一节　庄家何时拉升 // 240

第二节　庄家拉升的步骤 // 244

第三节　庄家拉升的周期和幅度 // 249

第四节　庄家拉升股价的方式 // 252

第五节　庄家拉升时的盘面特征 // 259

第六节　庄家拉升时的技术特征 // 261

第十一章　庄家如何出货

第一节　庄家何时出货 // 265
第二节　庄家出货的前兆 // 271
第三节　庄家出货的方式 // 272
第四节　庄家出货的盘面特征 // 286

第十二章　吃定庄家

第一节　发现庄家的技巧 // 292
第二节　庄股看盘技巧 // 296
第三节　如何发现庄家正在建仓 // 301
第四节　拉升阶段如何操作 // 304
第五节　如何发现庄家出货 // 306
第六节　如何区分拉升与试盘 // 308
第七节　如何区分震仓与出货 // 309
第八节　如何区分洗盘与出货 // 311

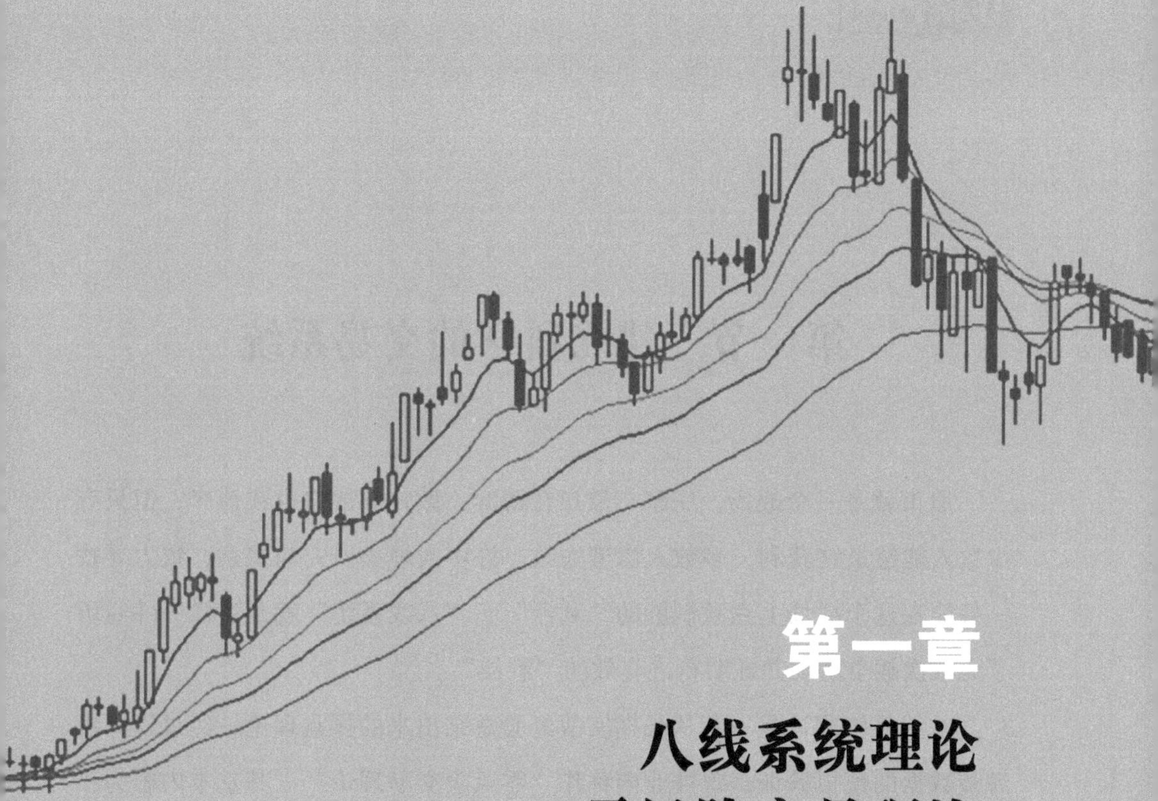

第一章

八线系统理论
——零风险交易理论

第一节　建立科学的交易系统

第二节　八线系统简述

第三节　八线系统参数设置及应用法则

第四节　线上持股，线下持币

第五节　买点入场，卖点出局

第六节　长牛线抓黑马

第七节　黑马买点的常见情形

第八节　大盘实战逃顶抄底

第一节　建立科学的交易系统

股市就是一个战场，庄家与散户在博弈，散户与散户也在博弈，但只有少数人能够最终获利，多数人惨遭失败。许多人埋头研究与探索，致力寻找一件能在这个战场上克敌制胜的“利器”。“八线系统”就是这样一件经历了无数次战争磨砺并证明行之有效的“利器”。

八线系统理论是一套从长期实战经验总结出来的操盘理论，经过计算机海量数据的模拟验证，曾被业内称作“零风险交易理论”。其基本内容为：买点进场，卖点出局，线上持股，线下持币，放弃其他机会和诱惑，锁定股市风险，摒弃鱼头和鱼尾，吃庄股中最有肉的一段。该交易理论教您如机器一般地操作，股市盈利就这么简单。

一、牛市为什么亏钱

从2014年年中启动的牛市不可谓不“疯”，短短一年时间，大盘冲关破隘，从2000点附近一路涨到5100点上方。其中最疯狂的创业板与小盘股更是翻了数倍，创业板指从2014年的1000来点涨到4000点附近，小盘股指数从3000来点涨到一万来点。这两个板块创造了一个又一个的股市纪录，是牛市中的“牛市”。典型如暴风科技（300431），连续36个涨停板，安硕信息（300380）的股价创纪录地更是达到了400元的高价。

如此疯狂的牛市，理应让投资者赚得盘满钵满。但2015年6月底至7

月初的一轮断崖式杀跌，短短两三周时间就让大部分投资者把一年的利润赔完，资本重新回到解放前，更有不少投资者由此深度套牢，亏损惨重。牛市亏钱，值得深思。

无独有偶，在另一段超级大牛市中，同样的故事也在上演。以 2005 年 6 月 6 日沪指 998 点为转折点，一直到 2007 年，中国股市进入了一段超级牛市时代。沪指一路冲关破隘，到 2007 年 10 月，最高涨至 6124 点，上涨了 5 倍多！

6124 点的目标超过了每一位投资者的预测，个股表现更是非常抢眼，这一年的股市是牛股的大秀场，许多牛股涨幅超过 10 倍，创下了短时间涨幅历史纪录。

下面来回顾一下这次大牛市中的大牛股。其中的 ST 金泰（600385）出现了 42 个涨停和 8 个跌停，成为 2007 年最吸引眼球的股票。2006 年底，该股在 4 个涨停后收于 2.08 元，2007 年公告定向增发 80 亿股并收购大股东地产资产。恢复交易以后，连续出现 38 个涨停，最高达到 26.58 元。但是随后又连续出现 8 个跌停，巨量换手后在 17.91 元收盘，并被上交所以股票走势异常为名责令停牌。

2007 年另一个暴涨暴跌的牛股非江苏开元（600981）莫属，它的走势是短线庄家爆炒的典型，和“涨停敢死队”的短线运作脱不了干系。该股在 2007 年“5·30”行情之后方才露出凶悍本色，股价短短两周时间就上涨 100%。经历了一次从终点回到起点的调整后，在两周的时间内再度上涨 100%。其涨势之迅猛，可以说让人反应不及，但是同样，暴涨之后，股价最终又回到起点。

江苏开元的大涨和当时炒作中期年报红股送转有关。在年报公布 10 送 2 转增 7 送 1 元的分红送股计划后，短线炒手开始抢权炒作，随后又在送股实施以后展开填权炒作。

当然，我们都知道高送转并不是股价上涨的理由，只是用以炒作的一个借口。这从股价完成炒作目标后都回到起涨点附近，可以得出这个结论。

在参与此类股票的时候，首先要看该股是否是市场充分认可的题材，这从成交量是否连续放大就能得出结论。另外，对此类股票一定要快进快出，持有时期不能太长。即使没有做好，账户出现亏损，也应该尽快脱身，否则就不得不眼睁睁地看着股价回到起点了。

2007 年也出现了第一高价牛股中国船舶（600150）。前身是沪东重机的中国船舶，2007 年初的时候股价还不到 30 元，但是很快就在人们的惊讶声中突破了 100 元。随后又在人们的期待中突破了 200 元，更在人们的目瞪口呆中达到了 300 元的高价。

中国船舶突破 200 元是一个信号，它打开了所有中高价股票的上涨空间，从此百元股如雨后春笋般出现。中国船舶打造了超级大牛市中高价股的神话。

诸如此类的牛股，2007 年的牛市中还有很多。

这段波澜壮阔的牛市，本应该是广大散户最幸福的时刻。事实上，大部分散户虽然进入了牛市的“宴会厅”，却没有吃到牛市的美味佳肴，相反还亏了老本，付出了沉重的代价。

来看这样一个调查数据。2007 年 12 月，中央电视台《经济半小时》栏目与新浪网联合作了这一轮牛市里股民盈亏情况的调查，调查结果出人意料：从 2006 年 11 月开始，至 2007 年 11 月，是这一轮牛市最为火爆的时期，但在股市中亏钱的投资者却高达 69.37%，赚钱的人只有 21.14%。在没有亏损的 30% 的人中，29.77% 的人收益率回到了 2006 年底的水平，22.73% 的人回到了 2007 年“5·30”以前的水平。

在 2005 年 6 月至 2007 年 10 月的这轮牛市中，指数上涨了 6 倍，价格翻番的股票不计其数。与此相反的是，70% 的股民却没有赚到钱。有了这样的前车之鉴，本轮行情中投资者的收入又会有怎样的变化，我们拭目以待。

我们不禁要问，牛市中投资者赔钱的原因何在？中小散户作为股市中的弱势群体，为什么总是股市中永远的输家？除了资金实力弱、信息不对称、被大股东掠夺、被机构压榨等客观原因外，还有自己的主观原因。

一部分新股民实战经验不足，没有经历过熊市深套割肉出局的血腥场面，对股市下跌的杀伤力知之甚少，且容易被市场人士左右。一部分股民心理素质欠佳，没有经过市场的磨炼，持股心态不稳，每天忙着追涨杀跌等。

在牛市中亏钱还有一个非常重要的原因：大部分散户没有一套合理的交易系统，缺乏严格的操作纪律。

有的投资者对技术分析颇有心得，操作也非常准确，往往能看准庄家洗盘拉升，抢到廉价筹码，但在牛市中的操作结果依然不理想。很多投资者，包括有多年股龄的投资者，因为没有严格的交易系统，每一次买卖股票的理由都不同，这样的操作往往会造成许多失误。正确的操作没有继续复制，错误的操作下一次又同样再犯，结果很有可能就是“辛辛苦苦30年，一夜回到解放前”。

比如有一位波浪理论高手，经常能够预测到价格波动的高低点，并且常常因此获利，但总体上的交易成绩却很一般。究其原因，这位波浪理论高手缺少一套自己的交易系统，没有良好的操作习惯。在自己的预测出现错误时，他不知道应该如何处理，也不清楚出现买进信号时应该使用多少资金建仓，什么时候应该加仓，什么时间应该获利了结。操作随意性大，说明在交易的系统性方面有明显欠缺。

二、何谓交易系统

严格意义上的交易系统，是指完整的交易规则体系。交易系统会对投资决策的各个相关环节作出明确的规定，这种规定必须是客观的、唯一的，不允许有任何不同的解释。一套设计良好的交易系统，必须符合使用者的心理特征、投资对象的统计特征以及投资资金的风险特征。

这里谈到的交易系统指的是，建立一套自己的选股、买卖点判断、止损位设置以及对应的操作纪律的系统。

下面来看这样一个故事。

理查德·丹尼斯是美国一位富有传奇色彩的交易大师，他把几千美元放在股市中，最后赚到2亿美元。这在美国的个人投资史中是绝无仅有的。

艾肯哈特是一位非常有名的基金经理。一次，他们两人在讨论交易方法时，出现了很大的分歧。丹尼斯认为，只要是智力正常的人，哪怕从来不懂股市，只要有一套好的交易系统，就能在股市中获得成功。艾肯哈特对此持否定态度。

为了解决两人的争论，他们决定举行一场带有大赌注性质的试验。艾肯哈特选择了13名普通人作为受训者，丹尼斯用两周时间向这13人传授他的一套交易方法。培训结束后，由丹尼斯向这些人提供交易资金，然后让他们独立交易，时间为一年。

丹尼斯的观点正确吗？任何一个普通人都可以成为股市交易高手吗？一年后，答案出来了，丹尼斯的观点完全正确！受训的13人业绩都很优秀，其中有的人收益率甚至高出他们的师傅丹尼斯。

从这则故事中可以看到，建立交易系统，按原则和计划交易的重要性。股市是不可预测的，在无序的市场中建立有序的交易规则，才能在股市中克敌制胜。所谓克敌制胜，不是指一次获取一倍或两倍的利润，而是在股市中长期持续稳定地获利。

在很多人眼里，建立交易系统，按原则和计划交易，这种概念相当模糊。人们过多地重视股价预测，而对自己的交易行为稀里糊涂，充满随意性。没有交易原则和交易计划就买卖股票，如同没有设计图纸去建造房屋一样，肯定要付出巨大的代价。

三、科学的交易系统应具备的条件

在股票市场中交易过两三年的老股民，很多人都有一套自己的交易方法，但这套交易方法并不一定是科学的交易系统。

一套科学的交易系统应具备以下条件：

应有买卖点的判定标准，有买卖时间、持股时间、预期收益等各个环节的操作提示，有完善的交易原则、交易计划，有完善的风险回避办法，如设立止损位等。

比如前面所说的那位波浪理论高手，他应该认真地问一问自己，如何把所有方面协调统一在一起，形成一个行之有效的交易系统？除了市场分析以外，他的交易方法中还缺少什么东西？很显然，缺少的内容妨碍了他长期稳定地获利。

如果想长期稳定地获利，那么整体的交易应该是一个过程，而不是简简单单的一次预测或者一次全仓买入。

其间至少应包括以下因素。

◆ 如何处理判断失误？

◆ 最大亏损控制在什么范围？

◆ 什么时间追买？什么时间获利了结？

◆ 市场出现非人力因素的下跌时如何处理？

◆ 预期的目标价格是多少？对该目标价格是否满意？

◆ 当市场价格变化以后，如何修正自己的交易计划？

大多数投资者心中都有一个强烈的愿望，就是希望他们的每一次交易都是正确的。但是理智地思考一下，华尔街的顶尖交易员在 10 年中的平均正确率仅仅是35%左右,你的正确率又能做到多少,你是否现在就比他们优秀?

在理论上无懈可击，在实践中经得起反复的验证，在统计学上有较高的胜算率，一般胜算率需达到 70% 以上，这些是检验交易系统是否“科学”的重要标准。

科学的交易系统应以铁的纪律严格执行。建立交易系统最重要的作用，在于可以规避主观情绪对交易带来的负面影响，客观理性地按照买卖逻辑和买卖信号进行操作。当你选择了一套符合自己个性的交易系统，一定要将它贯穿于交易的始终，不要轻易地改变。

交易过程中最忌讳“朝三暮四”，再好的交易系统，不认真执行亦是破铜烂铁。在捍卫原则方面，需要有铁的纪律，既不在交易系统出现买卖信号时优柔寡断，怀疑系统的有效性，又不在非本交易系统指示的买卖机会时心猿意马，能够放弃其他的诱惑与机会。

第二节　八线系统简述

八线系统是一套从长期实战经验中总结出来的交易系统，并经过计算机海量数据的模拟验证。当然，“零风险”只是一个相对概念，没有人能在股市投资中做到永远不赔。但可以通过合理的交易方式，较大限度地规避风险。

八线系统“零风险”的精髓在于“赔小钱，赚大钱”，在较长时间的交易周期中，使投资者避免和降低亏损，并真正从中获利。

八线系统由 7 条均价线和 1 条均量线组成。均量线为半年均量线(120 日)。

7条均价线参数值分别为：

7天线：7

持股线：15（牛市13）

生命线：25

初月线：34

双月线：56

长牛线：235

牛熊线：453

这7条均价线使用的都是指数加权移动平均线（即EMA），而非算术移动平均线（即MA），如图1-1。

图1-1

八线系统理论由经典的均线理论衍生而来，这里有必要先了解一下均线理论。

移动平均线由美国投资专家葛兰威尔创立，由道氏股价分析理论的“三种趋势说”演变而来。移动平均线将道氏理论加以数字化，从数字的变动中预测股价未来短期、中期、长期的变动方向，为投资决策提供依据。

移动平均线 MA，又称均线、成本线，代表一段时间内买入股票的平均成本，反映了股价在一定时期内的强弱和运行趋势。算术移动平均线就是将 N 天的收盘价加和再除以 N，得到第 N 天的算术平均线数值。算术移动平均线还可以衍生出加权均线、成交量均线，也就是八线系统用到的均线。

由此不难看出，均线实际上反映的是一段时间内的平均成交价格，即筹码成本。时间参数偏小，均线反映的平均成本便属于短期性质，如 5 日、10 日为短期均线；20 日、30 日、60 日均线是中期均线，反映中期成本；120 日、250 日则是长期均线，反映长期成本。

在技术分析中，市场成本原理非常重要，它是趋势产生的基础。市场中的趋势之所以能够维持，是因为市场成本的推动力。例如，在上升趋势中，市场成本是逐渐上升的；下降趋势里，市场成本是逐渐下移的。成本变化导致了趋势的延续。均线代表了一定时期内的市场平均成本变化。

在均线使用法则上，葛兰威尔作了最好的总结。

买进法则：

◆ 移动平均线从下降转向平缓上升，而收盘价从平均线下方向上移动，与平均线相交并越过平均线时，就形成一个买入信号。

◆ 收盘价在移动平均线上方移动，虽然出现回落，但并没有跌破平均线，随后又掉头上升，此时也是买入信号。

◆ 收盘价曾一度跌破平均线，但又立刻回升到平均线上方，移动平均线继续保持上升势头，这也是买入信号。

◆ 收盘价在平均线下方运动，并远离平均线，这是超卖现象，预计短期内价格会反弹回升并向平均线靠近，这也是买入信号。

卖出法则：

◆ 收盘价在平均线上方移动，并且呈现上升趋势，离平均线越来越远，表明近期多头都已经获利，不久将获利平仓，这时出现一个卖出时机。

◆ 移动平均线由向上移动逐渐转为平缓下降趋势，而收盘价下破平均线，说明价格会出现较长时期的下跌，此时是卖出时机。

◆ 收盘价在平均线下方运动，反弹没能向上穿越平均线，而平均线又趋于下降，这时是较好的卖出时机。

◆ 收盘价曾一度暴涨，突破平均线但又回落，而且平均线呈明显的下降趋势，此时是卖出时机。

在均线系统使用方面，主要分以下几类。

一是趋势。短期均线上翘，说明股票或指数短期处于上升趋势。同样，中期均线、长期均线上翘，则反映中长期趋势属上升趋势。如果不是上翘，而是下探，则显示为跌势状态。若是均线斜率不大，处于横向运行状态，则显示盘整格局。

在持续的长期升势中，一般短期均线在上方，中期均线在中间，长期均线在下方。在持续的长期跌势中，一般短期均线在下方，中期均线在中间，长期均线在上方。

当然，短期、中期、长期均线有时方向并不一致。如某段时间上证综合指数短期均线掉头向下，而中期均线、长期均线仍维持上行趋势，后势若跌势延续时间较长，中期均线和长期均线的走势也会发生改变。

二是交叉突破。我们可以从均线系统的交叉判断个股或大盘可能出现的突破型走势。例如，5 日均线上穿 10 日均线，10 日均线又上穿 20 日均线，形成短中期均线向上金叉，预示股价中期向上突破。判断跌势也是如此。5 日均线靠近 10 日均线，后市相继下穿 20 日均线，则预示跌势确立。

三是发散形态。发散是指短期、中期、长期均线相互之间距离越来越大，特别是短期均线，此时均线走势往往十分陡峭，即斜率很大。如果是上翘状态，则意味着短期成本远远高于中期、长期成本，获利筹码大增，短期面临套现压力。如果是下跌状态，则说明短期成本远远低于中期、长期成本，套现压力减弱，短期面临反弹。

四是支撑位和阻力位。均线和 K 线结合使用，均线往往起到支撑位和阻力位的作用。如果 K 线触及短期均线并在上方收阳，预示着受到短期均线的支撑，后势仍将走高；若距离过大，则说明短期获利筹码增加，有回调压力。如果 K 线触及短期均线并在下方收阴，说明受到短期均线的阻力，后市下跌的可能性较大；若拉大和短期均线的距离，则会有反弹出现。

同样，在上涨或下跌的时候，K 线触及中期或长期均线，均线都会产生支撑或阻力的作用。若 K 线跌破支撑或突破阻力，都预示着运行趋势确立。

八线系统的均线使用方法离不开以上使用法则，是经典均线理论在实战应用中的总结和提升。

在软件中可如下设置八线系统：

在大智慧经典版日线图上，右键点击任意一条均线，选择“修改指标公式”，出现图 1-2。

参数可以不作修改。在编辑框里输入：

7 天线：eMA(CLOSE, 7)

持股线：eMA(CLOSE, 15), colorred, linethick2

生命线：eMA(CLOSE, 25)

初月线：eMA(CLOSE, 34), coloryellow

双月线：eMA(CLOSE, 56), color0099FF

长牛线：eMA(CLOSE, 235)

牛熊线：eMA(CLOSE, 453), colorwhite

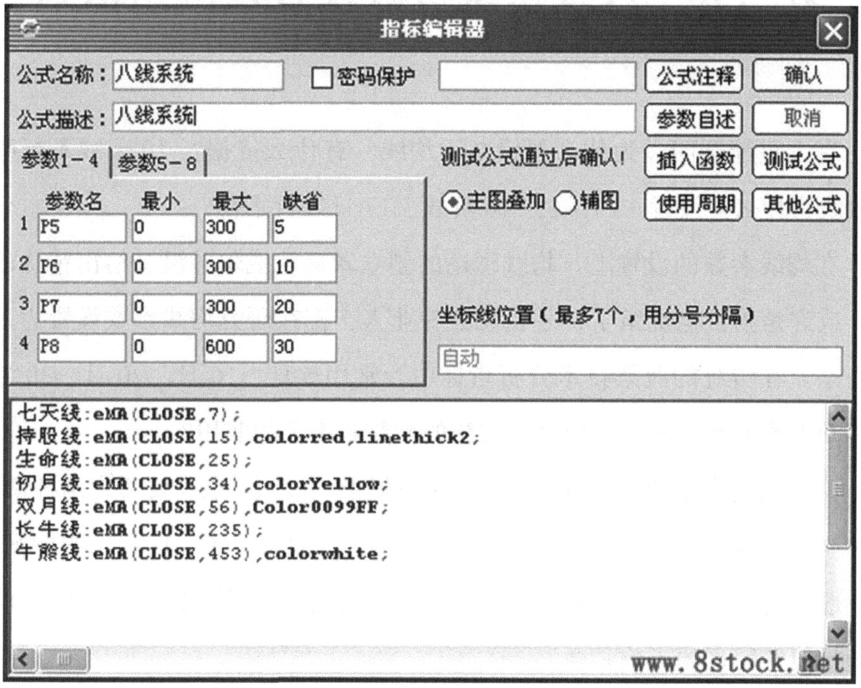

图 1–2

7 条均价线设置完成，如果主图无显示，回车后键入“MA”，确认即可。

在行情软件主图下方的成交量副图上，右键点击任意一条均量线，选择“修改指标公式”，在参数修改中将最大值改为 250，缺省值 120。均量线设置完成。

大智慧新一代、分析家、飞狐等软件中，设置大同小异，不再赘述。

第三节 八线系统参数设置及应用法则

有人可能会问，为什么要设 7 天均线？有什么依据？ 10 天线不行吗？持股线为什么要设置 15 日线？ 16 日线、17 日线行不行？

在均线参数的设置上，均线理论的创立者葛兰威尔并没有给出精确的数据，或许是猫教老虎留了一手。无数专业人士都在研究均线参数设置为多少最合适。在传统的股票技术分析指标中，常用 5 日、10 日、20 日、30 日算术移动平均值作为参考，但这些传统的参数是否真的实用？

实战经验丰富的股民都知道，分析市场上的股票，最少要考虑两种情况，一种叫做“有庄”，一种叫做“无庄”。当一只股票处于无庄状态的情况下，影响股价的一般为市场因素，股价的上下波动主要受到股本大小、业绩好坏、行业地位等因素的影响。

如果这只股票被某一主力资金看上，并且主力已经进场（就是我们常说的坐庄），情况就发生了变化。原来影响股价的主要矛盾就成了次要矛盾，而庄家的中远期战略目标，就上升为主要矛盾。庄家会利用手中的资金和筹码推高或打压股价，以保证其战略目标的实现。在这个过程中，庄家会千方百计地做一些陷阱给散户钻，这时使用传统参数的均线往往被庄家用作制造“骗线”的工具。

“骗线”，顾名思义就是庄家设计出“美妙绝伦”或“惨不忍睹”的股票走势图形，诱骗那些主要靠技术分析作为投资决策依据的投资者掉进“多头陷阱”或“空头陷阱”，从而便利庄家高价出货或低价进货。

精通和熟悉技术分析的投资者都知道，一旦股票“出线”，即突破过支撑点或压力带，就预示着新的低价或新的高价阶段可能来临。投资者自然不会轻易放过机会做多头或空头，以便获取丰厚的利润。

庄家设计“骗线”的关键点，就在于让股价“跌破”成交密集的支撑位（即所谓“破位”），或是“穿越”牢不可破的“压力带”（即所谓“出线”），诱使投资者卖盘杀出，抑或买盘抢进，从而中计。

大众都在使用的传统均线，必然会被庄家用作“骗线”的工具。股市里真相与假相混杂，馅饼与陷阱同在。庄家控盘手法就是真真假假，虚虚实实，似进实退，欲涨先跌。

八线系统在多年的操盘实践中不断完善，多次修改其参数，如持股线在牛市中调整为 13 日线，熊市中调整为 15 日线，发现庄家、狙击庄家的成功率较高，对庄家的一些陷阱能进行有效的回避。

比如庄家洗盘时，股价多数在 10 日均线之上并远离 10 日均线时开始调整。洗盘过程中，股价会在 10 日均线附近震荡。操盘手往往都是事先画好了图形，洗盘的时候，传统的技术支撑位都要刻意击破，将保守的技术派拉进圈套，因此 10 日均线是经常会被击破的。

但即使股价跌破了 10 日均线，也会很快被拉回来，这是为了避免将来拉抬时遇到强大的解套盘压力。这个过程中，如果我们使用 10 日均线作为出货点，则正好中了庄家的奸计。而八线系统中的持股线和生命线提示的卖点，能有效避开庄家的这一杀招。

八线系统中的均线，7 天均线是短线操作的高位止盈线。如果价格连续两天跌破 7 天均线，短线交易则需要卖出。持股线是八线体系中最为重要的一根线，线上持股，线下持币，结合生命线和 7 天均线共同发出买点和卖点信号。

生命线是另一条非常重要的均线，任何一只股票都可以通过生命线判断价格走势。只有当股价向上有效突破生命线，才会出现中期向上行情。生命线向下的股票，最好不要操作。

请记住：生命线向上时，股价离开生命线远了要回抽生命线，然后依托生命线震荡上行。直到有一天有效跌破生命线，该股才会转入中期下跌。同理，生命线向下时，股价离开生命线远了要反抽生命线，然后依托生命线震荡下跌。直到有一天有效突破生命线，该股才会转入中期上涨。

7 天均线、持股线和生命线是八线系统中的操作线。牛熊线是大盘和个股牛熊分水岭，跌破该线则预示着行情完全进入熊市，持股线选择 15 日均线替代 13 日均线。初月线和双月线是由 30 日均线和 60 日均线变化而来的，但更为灵敏和准确。初月线、双月线和长牛线是三条跟庄线，配合使用是发现大黑马的利器。

第四节　线上持股，线下持币

八线系统一个重要的交易原则就是：线上持股，线下持币，放弃其他诱惑与机会。

“线”指的是八线中的持股线。持股线是 13 日或 15 日加权移动平均线（即 EMA）。持股线是八线系统中最为重要的一条线，这条线的参数值在实践中经过多次修正，经过计算机大量历史数据的模拟测试，持股线参数在

13、14、15之间调整较为科学。近几年慢熊、慢牛、快牛、快熊走势中，笔者分别在牛市和熊市中使用13和15两个参数。

在传统的技术分析中，区分牛熊有多种标准，八线系统使用牛熊线（453日线）来进行判断。大盘站稳牛熊线，预示着新的牛市行情来到，可大胆做多，持股线使用反应较为灵敏的13日均线；大盘跌破牛熊线，预示着熊途已经开始，应谨慎做多，持股线使用走势较为平缓的15日均线。

线上持股是指股价向上突破持股线，站上了持股线之后，可以一路持股，直到股价跌破持股线，持股线下应持币观望。如图1-3，苏州固锝（002079）2014年12月至2015年4月的走势图。

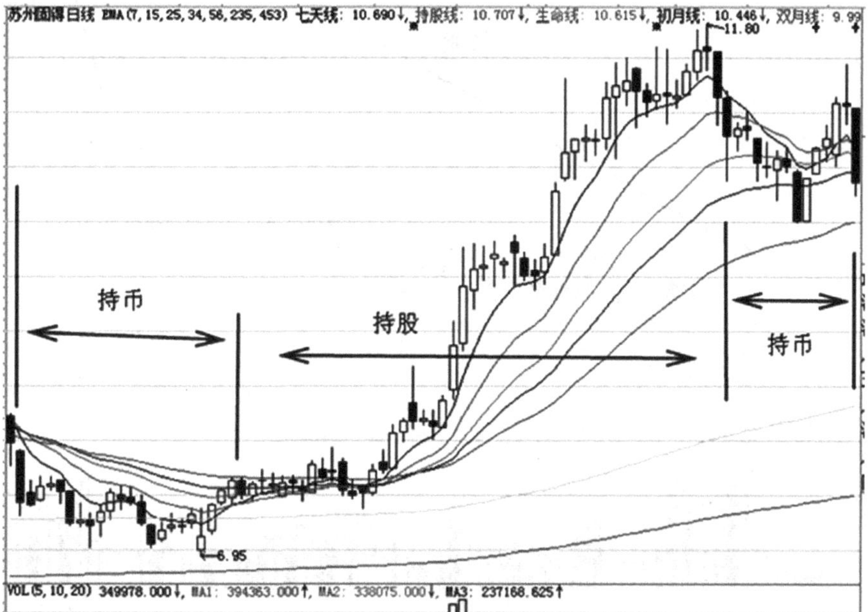

图1-3

该股从漫长的线下持币阶段，由“四四连阳”的走势站上持股线，自此股价运行在持股线上方，投资者可一直持股待涨。

股价连续长时间上涨，从低点 7 元左右上涨到高点时的 11.80 元。股价由两根大阴线构成 K 线连阴形态，跌破持股线。投资者应当在此时卖出，持币观望。

再看图 1-4，沈阳机床（000410）2014 年 11 月至 2015 年 4 月的走势图。

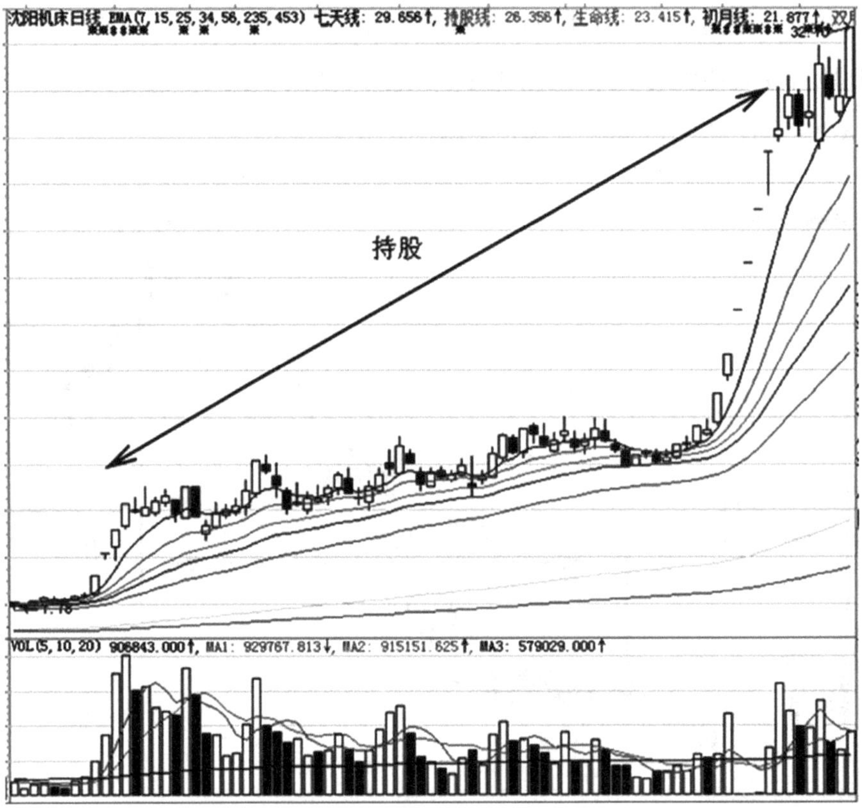

图 1–4

按照线上持股、线下持币的原则，该股的操作波段是：在 2014 年 11 月股价站上持股线后长期持有。如果投资者按此方法操作，沈阳机床这只大牛股的收益就尽入囊中。即使图中出现了短暂的跌破持股线的行为，但股价很会就快速收回。此方法的指导意义依然明确而精准。

操作中应注意以下几点。

◆ 注意生命线的走势。持股线上穿生命线后，按照线上持股的原则介入较为安全。反之，持股线在生命线下运行时介入风险较大。

◆ 注意 120 日均量线的走势，成交量突破 120 日均量线较为安全。

◆ 收盘价如跌破持股线，是出局信号，第二天可选择出局。若第二天杀跌较多，则可等待线下出现阳线时再卖出。

第五节 买点入场，卖点出局

八线系统另一个重要的交易原则就是：买点入场，卖点出局。

八线系统有明确的买卖信号，可如机器一般机械操作。实战中应严格遵守交易规则，避免情绪的干扰。

持股线上的买卖信号是八线系统其他买卖信号的基础。

◆ 股价有效站稳持股线的第一根 K 线为买入信号。若股价以长阳形式突破持股线，并且股价已远离持股线，则等待阴线回抽持股线时低吸。

◆ 股价有效跌破持股线的第一根 K 线为卖出信号。若股价以长阴形式跌破持股线，股价已远离持股线，则等待阳线回抽持股线时高抛。

◆ 熊市和震荡行情中，必须是股价已经站稳生命线，且生命线已转头向上，买入信号才有效。

◆ 短线操作中，7 天线为高位止盈线，股价跌破 7 天线为卖出信号。

如图 1-5，山东钢铁（600022）2015 年 1 月至 5 月的走势图。

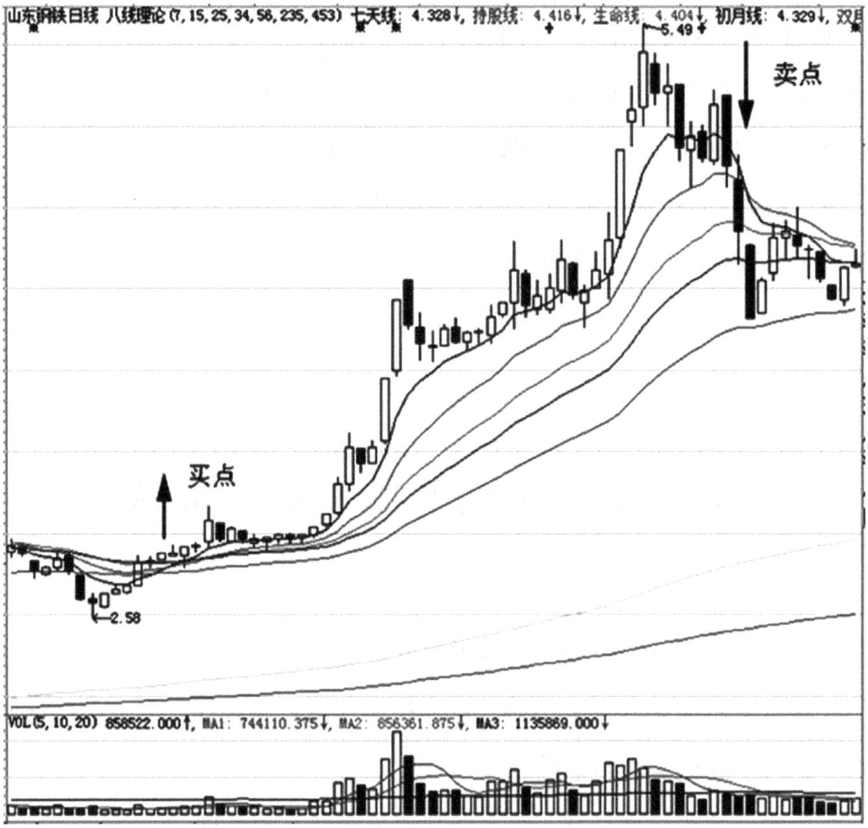

图 1–5

2015 年 1 月该股突破持股线，并得到支撑确认，发出买入信号，此时可以择机在靠近持股线位置入场。随后该股以涨停连阳形式向上推升。期间多次以长阴震荡洗盘，对于这种走势可以不用理会，坚持线上持股，保持不动。到了后期，该股以长阴方式跌破持股线，发出卖出信号，在回抽持股线时选择卖出离场。这段行情已经获利，有了将近翻倍的利润。

八线系统中，前三条线是操作线，也就是持股的基础。结合初月线、双月线和长牛线，八线系统还有其他形式的买卖信号，后面几章将会详细讲述。

八线系统中还有一条特殊的均线：半年均量线（120 日均量线）。这也是判断短线买卖信号的重要依据。

虽然技术分析指标多达上百种，但归根结底，最基本的就是价格与成交量，其他指标只是这两个指标的变异或延伸。均量线反映一定时期内市场成交情况，即交投趋势的技术性指标。均量线与常用的均价线原理相同，反映的是一定时期内市场成交量的主要趋向，研判时与股价均线配合，对目前股价所处初升期、主升段或是末升期，以及对股价未来变动趋势的研判，都起着重要的辅助作用。

均量线是根据成交研判股价走势的技术分析工具，构成均量线的均量值计算很简单，同移动平均值的计算方法一样，只不过移动平均线用的是每日收盘价，均量线用的是每日成交量（亦可以用成交金额）而已，然后连点便可成线。

在传统的技术分析中，均量线以 5 日或 10 日为采样天数，也有的同时选用 5 日线、10 日线和 30 日线绘制多条均量线。其中 5 日均量线代表中期交投趋势，30 日均量线代表长期交投趋势。

5 日、10 日均量线由于时间短，波动较为频繁，而 120 日均量线能避免这种波动，较好地反映庄家的持仓成本。决定股票买卖重要的一点，就是分析庄家的持仓成本。一些强势股之所以能一涨再涨，和其庄家收集筹码的成本有重要关系，这些都能从均量线上找出蛛丝马迹。

如庄家成本较高且持仓量大增，则不宜出局；如均量线和股价出现明显背离，就要时刻防备庄家因成本低而随时可能出现的兑现。均量线的历史高点处，即巨量成交处，通常为该股的成交密集区域。如果有成交量的二次确认，即使均量线没有创出历史新高，但均值较为接近，亦可确认为庄家的加仓区域。

在判断股价趋势时，需要观察120日均量线的走势。如股价持续站稳该均量线，则可以判断趋势走好，走势安全；如股价持续落在均量线下方，则需要提防顶部的形成。

一般来说，在上涨行情初期，均量线会随股价不断创出新高点，显示市场人气聚集的过程。行情进入尾声时，尽管股价再创新高，均量线多已衰退疲软，形成价量分离走势。这时市场随意愿发生变化，股价接近峰顶区。

在下跌行情初期，均量线一般随股价持续下跌，显示市场人气涣散，有气无力。行情接近尾声时，股价不断跌出新低点，而均量线大多已经走平，也可能有上升迹象。这时表明股价已经见底，可以考虑伺机买进。

第六节　长牛线抓黑马

八线系统的长牛线是用来捕捉长线黑马的，适合长线跟庄的投资者使用。长线跟庄是笔者非常主张的一种跟庄方式。

庄家最怕什么？最怕散户不看他！散户不看他，庄家的一切表演都是徒劳，这就是庄家的死穴。散户之所以斗不过庄家，是因为庄家深知散户的贪婪与恐惧。庄家的阴谋通过操盘手传递给散户，庄家可以让盘口别有洞天，风起云涌，可以让K线图青面獠牙，只要你睁开眼睛看，就会患得患失，就会神魂颠倒，就会惶惶不可终日。

在股市这个大舞台上，庄家就是卖座的大明星，而散户则是忠实的观众。庄家在台上没日没夜地尽情表演，但没有观众的时候，也就预示着庄家生命终结。

长线跟庄的前提是必须找对庄股。如果买入一只无庄的死股，或者跟上了出货尾声、庄家表演完毕的个股，那将是痛苦的开始。

以长牛线跟庄的要点如下。

◆ 长牛线由下降变为走平后，开始转头上行。

◆ 股价突破长牛线。

在庄家坐庄过程中，庄家可以翻江倒海，花样百出，几乎所有的技术指标、分析工具都可能用来骗线，都可以成为庄家表演的道具。但庄家唯一不可隐藏的便是趋势。无论庄家怎样洗盘、震仓，最后都要将股价拉上去。长牛线表示的是股价中长期趋势，一旦长牛线走平继而转头向上，表明该股前期调整趋势已经改变，正逐步演变为上行趋势。

如图 1-6，海信电器（600060）2014 年 8 月至 2015 年 5 月走势图。

该股股价从 2014 年 9 月开始站稳长牛线，而长牛线也结束了长期下降走势，开始走平。但此时长牛线并未转头上行，不符合买入条件。2015 年 1 月底，该股长牛线开始调头，发出买入信号。此时可在靠近长牛线时低吸，随后该股走出一段漂亮的上涨行情。

那么长牛线跟庄的卖点在哪里呢？卖点选择在股价上涨空间达到 100%，成交量跌破 120 日线均量线。这个 100%涨幅是由庄家的建仓成本和获利目标来确定的，这一点将在后面阐述庄家控盘的章节中详细讲解。在此案例中，我们看到量能已出现萎缩，跌到均量线之下，投资者需要注意抛出时机。

由于长牛线代表的是股价的中长期趋势，一旦该线反转上行，基本可以确定该股后市将曲折上行。根据长牛线的两个条件，可以伏击到大批中长线庄股，而且能在长线黑马启动初期先人一步，早早上轿。上涨期间不必理会庄家的其他花招，卖点一出现，便须离场，不可留恋。

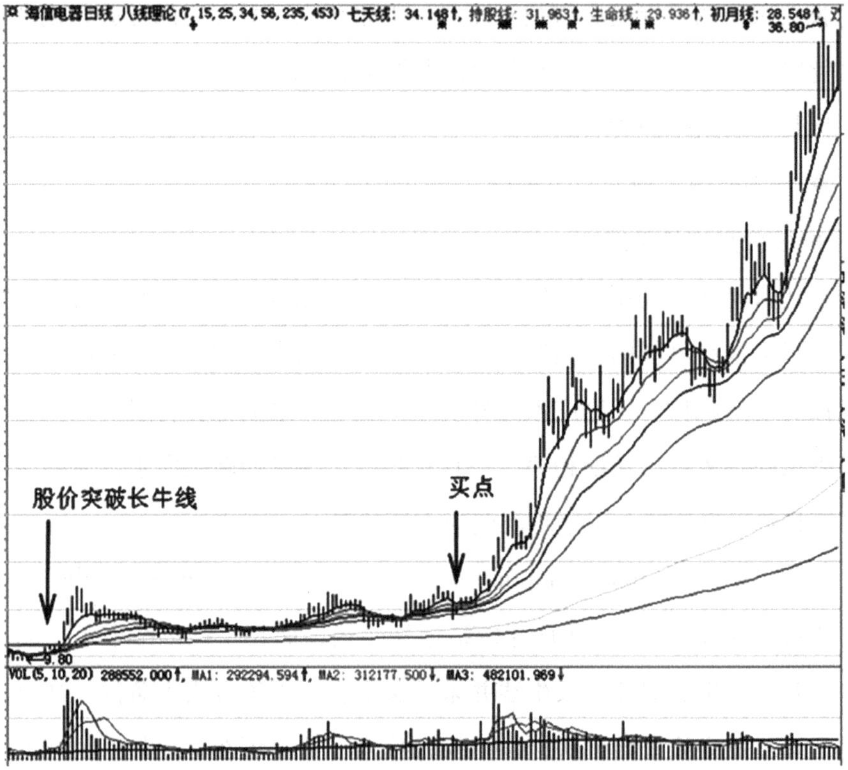

图 1–6

第七节　黑马买点的常见情形

八线系统中另有两条线：初月线与双月线。初月线由月线演变而来，取34为参数。唐朝诗人卢照邻有诗云：片片行云著蝉鬓，纤纤初月上鸦黄。该线比一月周期多出4天，如一轮初月。双月线则是由60日线演变而来，比60日线周期多出6天。八线系统中，这两条线与其他线组合，能衍生出多种买卖点形态，这里举出常见的几种。

一、洗盘形态

双月线是一条中期趋势线，股价站稳该线预示着该股中期趋势走好。庄家洗盘时，一般短期均线难以跌破该线，以避免将来拉抬时遇到强大的解套盘压力。

此类形态的技术特征一般是，持股线与初月线都在双月线上运行，随后出现带量的阴线，持股线快速击穿初月线，但仍在双月线上运行。短时间股价再次拉起，持股线随之上穿初月线，均量线跟上。如果发现如上特征，一般可以判断庄家洗盘，可大胆跟进。

如图 1-7，三丰智能（300276）2015 年 1 月至 5 月走势图。

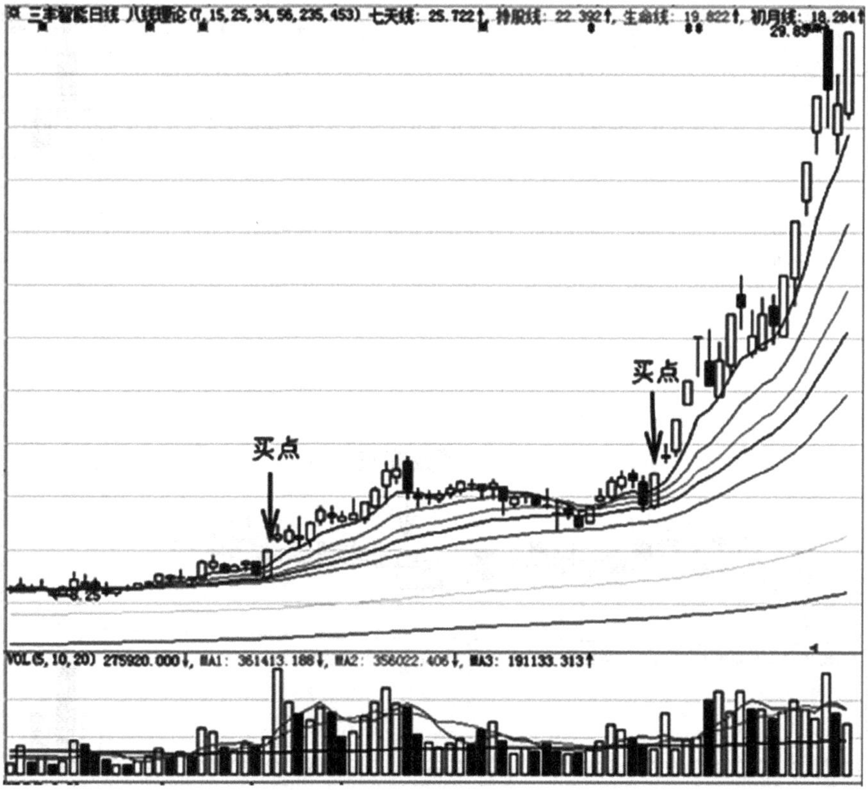

图 1–7

从图中可以看到，股价两次回落，持股线下穿初月线，但仍在双月线上运行。经过短暂的休整之后，股价快速企稳，突破初月线，量能也站上120日均线量，发出买点信号。之后，股价开始一段大幅拉升。

二、突破形态

股价长时间在持股线、初月线、双月线附近小幅波动，某一日一根长阳突破三线，成交量大幅放大。此阳线为黄金突破，是积极入场信号，如图1-8。

赞宇科技（002637）股价在三线附近波动，随后以一根长阳线突破。一阳穿三线，黄金突破成立，可大胆入场，后期的涨停板尽归囊中。

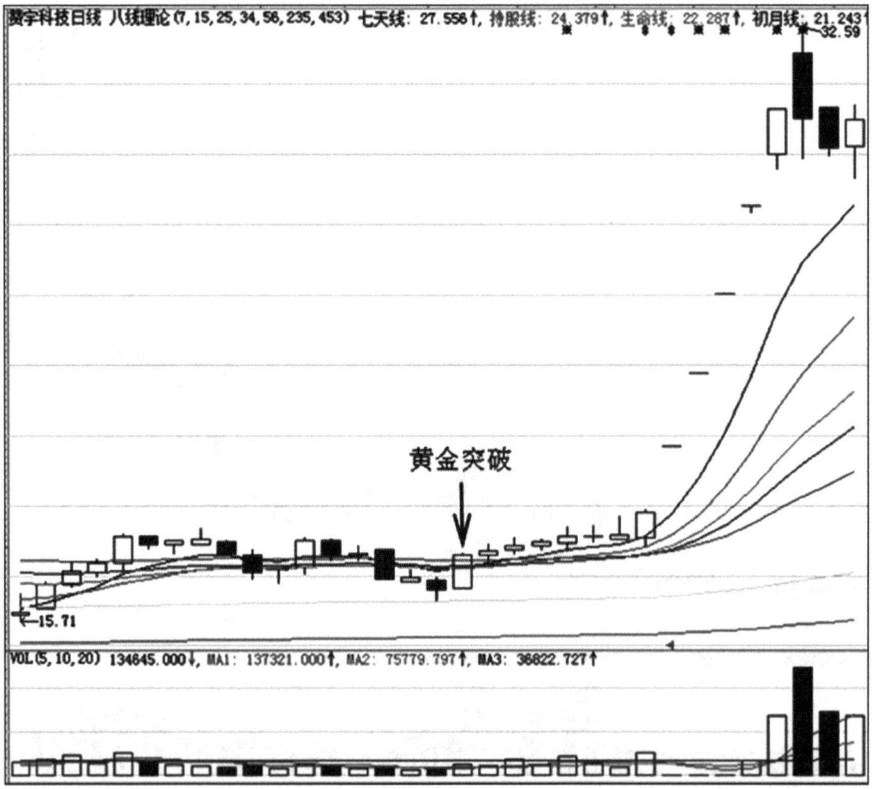

图1–8

三、上攻形态

股价在持股线下小幅震荡，初月线自然下穿双月线，股价继续盘整。随着量能持续放大，股价开始上行。某日初月线上穿双月线，上攻形态成立。

如图 1-9，科陆电子（002121）2014 年 12 月至 2015 年 4 月走势图。2014 年 12 月，股价在持股线之下小幅动荡，随后股价翻转。初月线自然下穿双月线，量能开始增大，股价上行。初月线突破双月线，上攻形态成立。

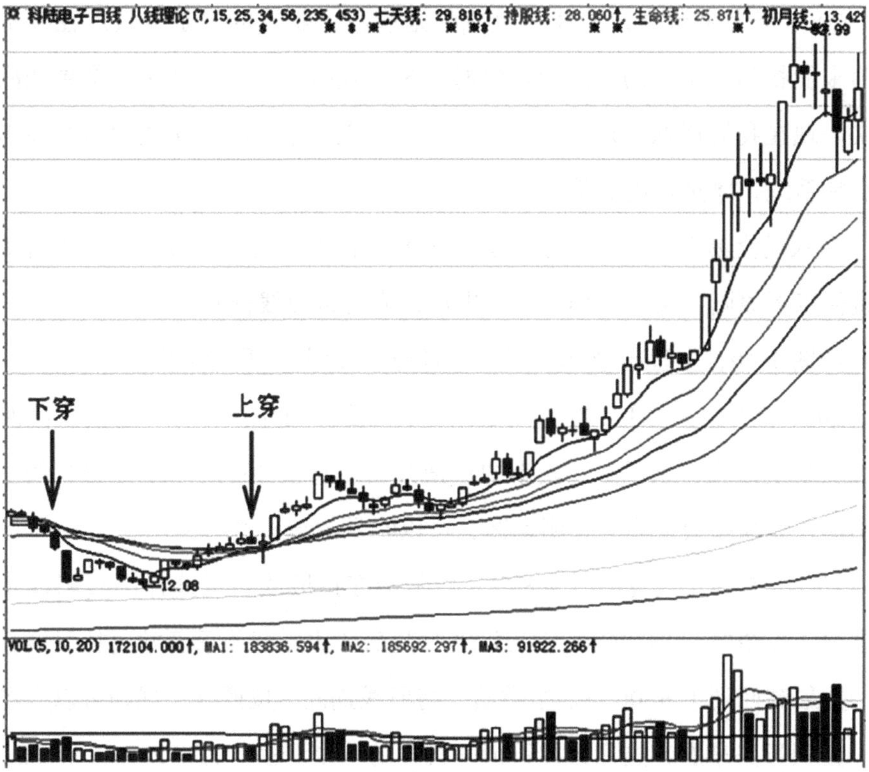

图 1–9

第八节　大盘实战逃顶抄底

2007 年大牛市中，为什么赔钱的是多数，赚钱的只是少数。在投资者因为未能找到一个好的买点而烦恼时，未能及时离场，同样是一个更残酷的现实。现在我们用八线理论带领大家逃出生天。也只有在实战中经受住考验的交易系统，才是实用的系统。

在八线交易系统中，股票买卖一定要结合大盘行情增减仓。大盘行情一样遵循以下原则：买点入场，卖点出局，靠近持股线低吸。

如图 1-10，上证指数 2007 年 12 月至 2008 年 3 月走势图。

2007 年 7 月 17 日，指数开始站上持股线，如图中（1）位置。同时持股线上穿生命线，预示着一轮新的行情开始。直至 2007 年 10 月份，线上持股不动，无须理会期间的长阴动荡，可以吃足这波行情。

10 月 25 日，大盘暴跌 4.8%，长阴击穿持股线，可选择次日阳线反抽时逃顶，如图中（2）位置。10 月 29 日随后 4 天，股指重新站上持股线，上证指数最高回到了 6000 点。指数站上持股线期间，按照操作规则可以入场。

但回过头来看，这几天的行情是机构的一个诱多行为。11 月 2 日股指跌破持股线，发出卖点信号，再次逃顶。至此，从 3900 点入场，在 5600 点上方离场，这波大行情已经吃到。

再看后续行情走势，指数在位置（3）站上了持股线，能否入场呢？显

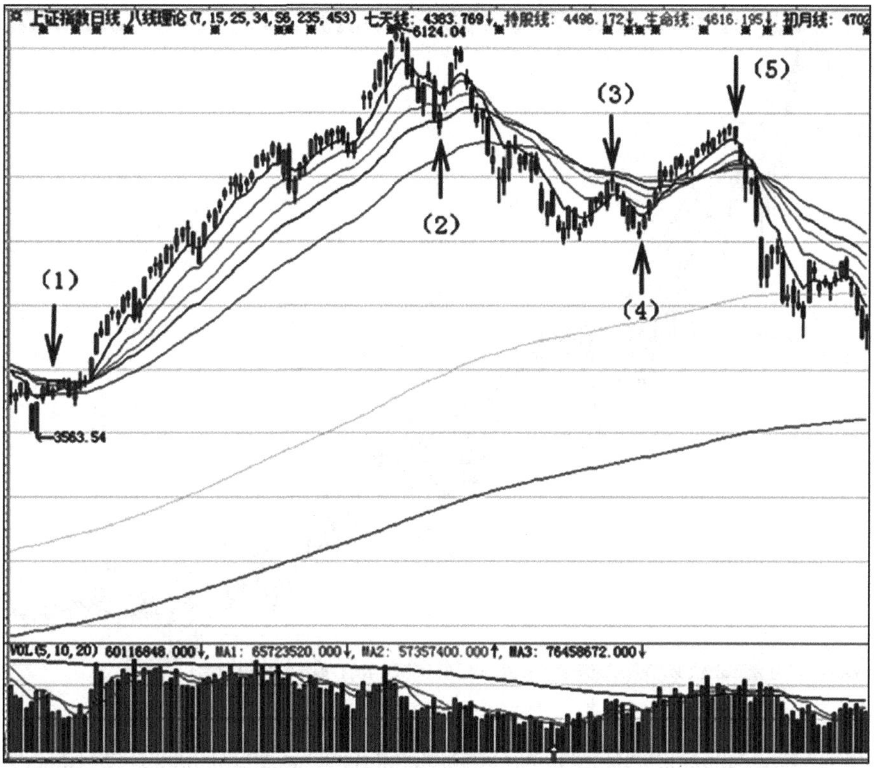

图 1–10

然不行，熊市或动荡行情中，需等待生命线走平，且持股线站上生命线，这个条件不满足。

图中位置（4）指数再次站上持股线，同样的道理，需等待生命线走平，且持股线站上生命线。可选择在 12 月 27 日靠近持股线时入场。2008 年 1 月 16 日，指数跌破持股线，发出卖点信号，逃顶离场。后面的走势我们看图 1-11。

2008 年 1 月 16 日逃顶之后，大盘开始了一波大跌，指数从 5220 点开始一路下跌。直至 2008 年 10 月，最低跌至 1664 点。个股跌得面目全非，

图 1–11

情形非常惨烈。

大盘行情中，八线交易系统另一个原则是：靠近持股线补仓。

如图 1-12，上证指数 2007 年 7 月至 10 月走势图。

按照操作原则，可以选择在图中（1）（2）（3）位置，靠近持股线进行补仓。

一套交易系统能否成功，另一个关键点在于能否在实战操作中以铁的纪律严格执行。恪守纪律，是股市获利取胜的法宝。建立交易系统最重要的作用，在于规避主观情绪带来的影响，客观理性地按照买卖逻辑和买卖信号进行操作。

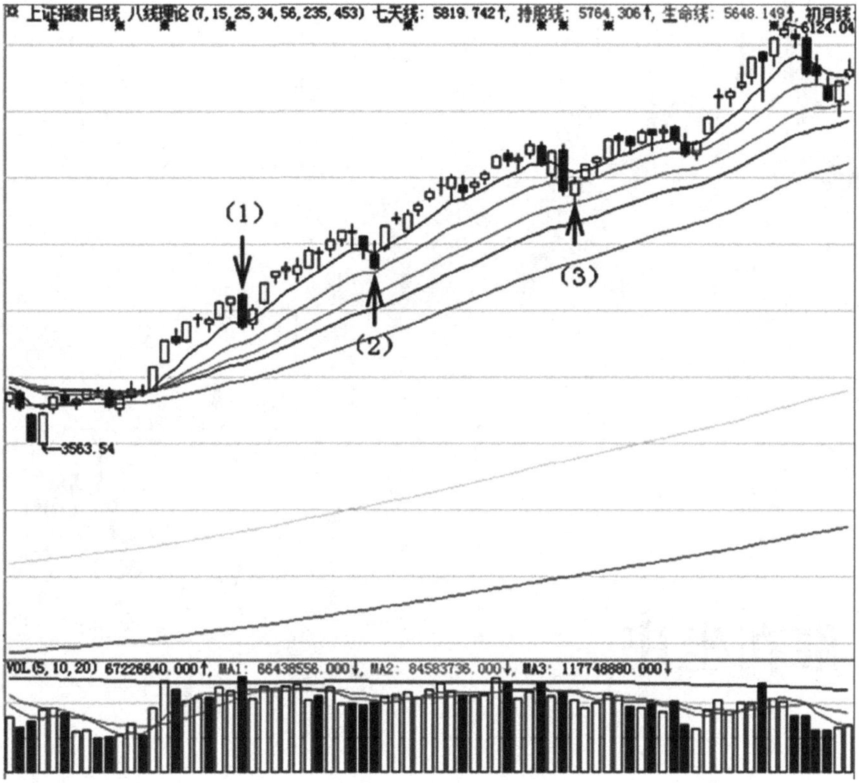

图 1–12

大多数人股市失利的原因，主要与人性的弱点如贪婪、浮躁、犹豫不决，以及一些不良的操作习惯有关。要战胜股市，应该先战胜自己。

掌握八线理论后，在后面的章节中，我们将主要介绍庄家的特征和行为，以及如何跟定庄家，用八线交易系统降低交易风险，实现投资盈利。

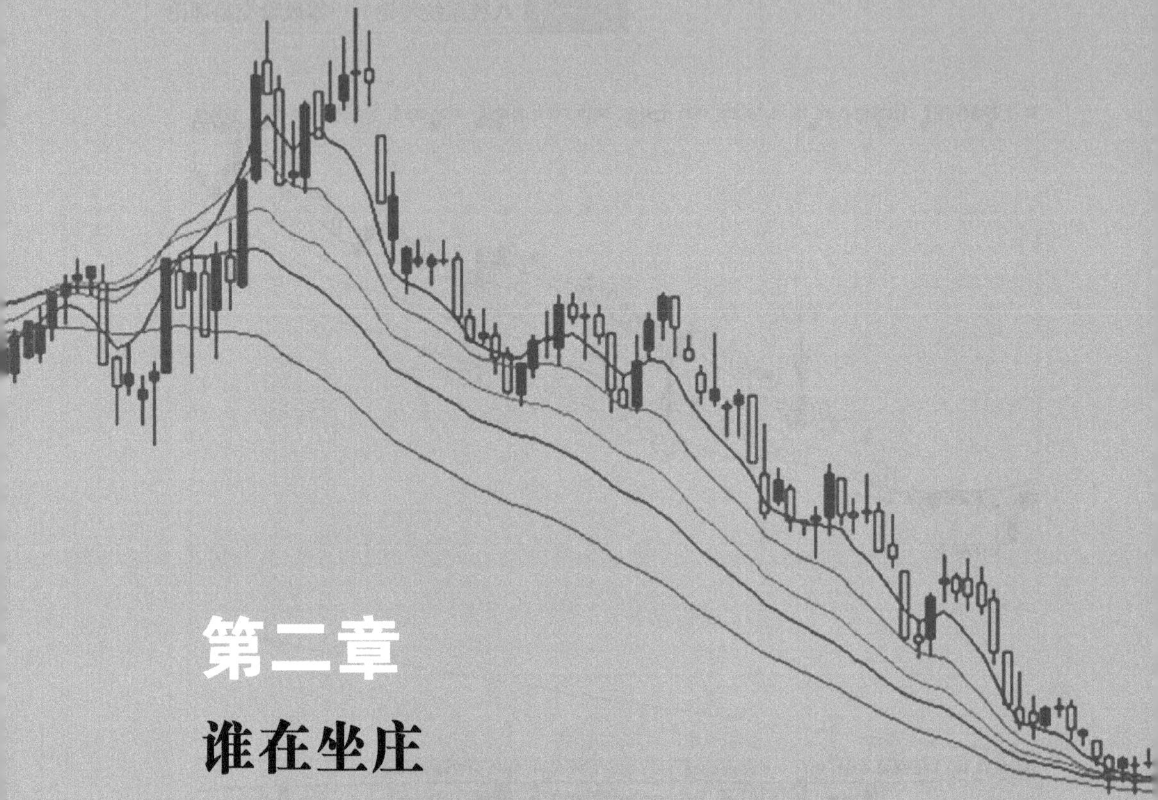

第二章

谁在坐庄

第一节　正确认识庄家
第二节　庄家的种类及其特点
第三节　庄家的人员组成
第四节　庄家的融资
第五节　庄家的特征

第一节　正确认识庄家

市面上有不少论述庄家或者描述坐庄的图书和文章，但大多是一些圈外人士根据道听途说的资料编写的，真正了解庄家操作内幕或者实际参与过坐庄的作者较少。

笔者曾直接参与过坐庄的设计和大资金操盘，与一些著名的私募和游资也多有接触，在本书中，希望和大家一起分享这些经验。请仔细体会文中讲解的操盘细节，不必在意股票名称，更无须对号入座。

在中国股市，经常听到的一个名词就是“庄家”。投资者若想在股市获得成功，绝不能忽略庄家行为。跟庄操作是资金快速增值的一种有效方法。

跟庄必须了解庄家坐庄的流程和庄家操盘的运作手法。如果不清楚庄家的底细，盲目入场操作，实现盈利的概率非常小。寻找庄家，鉴别庄家，掌握其特点和操盘手法，识破庄家布下的圈套或陷阱，采取相应的对策和技巧，是战胜庄家和股市制胜的关键。因此，研究庄家行为，已经成为市场的一个重要课题。

一、何为庄家

我们的定义是，庄家是控制证券市场流通筹码或控制某只股票流通筹码，且有能力操纵股价运行的人或机构。

当庄家需要具备两个条件：第一是有能力控制一段时间内的股价走势；

第二是有意识地进行与目的相反方向的操作，即要买入时，还要不时地卖出，以稳定或压低股价；要卖出时，还要不断买入以拉高股价。

庄家控制股价，人为拉高或压低股价，从而达到获利目的的过程就是庄家行为。庄家行为会对股价的运行产生一定的影响。和庄家对应的另一部分投资者通常叫做散户。

股市是个博弈场所，任何投资者进入股市的目的，都是为了实现自己的利益，庄家和散户也不例外。不同的是，庄家的各项条件都比较优越，比如具有操控舆论和提前获得信息的优势。

庄家进驻一只股票之前，会不惜动用大量的人力物力，对该股所处的行业或领域进行系统了解，包括政策信息、经济动态，对相关的上市公司更是了如指掌。庄家还具有资金和技术优势。庄家资金实力雄厚，有一批进行股市分析和买卖决策的技术团体，因此对于庄家来说，更容易达到自己的目的。

作为市场弱势群体的散户，只有更深入地了解庄家，熟悉庄家的运作手法，把握庄家的进出脉络，才能在股市中立于不败之地，在与庄共舞中做到游刃有余。

二、对庄家的几种错误认识

很多投资者并没有正确认识庄家这一概念，包括一些图书和文章中，对庄家的理解并不到位。比如，有的文章中将 2006 年下半年至 2007 年下半年分为四个阶段：

庄家时代：2006 年中期至 2007 年 3 月左右。

散户时代：2007 年 3 月至 2007 年 5 月底。

混乱时代：2007 年 6 月至 2007 年 7 月。

庄家时代：2007 年 7 月至 2007 年下半年。

这种说法笔者不敢苟同，这显然是将“庄家”和“机构”的概念混淆了。

2006年中期至2007年3月左右，可以认为是机构发动的一波上涨行情。而2007年3月至2007年5月底这一段时间是散户时代，显然是一种不合理的说法。私募和游资都是庄家群体中的一部分，短线庄家有可能在一个月内快速完成一波行情炒作，只要这股力量控制某只股票足够多的流通筹码，并且在这段时间内操纵股价运行，就应定义其为“庄家”。

从广义上讲，机构投资者是指用自有资金或者从分散的公众手中筹集的资金，专门进行有价证券投资活动的法人机构，主要包括证券公司、基金、保险资金、企业年金、符合资格的境外机构投资者（QFII）等。机构投资者一旦控制证券市场足够多的流通筹码，或控制某只股票足够多的流通筹码时，就成了我们所说的“庄家”。可见，机构投资者也有可能成为庄家。关于庄家的详细分类，后文将有详细的阐述。

在很多文章中，庄家和主力也被画上了等号，这种观点也不严谨。主力是主导市场运行的决定性力量，有时候这股力量可能只是庄家的力量，有时候则包括庄家和散户共同的合力，有时甚至就是散户的力量。庄家则是能够影响股价、控制股价的投资者，他们有意识地进行与目的相反方向的操作，可以操控一只股票的价格。主力只能短期影响股价的波动，每只股票都存在主力，但是不一定都存在庄家。

第二节　庄家的种类及其特点

庄家现象是中国股市一道独特的风景线。股市谚语有“无庄不兴”“无庄不成股”“无庄不成市”等说法，但究竟哪些人在坐庄呢？

按照不同的标准，可以将庄家分成不同的类型。

一、按庄家的主体性质划分

按庄家的主体性质不同，可以把庄家分为政府庄家、基金庄家、券商庄家、企业或上市公司庄家以及其他机构或个人庄家。

1. 政府庄家及其特点

政府庄家是指政府（管理层）可以支持、组织或者联合一些机构统一买卖，或者直接参与市场，来左右市场发展的方向。政府庄家主要运用各种手段来影响、调控指数，平衡股市，使市场保持稳定发展。特别是在面对国际炒家时，更能显示出政府庄家无可替代的巨大作用。

如 1998 年 8 月中下旬，香港特区政府为了击退国际炒家在香港金融市场上对港币、股市和期指三线做空，以动摇联系汇率的投机活动，不惜动用 1180 亿港币直接入市护盘，促使香港恒生指数从当时的最低 6500 点上升到 13000 多点。香港特区政府投入的资金，也在一年内盈利超过 1200 亿港币。这是我们了解到的最大的庄家。

在 A 股市场中，政府虽然还没有达到明确宣布直接出资进入股市的程度，但在国际国内突发的经济、金融风波引起国内股市连续暴跌，走势极度低迷，甚至影响新股发行和配股时，政府总会“御驾亲征”，力挽狂澜，使股市走上复苏和稳定发展之路。

政府庄家救市的特点如下。

◆ 只有在大家都对市场丧失信心、市场极度低迷时，政府才会出面。

◆ 选择在熊市末期入市，否则政府救市也难以奏效。因为此时大势已由跌转稳，只是成交极度低迷，救市者拉一把，就会有显著功效，起到四两拨千斤的作用。

◆ 政府坐庄救市出资是一方面，与之相适应的是出台各种利好政策。一旦股市过热，政府往往马上抽资，并出台利空政策。

2. 基金庄家及其特点

基金庄家在庄家的大家族里也是一个很重要的角色。投资基金在国外比较普遍，在香港地区和台湾地区也比较普遍。在西方成熟的市场中，投资基金的资金规模往往占总市值的70%以上，我国大陆地区的基金投资在近几年发展也比较快。投资基金虽担负一定的稳定大盘的使命，但主要是以盈利为目的。

基金庄家的特点如下。

◆ 崇尚价值投资，注重绩优股。投资基金选择股票时，绩优股所占比重较大。一些经营稳定、收益可靠的国企大盘股也是选择的目标。

◆ 利用政策和特殊的地位，具有把握上市公司信息（业绩变化、送股和题材等）和价值再发现的优势。

◆ 以组合投资分散风险、力求资金安全为原则。

◆ 与投资基金管理公司所属券商有千丝万缕的联系，在选股上亦有较大的契合性，利益相关。

在市场愈来愈规范的前提下，理性投资将在市场越来越占据主导地位。基金长期重仓持有某只股票，本身已说明该股票具有内在潜质，散户投资者也可以长期持有。

3. 券商庄家及其特点

券商庄家即证券公司做自营盘的庄家。券商庄家事先由操盘手制定严谨的炒作计划，报送主管领导批准之后，由公司资金部调集资金实施坐庄行为。

券商庄家的特点如下。

◆ 操盘手法比较正规，一般在一年当中只做两三波大的行情。券商庄家通常被称为市场主力中的正规军，主要指的是证券公司的自营业务。

◆ 由于其炒作资金多为短期拆借或挪用客户保证金，故一般不会长线持股。坐庄周期一般为 2 ～ 3 个月，最长不超过半年。

◆ 信息灵通。作为金融机构，券商对国家的金融政策变化反应敏锐，而且还能够利用其担任上市公司推荐人、配股承销商等便利条件，迅速了解上市公司的重大信息。

◆ 进庄之前一般与上市公司会达成某种默契。

◆ 总体专业水准高，拥有大批高水平的从业人员。券商常年与股市打交道，经验丰富，操作水平高于其他类型的庄家。

◆ 喜欢做大成交量赚取手续费，并吸引中小散户参与。因为成交量大，券商既可以多收手续费，又可以在交易所成交量排行榜上名列前茅，可谓一举两得，名利双收。

◆ 有时明知亏本也会坐庄。主要是由于某种需要（如配股承销）进行护盘。

4．企业或上市公司庄家及其特点

上市公司庄家，就是上市公司自己坐庄，炒作本公司股票的庄家。尽管《证券法》对此有严格规定，不允许上市公司炒作本公司股票，实际上仍然有些公司在二级市场里面握有重资。

上市公司庄家是一些实力比较大的机构，有的在单一个股上的投入会超过 10 亿元。一般来说，多数上市公司介入二级市场是为了在熊市时期维护自身形象，活跃股票股性。也有的公司为了配合内部职工股上市或顺利进行配股而采取干预股价的行动。当然，其中也不乏个别公司纯属为了获利兴风作浪，自我坐庄。

现在上市公司的炒作手法一般不直接买卖自家股票，大多间接委托他人代为炒作。其资金来源多为公司暂时闲置的流动资金，一般在“投资收益”科目中列支。

上市公司庄家的特点如下。

◆ 往往在其内部职工股上市前后拉抬股价，或者为了顺利实施配股、改善和维护公司形象进行护盘或拉抬，有时不惜亏本。除券商和上市公司以外，其他机构庄家往往不护盘，不做亏本生意。

◆ 经常会出台或炮制利好消息（题材）配合炒作。如有的公司放出风声，年报有高比例送转股，吸引散户纷纷跟进，庄家则乘机大量派发，然后再通过股东大会否决分配预案。

◆ 抗跌性强。上市公司坐庄的股票，在大盘下挫时，跌幅通常比同行业其他个股小，但此时一般也不会上涨，原因就在于有庄家护盘。

5. 其他机构或个人庄家

包括有外资背景的庄家、联合坐庄的庄家和一些私募、游资和大户。

二、按庄家坐庄周期划分

根据庄家坐庄周期划分，可以把庄家分为短线庄家、中线庄家、长线庄家。

1. 短线庄家

短线庄家往往速战速决，长则一个月左右，短则数天。江浙一带的私募游资喜欢这种坐庄形式，建仓、洗盘、拉升一气呵成，短期内股价飞涨。

短线庄家分为两种，一种是抢反弹的庄家，在广大散户抢反弹的时候出局；一种是炒题材的庄家，出重大利好消息时拉高出货，或在重大利好出现时立即拉高吃货，之后迅速拉升并快速离场。

其炒作特点具体如下。

◆ 重势不重价，也不强求持仓量。收集筹码少，控盘程度（流通股）在5%～20%之间；收集期特别短，1～2天就可以收集完毕。拉升空间一般为10%以上，获利目标一般为5%～10%。

◆ 筹码收集期较短且手法隐蔽，吸货行动十分隐秘，通常难以被投资者察觉，派发多采用跳水出货方式。

◆ 快进快出。盘面特征为不经洗盘，获利即退，尽快落袋为安；即使亏损也会尽快止损离场。

◆ 借助朦胧利好大量进货，待股价上扬，众人追涨时赶紧出货。

2. 中线庄家

中线坐庄长则半年，短则两个月左右。中线庄家看好的往往是大盘的中级行情，或某只股票的题材。中线庄家经常会对某个板块进行整体炒作。

中线庄家往往在底部进行1～2个月的建仓，持仓量并不是很高。然后借大盘上涨或者个股利好进行拉高，通过板块联动效应节省成本，方便出货，在较短时间内迅速出局。

中线庄家依赖的炒作因素都是其本身控制能力以外的力量，坐庄风险比较大，操作起来比较谨慎。

其炒作特点具体如下。

◆ 控盘程度在30%～80%之间，有一个明显的收集期，因此收集时间长。盘面特征为营造波段式上升趋势。在日线图上，往往留下较为明显的痕迹。表现在：在接近底部时大势持续下跌而该股不再下跌；大势盘整时它却盘升，成交量温和放大。

◆ 有明显的收集期和派发期，拉升空间一般为50%～100%，获利目标一般为50%以上。由于中线庄家锁定大量筹码，所以很容易把股价抬高。正因为他们吸筹太多，将来出货也比较难，因而须有较大升幅，以保证在出货时价格下跌仍能盈利。

◆ 派发时间长。由于手中筹码多，派发时间自然比较长。中线庄家不仅会在高位派发，而且下跌过程也要派发，甚至在股价急落到低位时，也要将获利筹码低价沽出。

◆ 往往采取波段式操作。因为要有较大升幅，所以每拉升一段就要充分洗盘，让散户手中的部分筹码换手。当然，洗盘时不致破坏上升趋势线。

◆ 中线操作通常有一个良好的炒作题材，如并购、送配股、股权转让等，以便庄家拉抬时更轻松。

3. 长线庄家

长线庄家炒作周期较长，一般是半年至一年以上，看重的往往是股票的业绩，因此他们是以投资者的心态入市的。由于长线庄家资金实力强大，底气足，操作时间长，所谓的黑马一般都是从长庄股票中产生的。

长线庄家一个最重要的特点就是持仓量大。由于持股时间非常长，预期涨幅非常大，所以要求庄家能够买下筹码中的绝大部分。其实庄家也非常愿意这样做，这样股价从底部算起，有时涨了一倍，可是庄家还在吃货。出货的过程也同样漫长，而且到后期庄家会不计价格抛售，这些都应该引起注意。

长线庄中还有一种“养鸡生蛋”的庄家，即庄家长期盘踞在某只股票中，利用手中筹码不断地获取差价。

长线庄家具有下列特点。

◆ 筹码锁定良好，收集时间长，控盘程度（流通股）在 50%以上，坐庄时间通常在一年以上。

◆ 盘面特征是股价会形成较长期的上升通道，拉升空间在 100%以上，获利目标一般为 100%以上。

◆ 一般选业绩有较大提高潜力的成长股。不太计较价位成本，往往采取台阶式的收集方式。

长线庄家一般在大势跌至底部时吸足筹码，大势好转时开始拉升。当人气高涨，指数进入高位时，庄家则大量派发。长线庄家吸货时敢于拉高，派发时态度坚决，可谓重势不重价，重股更重时。

三、按庄家炒作对象划分

根据庄家的炒作对象，可以把庄家分为炒个股庄家、炒板块庄家和炒大盘庄家。

1. 炒大盘庄家及其特点

这类庄家一般为证券经营机构或兼营机构，个别情况是拥有巨资的个人投资者联手炒作。炒大盘庄家拥有巨额资金，如几家中央级或全国性的大型公司，都是在中国人民银行管理下的国有商业银行或其他大型国有企业出资组建的投资公司，拥有雄厚的资金实力，注册资本都有几十亿元，实际营运资金更是充足。

这类庄家一般选择大盘指标股或龙头股，一来进出方便，二来可以调控大盘指数。其特点是进出量大且时间较长，吞吃的个股越多，仓位越重，则发动行情的力度也越大。

炒大盘的庄家进入股市，他们推动的至少是一波中级行情。如果主力庄家炒作大盘股板块，吃进五成以上筹码，则一定会有一波大行情。如果主力庄家只吃进大盘股两成左右的筹码，则只能催动一波中级行清。

2. 炒板块庄家及其特点

板块庄家主要指那些把整个板块作为炒作对象，通过各种方法影响板块股价涨跌的庄家。炒作板块经常以某一龙头股作为领涨股，同一板块其余个股随后呼应，即采取轮动炒作的方式。一旦整个板块全面启动之时，往往是主要品种调整（减仓）之际。

庄家炒作这类个股时，往往伴有行业题材（或区域利好）相配合。利用题材和概念进行炒作，是炒板块庄家惯用的手法。炒作前看准某个题材，不断营造一种概念和气氛，然后动用资金炒作其中一只具有特点的股票，以拉动其他相关股票，给大众投资者造成一种心理定式，形成股价齐涨齐跌的错觉，吸引散户跟进。

3. 炒个股庄家及其特点

炒个股的庄家是最常见的庄家，他们只以某只股票作为炒作对象，用各种办法控制该股的价格升跌。由于这类庄家实力一般不够雄厚，而且发掘个股题材比发掘板块或大盘题材容易，所以炒作个股的方式比较盛行。

散户跟个股庄家的机会是最多的。投资者应研究图表走势，了解庄家进货时间、成本、数量等情况，预测庄家坐庄时间的长短以及可能炒作的幅度。如果是短庄，晚了就不要跟进。如果是中线和长线庄家的话，则要在入市之后密切关注其出货动态，以免错过获利时机。

四、其他种类

另外，还有一些其他的庄家分类标准，如根据走势振幅可以分为强庄和弱庄；根据股票走势和大盘的关系，可以分为顺市庄、逆市庄；根据庄家做盘顺利与否，可分为获利庄和被套庄；根据庄家在炒作过程中所处的阶段，可把庄家分为新庄、老庄和被套庄。由于这些并不属于我们重点研究的对象，这里不作详细的阐述。

第三节　庄家的人员组成

要了解庄家坐庄的整个流程，必须清楚庄家的人员构成。

一般来说，不同类型的庄家，如政府背景的庄家、基金庄家、券商庄家或是上市公司庄家、私募等，其人员分工差异很大。常见的有这几种角色：操盘手、总管、调研人员、公关人员和调资员。

一、操盘手

操盘手并不是整个坐庄环节中最重要的角色，因其直接凭借操纵强势资金左右股票走势，因此是散户谈论最多的一个角色，所以这里放在了第一位来进行讲解。

人们对于操盘手的想象，大多出自小说、电视剧里的描写，其实和市场中的操盘手相差很大。

操盘手这个角色又可以分为主操盘手和辅助操盘手。主操盘手指操作股票价格的决策者，辅助操盘手往往是最终操作股票的直接操盘人。私募庄家、基金公司、券商庄家或上市公司都有自己的操盘手，他们以不同的头衔出现，可以是基金经理，可以是投资顾问，也可以是直接操盘的下单员。

主操盘手是炒作决策的制定者，比如为了控盘、操纵股票走势，证券公司由主操盘手任总指挥，制定具体行动策略，部署各个营业部将某只股票往上拉升或往下打压。

主操盘手通常并不是一个人，而是由六七个人组成，他们之间有明确的角色分工。有的人负责大背景研究，如研究宏观政策，分析市场是被高估还是低估，目前应该吸货还是拉升等。另外有两到三个人负责跟踪坐庄股票的行业变动趋势，比如龙头个股的走势等。

辅助操盘手，即策略的执行者，也就是通常理解的直接在电脑前操作买卖的操盘手。决策者下达的指令有三个要素，即一个时间段、浮动的价格区间以及交易成功的资金量。至于如何在规定的时间段内达到目标，则要考验操盘手的操作手法了。

操盘手的素质、个人情绪、个人风格，会影响股票的价格走势。同样一只股票，让不同的操盘手来操作，它的走势、风格是完全不一样的。即使是同一位主管下的不同操盘手，他们的操作手法也是不一样的。所以在操作时，研究操盘手的思路非常重要。

主操盘手一般是资深人士，辅助操盘手则不一定，多数年龄在 25 ~ 35 岁之间。25 岁之下一般是刚毕业的学生，或者踏上社会时间不长。对于主管来说，这样的人信任度不足。超过 35 岁的辅助操盘手，在市场上的应变能力会变差，大多会被市场淘汰。即使不被淘汰，自己也会主动退居二线。所以操盘手的年龄一般在 25 ~ 35 岁之间为多，35 岁左右的人其实都很少，一般都在 30 岁左右。

操盘手也不一定是金融或者经济专业的科班毕业生，而是一类综合人才，他们可能是工科的学生，也可能是理科的学生，文科毕业生直接操盘的也不少。在基金公司，基金管理人的指令很简单，总管宣布今天买入什么股票、以什么价格买入、买入的数量、收盘收在什么价格，剩下的就是由操盘手来做盘。

操盘手的管理很严格，如果有大项目操作，是要与外界断绝联系的。操盘手的工资差异也很大。一般来说，资深的主操盘手是与老板分成的，比如 10%

的水平，就是净利润达到 1 个亿后，就分给你 1 千万元。辅助操盘手要差许多。

举个例子，主管会给操盘手一份操盘股票流通股的股东排名，被画了叉的人，就是让操盘手洗盘出局的对象。20 日清单上不见该股东，操盘手就会拿到奖金。如果操盘手的水平不到位，经常也有失败的时候。比如某个操盘手接到指令，要在 2%涨幅以内买入 100 万股，但当他只买入二三十万股，这只股票就被拉升上去了，这时只能再打电话，向主管请示下一步的操作目标。

操盘手的奖金情况在不同类型的庄家中差别很大，比如有政府背景的庄家、基金、券商、上市公司等，操盘手不一定有分成，一般也就是基本工资加点儿奖金。这种情况下容易滋生暗盘，市场中最多的暗盘都是来自他们。由于暗盘的存在，使操盘手在操盘时平添了一些困难。

2001 年后，长达 5 年的熊市曾经将一大批操盘手逐出这个行业，这也使得上一代操盘手的生活比较惨淡。这些操盘手之后大多身居私募或券商、期货公司、企业中。著名的操盘手们虽然曾经在当年的股市中叱咤风云，最后的结局却是发家的极少，多数都赔了，这种情况不由得令人唏嘘。

当年证券业轰动一时的南方证券首席操盘手孙田志锒铛入狱，南方证券也因操盘失利不复存在。股市数年的低迷套住无数散户，那些曾和数十亿、上百亿资金打交道的证券玩家们竟也逃不出这样的宿命。这不是他们无能，而是市场规律使然。当散户悉数被斩杀之后，他们也没有好下场。这是一个没有最终赢家的市场。只有那些赢了钱激流勇退的人，才是笑到最后的高手。

财富可以成就一个人，也可以毁灭一个人。对于操纵大资金的操盘手们而言，人生更是一门需要修炼的功课。

二、总管

总管的主要职责就是制定一个大的方针、决策，包括选择什么样的品种、进场时机、持仓总量、操作手法、出货方式以及资金调度，这一切由总管来协调管理。

总管这个角色可以是券商的老板、上市公司董事长等。某些机构的第一把手会指定一个人来做总管，自己并不直接参与。有时候，这个角色的职责也会与主操盘手有交叉。

三、调研人员

这个角色的主要工作是与上市公司进行沟通，通过接触上市公司，给老板提出一些意见和建议。有的券商在做单一股票的时候，甚至会派一个人长期驻扎在上市公司。这个调研人员要处理好各方面的关系，所以必须是一名好的公关人员，否则就拿不到第一手资料，或者得不到真实的信息。

同时，这个人还是善于进行综合研究和分析的技术人士，否则得到的信息也是没有用的。

四、公关人员

公关这个角色类似于新闻发言人，是庄家派出的脸面。他们必须要接触形形色色的人，包括上市公司、咨询公司、媒体、散户、大户、股评家等。公关人员需要贯彻总管的意图，很多消息的散布就是这些人来操作的。

公关人员看起来不显眼，一般人可能想不到他们背后有雄厚的资金做支撑。这些人发布的信息一定是总管或副总管要求他发布的，所以他们说的每一句话都是“纯净水”，经过了复杂的过滤程序。

五、调资员

调资员负责资金调度。如果是券商、企业或者上市公司坐庄，一般其财务人员兼任资金调度员。联合坐庄的资金调度人员一般由主管来定，他只跟银行打交道，与其他人联系很少。

一般情况下，一只股票的坐庄过程可能会按以下流程进行：在与上市公司谈好后，庄家的核心人物——一般 2 ~ 3 人会制定出一个完整的操盘计划。而股票二级市场的 K 线走势大体形状，也早在资金入市前就设计好了，然后坐庄就开始进入吸筹阶段。

在吸筹阶段，庄家一般会利用上市公司的利空消息打压股价，在 K 线走势上做一个盘整平台，被称为底前平台。在这个平台上，庄家吸筹时会压缩个股成交量。在大多数人认为股票不可能下跌的情况下，庄家一般还会向下打压股价，以打破中小投资者的心理底线。另外，这个价位大多数是整数价。

大多数庄家打破该价位后，一般很快就会复位，在 K 线图中形成一个“V”字形的反转形态。复位大多数情况下会在当天或者第二天完成。最后拉升之前还会有一跌。

吸筹是坐庄比较重要的阶段，为了减少知情者，此阶段的操盘手会配备一两个辅助操盘手，控制 5 亿元左右的资金进行吸筹。一般来说，庄家会租用一个地方供操盘手吃住，以减少操盘手与外界的接触。

严格来讲，操盘手（一般是指辅助操盘手）只是庄家坐庄的一个工具，他们按照庄家的要求行事。大多数操盘手（在一些类型的庄家中负责筹划的主操盘手除外）并不知道股价的升跌计划，有时甚至会出现庄家明明是在出货，但有的操盘手还认为是在进货的情况。

筹码，也就是二级市场流通股的股份吸得越多，庄家拉升过程中所需的资金就越少。庄家一般会对该股进行控盘，通过上千个账户持有该股流通盘 60% 以上的股票，这样就会出现上市公司流通股股东人数大量减少的情况。

完成吸筹后，配合上市公司少量的利好消息，庄家开始缓慢拉升股价。在这期间，所有股价的上升或是下降，都是通过一个或是两个操盘手实现的，由同一个庄家的不同账户通过股票对敲买卖来实现。这种对敲的交易成本并不高，如果坐庄者本身就是证券公司的话，那么支付的只有印花税；如果不是券商坐庄，庄家与券商之间一般也会有协议，手续费是很低的。

进入拉升阶段后，庄家手下的操盘手人数开始增加。随着股票市值的增长，筹码开始分散。操盘手被分散到各个证券公司营业部，相互之间有很多人都互不相识，这样可以限制操盘手之间的交流。此时有的操盘手可能是在买进，有的则是在卖出，因此操盘手无法搞清庄家到底是在出货还是在吸货。

在到达庄家设计的顶部目标价位之下20%的价位时，庄家开始边拉升边出货。此时，上市公司在消息面上的配合会渐入高潮，一些具有股评资格的咨询公司也开始配合庄家向投资者推荐该股。事实上，到股价掉头向下时，庄家也有可能在出货。后期庄家出货越来越困难，到最后可能只有庄家自拉自唱了。

第四节 庄家的融资

庄家操纵股票的整个过程中，资金来源一直是许多投资者关注的。事实上，对于大多数投资者来说，庄家的融资方式并不是一个秘密。不少企业或是资金量在50万元以上的投资者，或许都曾参与过庄家的融资。庄家的资金有一部分是自筹的，但大多数是通过企业或者个人间接从银行贷款获取。

这种融资模式大致如下。

如果有企业以投资某个项目为由，向某银行借出1亿元人民币，那么庄家为得到这1亿元的资金，在企业同意的情况下，由庄家向该企业在某证券营业部开立的资金账户里打入资金总额的20%，即2000万元人民币，那么企业在证券公司的资金账户里便有了1.2亿元的资金。根据双方约定，庄家可以操控这1.2亿元资金。由此，庄家顺利地将市值2000万元的股票放大成了1.2亿元。

在双方的合作中，庄家与提供资金的企业、个人或是机构都会约定，一旦股价下跌至其购入面值的10%，可以进行平仓。券商在其中扮演的是中间人角色，并承担监督的职能。

向庄家提供资金的企业或是个人，可以得到大致如此的回报：保底收益10%。如果有更高的利润，则再按一定的比例分成。在10%～20%之间，企业与庄家按6:4的比例分成，20%～30%之间按5:5，高于30%按4:6。具体的分成情况，根据庄家对资金需求的不同，会有不同的收益比例。

从表面上看，企业或者个人是不可能吃亏的，但事实并非如此。在股市没有大跌时，许多人都不会意识到这种模式的资金链具有很大的风险。2008年上半年股市下跌后，大量股票出现跌停，庄家无法出货。在这种情况下，到了接近庄家融资时的股票价位，大多数庄家都执行了平仓命令。随着股市的下跌，卖盘不仅没有减少，反而越来越多，最后产生了非理性的暴跌，这也是为什么那些庄股会产生十几个甚至是二十几个跌停的原因。

庄家的资金还有一部分来自其各分仓所在的证券营业部。为吸引庄家到营业部进行交易，作为交换条件，营业部会提供配套资金。另外就是帮助锁仓的资金。这部分资金一般掌握在投资者手中，庄家与其协议在某个规定的时间不能出售股票，到最后出售时，按其买入股票时的市值多退少补，然后由庄家再支付20%或是更高的回报。

在这种融资模式的运作下，一个庄家可以从少量的自有资金开始，通过控制一只股票的流通股。在无法出货的情况下，庄家会利用对敲将其市值拉升几倍或是十几倍，再以该市值的股票向银行抵押，进行另一次的资金放大，然后用获得的资金偿还前期融来的资金，并对其他股票进行控盘，之后进行雷同的运作，最终形成如“中科系”这样由同一庄家控制的资金链式的庄股系列。

这种资金链的连接是非常脆弱的，整个环节中涉及了太多的资金提供方，一旦有大笔资金极力退出，那么在股市下跌的情况下，股价就会像多米诺骨牌一样引起连锁反应，最终引起股价非理性暴跌。

第五节　庄家的特征

一、庄家选股的依据

对于散户来说，跟庄的前提是买入的股票有实力庄家介入。庄家用资金这只“看不见的手”决定着某股是否有行情，以及行情的大小。因此散户选股时，不能从个人的喜好出发，而应该看庄家喜欢什么样的股票，亦即了解庄家的“择偶条件”，这样在选股时才能做到有的放矢。

对于庄家来说，坐庄前必须经过认真的调查，周密细致的分析与决策，严密的计算和严格的管理。选股是坐庄过程中的重要一环，庄家在这个环节一般都很慎重。一般来说，庄家选股是从以下几方面来考虑的：一是基本面，二是技术面，三是题材面，四是操作面。

1. 基本面分析

首先，庄家会综合考虑宏观经济环境、市场人气、公司情况等各方面因素。庄家通常选择在宏观经济运行已达到谷底并有回升迹象时，或是大盘下探到最低点即将反弹时进驻。此时股市经过较长时期的熊市或大跌，风险已经充分释放，继续下跌的空间及可能性都很小。

同时，庄家还会协调与交易所、上市公司、上层领导等各方面的关系，以保证炒作过程畅通无阻。

其次，庄家重视分析个股的下列情况。

◆ 募股配股资金产生效益的质量与时间。

◆ 未分配利润及资本公积金、净资产值。

◆ 有无送股历史，流通股比例。庄家偏好选择有利润增长潜力、未分配利润多、资本公积金与净资产值高、无送股历史、流通股占总股本 1/3 以上的股票。

最后，庄家还会考虑基本面是否有改观潜力。那些基本面优异、受到国家产业政策扶持的市场热点股票，由于市场前景好，价格不菲，容易导致筹码分散，庄家难以吸到货。但那些基本面差，人人避之不及的股票，若能通过潜在题材而使基本面得到改观，就会成为庄家青睐的对象。

2. 技术面分析

一是看流通盘大小是否适合坐庄。盘小，易于达到控盘的目的。被选中股票的流通盘必须是有利于炒作的，即流通盘的大小要与操作者本身资金量相适应。若庄家控制某股流通筹码 50%以上，股价自然可由庄家说了算，因而小盘股被庄家选中的可能性大增。

近年来上市的新股流通盘日渐趋大，老股中流通盘在 2000 万 ~ 3000 万的个股逐渐成为珍稀动物，这些股票被各路庄家反复炒作，这个庄家后脚刚走，别的庄家前脚已挤进来。

由于庄家的资金来源复杂，因此庄家在选股时，会不自觉地遵循“有什么样的钱，选什么样的股”的原则。用太大的资金炒作盘子太小的股票，会有一种杀鸡用牛刀的感觉。用太小的资金炒作太大的盘子，又会感到力不从心，推不动盘口。

一般来说，如果庄家能够控制某种股票50%以上的流通筹码，便能左右股价。所以资金规模小的庄家，只能选择中小盘股。近年来上市的新股，像工商银行、万科A这样的龙头股，流通市值大都在数百亿元以上，除大机构有实力控盘外，一般庄家只能敬而远之。

2007年上市的中国石油、中国神华，更是一般机构无法撼动的。当然，资金雄厚的庄家，也并非只选大盘股炒作，大机构炒大盘股通常是为了控制大盘指数，激发市场人气。

二是看筹码分布是否合适。所谓筹码分布，是指筹码在不同价位、不同投资者手中的分布。从筹码分布中可以看出上方套牢区主要集中在什么部位，筹码分散在哪一类投资者手中。

三是看当前个股走势。看个股是否已经初步完成探底，还是正处于下跌途中。逆个股走势而为，往往很难有成效。

3．题材面分析

题材和概念的运用，是我国证券市场炒作的一大特色。我们几乎每天都可以在各种媒体上看到或听到各种各样的题材和概念，什么稀缺性资源、成长性绩优、垄断性行业、股权置换、资产重组等不一而足，这些都是庄家用以出货的借口。在庄家的操作步骤中，出货是最为关键的一点，因此题材的选择也就十分重要了。

在上述选股条件中，其实还有几点是庄家不可忽视的。

一是所选目标股应该是近些年来没有爆炒过的个股。一般个股经大涨回落之后，至少会出现一两年的调整和沉寂，有的时间会更长。

二是所选目标股是否有其他庄家机构潜伏在内。如果某只股票有多位庄家入驻，庄家之间的搏杀将十分惨烈，坐庄成功的难度也会成倍地增加，这个当然是应该尽力避免的情况。

4．操作面分析

在操作面上，庄家应在资金使用效率上高要求，少失误。许多庄家选股时偏好那些股性活跃、包袱较轻的个股，以求稳定。特别在股价处于高位或低位时，庄家会坚决地逆反操作。股价与指数位于高位的市场现象有：

◆ 巨量现象反复出现。

◆ 对于大跌散户已经麻痹。

◆ 众多中线指标处在高位。

◆ 有较多的获利盘，且散户多集中在热门股上获利；利多大涨，利空也涨。

反之，则说明股价与指数处于低位。

庄家往往喜欢在股价较低时“闹革命”，而不喜欢给高价股推波助澜。选择股票价位的一个基本原则，是应该至少有50%以上的上升空间，之后才会进入原来的密集成交区。只有这样，庄家才能做到进退自如。

选股的实质就是信息评判和研发能力的较量。庄家除了对基本面、技术面、题材面、操作面进行周密细致的研究外，往往还注重其他一些因素。如从产业政策、母公司或主管部门及公司自身的管理者和管理水平、产品结构和市场潜力等方面进行调查，从国内外的相同或相近行业、关联行业以及潜在竞争者角度分析，以确保找到最佳目标。

二、庄家喜欢光顾哪些新股

庄家普遍有喜新厌旧的习气，历史上曾经有一段时期达到逢新必炒的地步。其实庄家对新股来说并不是来者不拒，而是有比较严格的筛选条件。若不符合庄家的“择新条件”，是难以得到庄家青睐的。

一般来说，庄家喜爱的新股具有以下特征。

◆ 行业是否独特。新股大多属于概念式炒作，因而属于朝阳行业的个股就成了主力介入的目标。特别是一批行业独特、市场占有率高的成长股，会迅速成为市场中的新贵。

◆ 关注发行中签率和上市换手率。若中签率低，表明市场看好的人众多，庄家收集筹码困难。之后此股无论有多好的题材，也难以有上佳的表现。

◆ 关注量价关系。一般来说，有庄介入的个股，上市当日都会保持低调，常常会出现高开低走的局面，甚至上市几天内连创新低。

◆ 盘子适中。如果市场资金面不是很充裕，流通盘大于3亿股的个股常常难有大的作为。

三、庄家的强弱

在股市中操作，庄家既是中小投资者的对手和敌人，又是中小投资者依赖的对象和朋友。只有跟着庄家的节奏操作，跟着庄家所操作的个股走，才能够有机会获利。尤其是要跟着那些资金实力强的庄家，获利的机会才比较多。反之，如果没有跟对庄家，或者跟了一家较弱的庄家，获利机会将会大打折扣，甚至出现亏损。

一般来说，判断庄家的强弱有如下几个标准。

◆在突发性利空出来时，看股价走势是否坚挺。突发性利空包括大盘和上市公司两方面的利空。这种突发性利空往往让许多机构都没有思想和资金等方面的准备，常常是以股价的下跌来回应。而实力强大的庄家则有能力应付和化解各种不利因素，不会轻易随波逐流，盘面在利空的情况下可能会以横盘，甚至逆市上扬的走势来表现。

◆与同类板块中的其他个股比较是否强势。在目前的市场中，板块联动是较为明显的一个规律，常常表现为齐涨齐跌。较强庄家介入的个股，在基本条件相差不大的情况下，则会在走势上强于同板块中的其他个股。

◆在各种基本条件接近的情况下，特别是走势形态差不多的时候，一般流通盘较大个股的可信度要高于流通盘较小的个股。流通盘大，则意味着庄家需要更强的实力、更多的资金去操作和控制它。

◆从时间角度来说，在走势上能够长时间独立于大盘走势的个股，其控盘的庄家实力相对就比较强。表现在股价形态上，短期、中期均线呈多头排列，上升趋势明显，涨跌有序，起伏有章，这也是强庄股走势的一个特征。

◆单纯从K线判断，一般强庄股多表现为红多绿少，这表明上涨的时间多于下跌的时间。阳K线的实体大于阴K线实体，表明庄家做多欲望较强，市场的跟风人气也比较旺盛。

可以经常性地观察到，个股在上涨的时候力度比较大，在涨幅榜的前列常常看到它的影子。下跌的时候跌幅却远远小于其他个股，并且成交量高于盘中个股的一般水平。

以上所列只是强庄股的一部分特征，每个投资者还可以根据自己的经验寻找其他的一些判断方法。但在跟庄的同时不要忘记，选择适当的大势背景及操作时间，是操作中较为关键的要点。

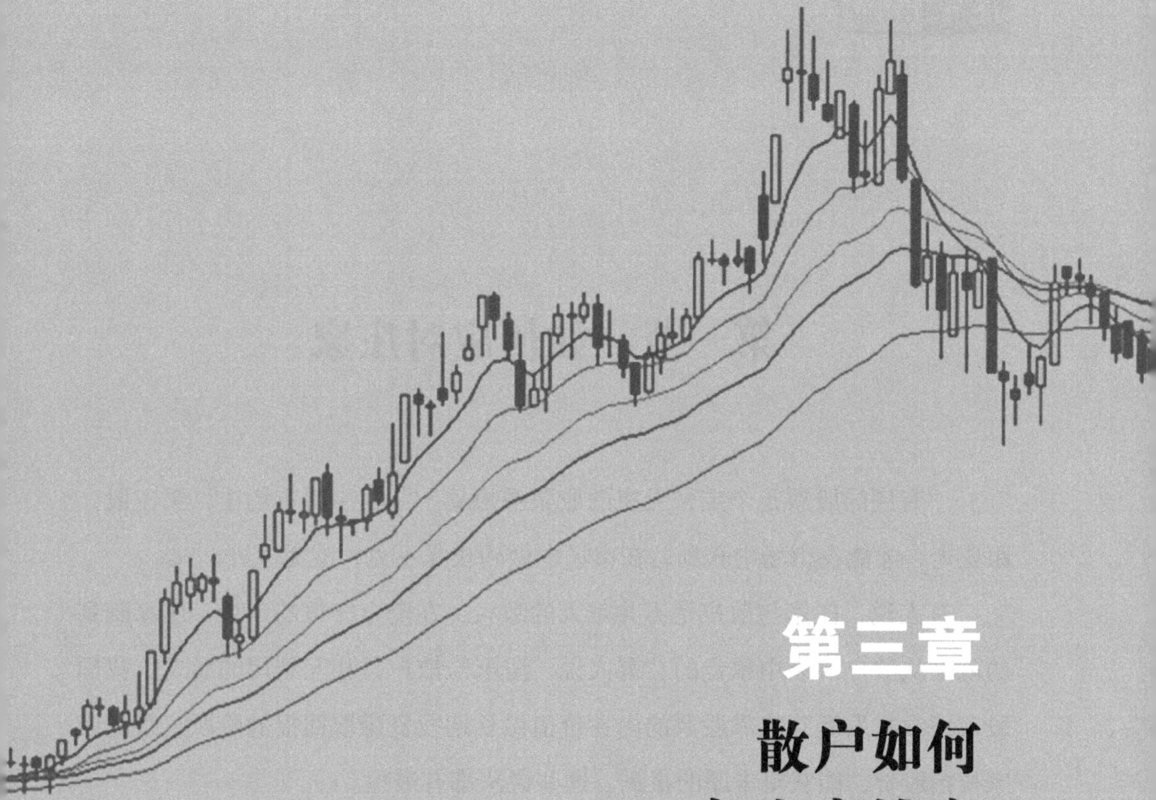

第三章

散户如何与庄家博弈

第一节　如何应对庄家
第二节　庄家的优势和弱点
第三节　散户的优势与弱点

第一节 如何应对庄家

“有庄的股票是个宝，无庄的股票像根草。”在中国市场中，买庄股，跟庄走，才能在市场中获利，在市场中做到攻无不克，战无不胜。

有人说，庄家与散户是不共戴天的敌人，在资金守恒的市场，庄家赚到的就是从散户口袋中拿走的；有人说，庄家与散户是相互利用的朋友。我国股市还没有发展到依靠股票的内在价值做长期投资赚取回报的阶段，跟随庄家拉抬股价，能获得丰厚的报酬。这些说法都有道理。

散户做股票看庄家，庄家其实也在看散户。在具体的操作过程中，由于庄家有对敲等买卖行为，因此对散户具有一定的欺骗性，而散户的买卖行为庄家却了如指掌，这是一种不对称。散户必须在价值判断、行情判断、获利目标等方面形成自己的方略，并以不变应万变，才能从根本上打破这种不对称。

很多文章都提到，在跟庄中应该“战胜庄家”。但散户若想战胜庄家，一定程度上来说无异于登天。作为庄家，他们有雄厚的财力，有专业的人才团队，具有完全不对称的信息优势，他们能够做到审时度势，逢低吸纳，逢高减磅，用战略投资组合来规避风险。相对而言，散户资金规模小，技术工具缺乏，信息不畅，时间精力不足，操作水平不高。所有这些，注定了散户不可能战胜庄家。

庄家每一次成功坐庄，都是一次成功欺骗散户的过程。比如他们把股票图形做得非常好看，公司前景描绘得极为诱人，于是广大散户趋之若鹜，庄家则“功成身退”，把这些好看的图形和诱人的前景悉数送给众散户去“享受”。

既然散户难以战胜庄家，那广大散户是不是就无法跟庄了？我们来看博弈论中一个“智猪博弈”模型。

猪圈里有两头猪，一头大猪，一头小猪。猪圈一边有个踏板，每踩一下踏板，远离踏板的猪圈另一边投食口就会落下少量的食物。如果有一只猪去踩踏板，另一只猪就有机会抢先吃到另一边落下的食物。

当小猪踩动踏板时，大猪会在小猪跑到食槽之前吃光所有的食物；若是大猪踩动了踏板，则还有机会在小猪吃完落下的食物之前跑到食槽，争吃自己的劳动成果。

现在问：两只猪会采取什么策略？

答案是：小猪只能等在食槽边，让大猪不知疲倦地奔忙于踏板和食槽之间。

在这个模型中，有一条规则：猪越小越容易饿死。

这其中的“大猪”就是股票市场中的庄家，散户就是其中的“小猪”。在这个游戏中，散户不要妄想去踩动踏板，那是庄家的专利。散户能做的，就是瞄准时机，耐心等待在食槽边。

“识时务者为俊杰。”散户顺势而为，投机吃差价，才会有更多的机会赚到钱。于是，这个游戏可以转变为，庄家充分发挥自身优势，发掘或“制造”出一些具有增长前景的股票，散户则借势哄抬股价，或者干脆顺风搭车，双方实现双赢。

散户难以战胜庄家，但可以从庄家的盛宴中分得一杯羹。这就是本书所说的“吃定庄家”。

散户与庄家实力悬殊，这是一场业余选手与职业选手的比赛。庄家单凭这些优势，并不能奈何散户，因为股市不是强买强卖的市场。庄家的胜利完全建立在散户的错误判断之上。散户若想“吃定庄家”，首先要在心理上战胜自己，注意“四心”。

一戒贪心和惧心。趋利避害是人的本能，随之而来的则是贪婪和恐惧。

庄家盘踞在主动的位置，坐拥天时地利。他们把握散户的一切弱点，按照预谋，有步骤地营造出各种各样的市场假象，使散户经历无所适从、满怀希望、心灰意冷等心理折磨，判断脱离常轨，最终趋利发展为贪婪，避害演化为恐惧。贪婪使散户在不应持有股票时买进，恐惧使散户在应该买进或持有时抛售，不知不觉地进入追涨杀跌的误区。庄家则在这一片混乱中坐收渔翁之利。散户跟庄切忌贪婪与恐惧。

二要有恒心。因为庄家坐庄是个较长的过程，散户要树立放长线钓大鱼的理念。

三是要有信心，不管庄家如何打压震仓，上下洗盘，任凭风浪起，散户都要稳坐钓鱼船，不要被震出局。

若这“四心”都做到了，散户就能分得庄家的一杯羹。当然，要完全“吃定庄家”不是那么容易。在市场中，散户与庄家的理想状态是“双赢”。从市场角度来说，庄家与散户要想取得共赢有几个必要条件。

一是庄家选择的品种必须是大众喜爱的题材股，是具有市场生命力的品种，还应该设计精美，制作精细，具备较强的防伪功能。

二是散户跟庄应设法了解庄家的经济实力、运作动机，以及建仓成本区域。如果是经济实力强大，目标长远，建仓成本很低，未来市场比价关系有巨大想象空间的，中小规模投资者就应该果断参与并中长线持有，往往会有大大超出最初期望值的效果。

对庄家来说，庄家也希望选择的品种是一个具有生命力的品种。在跟庄的散户中，若都是中长线持有者，则非常有利于长线庄家的市场运作，这样会使庄家与散户形成更好的彼此依赖、相互共存的局面，形成多赢的局面。

在跟庄的中小散户中，确实也有一部分人存在自以为聪明的想法，认为在跟庄的过程中低吸高抛做波段，会取得更好的经济收益。从市场来说，庄家处于相对明处，散户处于相对暗处；从信息角度来讲，散户的信息来源相对于庄家又处于狭窄状态，所以庄家总是可以根据散户的持仓稳定状况来调整自己的操盘节奏。

一般而言，散户中长线投资心态越稳定，越有利于庄家发动长久牛市行情，这样散户才有更大的经济收益；反而言之，中小散户的短期投机心理越重，越频繁地买进卖出，越不利于庄家对某个品种的市场趋势做长久战略考虑。市场格局会造成这些品种大幅震荡，使庄家与散户都处于很尴尬的境地。从经济方面考虑，会形成谁都没有什么大收益的多败俱伤局面。

第二节　庄家的优势和弱点

兵法云，知己知彼，百战不殆。在这场博弈游戏中，若想取得辉煌的战绩，还需要了解敌我双方的实力。通过认识庄家的优势和弱点，散户能更好地了解庄家的操作意图和操作手法，战胜贪婪和恐惧等人性中的弱点，以正确的操作理念对待自己的操作行为。

上面提到散户难以战胜庄家，因为庄家与散户之间的博弈就像职业选手与业余选手的比赛。下面再来看看庄家具有哪些优势与弱点。

一、庄家的优势

1. 庄家的资金优势

只有具备雄厚的资金实力或是强有力的融资能力才可以坐庄。庄家都拥有巨额资金，动辄数亿元至几十亿元或者更多，巨额资金是庄家具有的主要优势。由于他们持有相当大的资金，可以尽可能地吸纳大部分流通筹码，进而随心所欲地对股票的趋势和价格进行控制。

庞大的资金量使庄家显得财大气粗。他们通过高抛低吸、逢低建仓、逢高出货等操作策略及科学的投资组合，可以有效地规避风险，获得最大的收益。

庄家用几亿元、十几亿元做一只股票，散户则用十万元、几十万元做几只甚至十几只股票。拥有巨资的庄家，其最重要的优势就在于，他们清清楚楚地知道散户的持仓量。将流通盘总数减去庄家持仓量，便是散户阵营的持仓量了。作为单个的散户，却没有谁能准确知道庄家的持仓量是多少，因为散户与散户之间无法进行有效的沟通和信息传递。

在这场庄家与散户对垒的战争中，庄家在暗处，既知己又知彼（散户）；散户在明处，虽知己却无法知彼（庄家）。在这种不平等的格局中，即使“战争”尚未展开，胜券早已偏向庄家一边了。

2. 庄家的人才优势

庄家一般都有高素质的操盘手级别的团队通力协作，有专家或专业技术人员为其服务，人才优势比较突出。优秀的操盘手、政策研究员、行业分析师以及高级公关人才等，都是庄家坐庄时重点招揽的对象。对于大型投资资金和券商而言，他们天然具备人才优势。

在坐庄前的调研阶段，有专门的调研人员对市场进行调查研究。这些人不但专业水平高，综合分析能力也十分强。根据对市场的调查分析，他们能提出正确的意见和建议给老板。在具体操盘过程中，庄家有高水平的操盘手进行操作。操盘手的个人文化水平一般在本科以上，大多数属于综合型人才。他们精通基础分析和技术分析，具备操纵股价的技巧和经验，能够准确预测大盘的近期走势，并能够根据市场变化及时调整操作思路，基本可以保证在低位吸货，在高位出货，为老板创造最大利润。

3. 庄家的信息优势

庄家的信息优势体现在以下几个方面。

在第一时间获得信息。庄家通常具有足够的专业信息渠道，并有研究人员进行市场调研。目标上市公司的有关信息，通常也是坐庄机构或者大股东首先获得，这几乎很难通过市场规范加以改变。

有条件制造信息。坐庄资金对于目标公司的炒作方式正在不断变化，由过去单纯地在市场上收集、拉高、派发演变为参与公司管理，甚至给上市公司当推销员，设法改变大众对上市公司的市场评价，达到成功炒作的目的。

能控制市场信息。例如，通过串通股评人士制造市场炒作气氛，通过对倒放量控制价格，改变技术图形。这些手段都可以被庄家用来制造多头或空头信息，使中小投资者出现判断失误，达到收集和派发筹码的目的。

更容易掌握筹码分布状况。坐庄资金能够通过现有的市场技术手段和自己对筹码的控制程度，了解中小投资者的持筹情况，也就是说能够知己知彼。

从坐庄资金拥有的信息优势来看，单枪匹马的中小投资者是很难与之抗衡的。虽然有众多市场咨询机构为你出谋划策，但有时这不但无益准确判断，反而成为严重的信息干扰。

4. 庄家的交易优势

庄家一般有独立的跑道和专门的报单人员，有的甚至有多条跑道，交易相当便捷。尤其是在做对倒放量的过程中，交易系统的优势尽显无疑。但是交易系统只是为买卖提供了方便,坐庄能否成功,关键还要看庄家本身的实力和经验。

5. 庄家的成本优势

庄家融资后，表面上在更高的位置加仓，或拉升提高了持仓成本，但实际上筹集的资金越多，则坐庄成功的概率越高，拉升空间越大。相对于其初始自有资金而言，获利的可能性增大，获利空间增加，无形之中降低了成本。

另外，庄家可以反复做波段降低成本，不断高抛低吸，在不丢失筹码的情况下得到差价，从而进一步降低成本。对散户而言，波段操作难度极大，要么做波段被套牢，要么做波段把筹码做没了，很少有成功的。

6. 庄家的盘面优势

由于庄家拥有大量的筹码，所以对盘中的一举一动都非常清楚。如买一、买二、买三中的托单和卖一、卖二、卖三中的抛单，多少是庄家自己的，多少是散户的，庄家一目了然。股价上升到了什么价位会遇到强大的抛压，下跌到什么价位会出现强大的反弹，只有庄家清楚。

散户仅凭公开的技术分析去研判（不少属于想当然），往往会落入庄家设下的陷阱。庄家在操盘中，股价未到高点庄家已开始撤退，未到低点偏偏转身而上，常常打擦边球，使散户追撤不及。

7. 庄家的其他优势

另外，庄家还可以通过一些变通手法钻法律法规和政策的漏洞，比如多开账户，以逃避持股达到一定比例必须向社会公告的规定。在交易中仍存在许多不规范行为，庄家还可以有条件地进行内幕交易，等等。

虽然庄家占有多方面优势，可以先知先觉，可以随意操纵股票的趋势和价格。但任何事情都有相反的一面，庄家有优势也必然有其弱点，而这些弱点足以致命。尽管庄家在坐庄过程中尽可能地利用自身优势来弥补弱点，但仍然有兼顾不到或力所不及的地方，这恰恰为散户提供了可以利用的方面。

二、庄家的弱点

1. 船大难调头

资金雄厚、持仓量大是庄家的主要优势，也是庄家的主要弱点。因为持仓太重，要想成功兑现出局，并非一件容易的事。

在走势过程中，庄家要玩弄很多花样，使用许多指标。如果被散户投资者识破，不被他描述的美好前景诱惑，不肯在远离股票价值的高位接最后一棒，庄家也是无可奈何的。在这个时候，庄家被关在自己亲手制作的笼子里，靠对倒维持股价，聪明的散户则早已将这个烫手的山芋甩给庄家。

尤其在遇到突发事件时，庄家无法及时有效地规避风险，容易引起其他庄家的参与以分享成果。在每波行情见顶之后，总会有一些庄家因操作失误而重仓被套。如果大盘处于极度弱势，庄家的处境就更加艰难。因为这时若一味将股价维持在高位，则控盘成本太高；若顺势将股价打至低位，又可能遭到其他庄家伏击，从而丢掉部分低价筹码。可见，庄家若想成功地运作股价，其难度也是相当大的。

2. 资金成本压力大

先说个故事。

拿破仑与奥地利公主玛丽亚·路易莎结婚后，曾到奥地利的一所学校视察。拿破仑在对学校赞美之余，认为还有欠缺，于是决定赠送一些鲜花给这所学校。但是由于季节原因，当时还没有这些鲜花，拿破仑承诺来年春季再赠花给学校。此后，因为陷入对俄战争的困境中，拿破仑将这件事忘记了。

直到 20 世纪末，奥地利方面向法国索要当年承诺的鲜花，并说如果法国人不支付这笔鲜花的费用，就证明拿破仑言而无信。

法国人怎么会因为区区一笔鲜花的费用，让自己的前皇帝背上失信的名声呢？当即答应一定会支付这笔费用，但是等计算结果出来以后，法国人大吃一惊。原来经过几百年的利滚利后，当年一笔微不足道的鲜花费用，如今已经超过了法国人全年的教育经费。无奈之余，法国人只好请求奥地利放弃催款，并承诺今后一定在教育事业方面尽力给奥地利提供帮助。

一笔鲜花的费用能演变成巨额资金，这就是时间成本的魅力所在。

庄家的资金虽然强大，但都是有时间成本的，而且绝大部分资金的利息要高于同期贷款利息。这些资金在短时间内确实能发挥强大的威力，但是天长日久，庄家就不堪重负了。市场中常会出现这样的现象，每到长假来临前，都会有部分主力资金撤出股市，这就是时间成本造成的结果。庄家资金大多背负着沉重的利息负担，如果无法及时兑现出局，其压力之大可以想象。

另外，庄家大多设置了庞大的咨询机构等组织，聘请了若干投资顾问和操盘手，并且要花相当大的代价去和各方搞好关系，每一次控盘动作都需要成本消耗。所有这些，注定庄家最后的毛利润之上还要大大地打上一个折扣。

3．技术指标露踪迹

在庄家坐庄的整个过程中，操盘行为在股票走势图上必然会留下痕迹，一旦被市场投资者识破，就给市场投资者提供了赚钱的机会。

坐庄一定要拉抬股价，如果庄家不造势，就很难有高位派发的机会。但是几次拉抬之后，聪明的股民就能从技术指标中观察到不寻常之处，即技术指标会显示出超买迹象。这会让散户们望而却步，庄家的最后一棒难以脱手。中小股民则因持股数量较小，可以把包袱扔给庄家轻易脱身，而庄家对此毫无办法。

另外，如果上市公司不配合庄家，目标个股早已有别的庄家潜伏其中，这些都将增加庄家坐庄的难度。庄家投入资金多，如果股价没有足够的上升空间是赚不到钱的。庄家完成目标股的整个坐庄流程，需要足够的时间和空间。在这个较长的周期中，给散户提供了足够多的赚钱机会。

第三节 散户的优势与弱点

可以说，散户与庄家的矛盾是当前中国股市最主要的矛盾。股市的运行规律正体现了庄家与散户的运行特征。这就告诉投资者必须要大胆地面对现实，面对庄家，挑战庄家。在市场中找到自己的对手，发现自己的敌人，打败敌人的前提是了解敌人，剖析对手的长处、短处、弱点、强项，发现自己的长处、短处、弱点、强项，以自己的长处和强项在适当的时机、适当的地点去攻击敌人（庄家）的短处、弱点，做到知己知彼、百战百胜。

一、散户的优势

1. 船小好掉头

资金量大是庄家最大的优势，也是其主要弱点之一。同样的道理，资金量小、灵活性强是散户的最大优势。散户手中握有的少量资金，想入市时随时可以买入，持有的少量筹码想出局，也比较容易实现，因为市场上总会有人接手，不愁卖不出去。散户不知道庄家持仓量多少，不知道上市公司会出什么利空或利好信息，也不知道庄家会耍什么样的阴谋诡计，但散户却具有灵活机动、易进易出的优势。

相对庄家而言，小资金进出股市的优势是显而易见的，散户随时可以决定止盈（或止损）而出局。比如，散户在观察、辨识庄家的操作手法时，一旦识破庄家的企图，可以在任何时候采取对策立即换手，或买或卖，机动性强，灵活性高。而庄家却没有这种方便，即使他愿意在低价位抛出，也不一定有那么多跟风者愿意买入。如果众多散户一齐调头，那庄家就难以承受了。

2. 操作成本低

散户的钱是自己的，一般只是拿自己闲余资金的一部分炒股，股市上贷款炒股的毕竟是少数，因此也不必负担高昂的利息费用。

散户投资者往往都是个人行为，与他人无关，既不需要庞大的咨询机构，也没有必要聘请投资顾问，投入的其他费用几乎可以忽略不计。而庄家无论是赔是赚，都得支付一笔可观的咨询费、投资顾问费，甚至借款利息费。

3. 时间优势

因为散户的钱“都是自己的”，持股时间可以自由支配。一只股票可以拿 3 年，可以拿 5 年，再高兴你还可以拿 50 年。除了生活，没有人跟你要钱。但是，对于众多的庄家是不行的。首先，他们的资金是有成本的，有利息、汇率等因素，拖得太久，对他们来讲成本就更大。其二，他们的资金是有保值增值需求的。比如说基金，如果说一定时期内做得不太好，可能就会换人。而散户不用每个季度都要拿自己的市值去排名，哪怕你输得太多，除了你老婆，恐怕没有人管你。对于散户来说，股票套了，那就放那里吧，哪怕套得再多，只要不退市，总有机会回来的。对于机构，这种方法对他们肯定行不通。若是股票被套许多，那些出资人肯定会去找机构退资。这个时候就很容易出现资金链断裂。所以，对于广大散户来讲，还拥有一个明显的优势：时间。是自己的资金让自己享受到的最自由的时间。机构就不行，熊市时，很多证券公司倒闭，很多庄家血本无归，若他们能支撑到牛市，肯定会解套赚大钱的，但是他们撑不到，他们的钱不是自己的，这些钱不会给他们这么多时间。

二、散户的弱点

散户不可避免也有许多弱点，正是这些弱点导致大部分散户成为股市中的牺牲品。诚然，有些弱点是没办法改变的，但也有一些弱点是完全可以改变或可以克服的，扬长避短，是一切战略战术的核心，散户只有认清这些弱点并采取积极的措施加以改变，才能做到吃定庄家。

我们这里将散户的弱点分为两类。

1. 客观方面的弱点

（1）资金规模小。

在股市中，广大的中小散户投资者基本上是由在职工薪族、一般私营企业中小业主、退休人员、下岗人员组成。他们手中的余钱不多，始终处于被动的买卖局面。在股市中不免处于“人为刀俎，我为鱼肉”的弱者地位。

（2）技术水平相对较低。

许多散户投资者买进股票时，没有经过严密的分析推断，有的人仅是一时头脑发热，有的人则是跟风。散户投资股市一般是自主的个人行为，没有聘请专门的投资顾问，也没有咨询机构，他们买股的依据只是某位名家股评的看法，或上市公司年报所载信息，或自己的主观判断。他们一般水平有限，对技术指标所知甚少，没有能力对技术指标进行研读。买进股票后，面对主力打压、拉升的反复上下折腾，显得不知所措，心烦意乱。技术工具的缺乏以及分析水平的限制，使他们一般不能沉静下来，哪怕是最简单的原则也没有考虑过，导致持股信心丧失，产生错误操作，割肉亏损出局，或者赚了蝇头小利就出局，享受不到后来涨升的大块利润。

（3）信息获得方式不对称。

散户通常得不到内部消息，他们获取信息的渠道极其狭隘有限，不知道股票涨跌的原因和时机，只能跟风，或者犹豫不决，错失买卖良机。在股市里，信息就是金钱，你比别人先获取信息，你就能发大财。而机构投资者往往与上市公司关系密切，对上市公司的内部信息是“近水楼台先得月”，并且他们还经常与上市公司、主承销商、咨询机构勾结搞内幕交易。股市是错综复杂、变化无常的，存在着各种谣言，有的甚至是上市公司或庄家刻意制造的，散户由于信息渠道不畅，经验不足，可能会把谣言当成好消息据此采取行动，结果往往成为假消息的牺牲品。

（4）时间和精力不够。

散户投资者一般都是业余投资者，他们中大部分有固定的全职工作，拿不出更多的时间和精力去关注股市。散户买卖股票不是依靠科学的方法，凭的只是道听途说或自己的主观意愿。股市投资过程实质上是一个从认识到实践，再从实践到认识的不断提高的过程，有些新入市的股民在对证券市场还没有充分认识、不具备分析能力的情况下匆忙入市，入市后也没有花时间和精力去总结经验，吸取教训，因此，屡看屡错，屡做屡赔，尝了不少苦果。而时间和精力不足是散户的客观情况，相比之下，庄家以炒股为业，不像散户投资者“三天打鱼，两天晒网”，有足够的时间和精力在股市中磨炼。

2. 主观方面的弱点

股市有一种特殊的现象，就是群众心理远远超过其他因素，成为左右股市的最大力量。参与股市的投资人，他们的教育、社会、经济等背景各不相同，很多人是盲目的投资人和投机者。但是他们有一个共同的目标，那就是都想趁着股市热潮，在极短的时间内赚大笔钱。股市是人性弱点暴露无遗的地方。

炒股所需要的知识并不多，有人证券知识、理论基础都十分了得，可偏偏炒股一败涂地，究其原因，是因为心理素质太差。高手可以教会你炒股的许多技能，但无法教会你正确的心态。人有许多弱点，这些弱点的形成有的可以说是动物的本能，有些是个人生活培养出来的习惯。庄家掌握了散户的这些心理弱点，便能在股市中兴风作浪。散户的心理弱点可以用“贪”、“懒”、“愿”、“怕”概括。

（1）贪。

庄家坐庄的基本思路和手法无非是那几招，坊间有关各类庄家坐庄方法与技巧的书亦不少见，散户们的“操作水平”也在不断“提高”。但是大部分投资者仍然亏着钱。在日常生活中，我们观察到许多骗人或者被骗的事例，骗人的花招往往并不高明，被骗的人也并不笨，但类似的案件不断地出现，上当受骗者都有一个共同的特点：“贪”。

针对散户的“贪”，庄家们制造出一匹匹“黑马”，让那些试图抓住每一匹黑马和每一波行情的人，在筋疲力尽之后，缴械投降。中线庄家成功坐一次庄的净利润无非在50%～60%。国外一些著名的投资基金的年收益也大约在20%左右。但是在中国股市中，却有人不切实际地将“每年翻一番”作为自己在股市中盈利的目标。看了《武松》就以为自己真能打虎，杀过猪便以为自己能战胜恐龙。结果不到几年，老本就输个精光。可以说，学习炒股的过程就是克服“贪”的过程和培养自知之明的过程。投资者应当在入市之前就为自己制定一个合情合理的利润目标，然后用平常心看待股市的潮起潮落，“君子居安思危，顺势而为，不贪不躁，天亦无所用其伎矣。”

（2）懒。

人存在着不劳而获的倾向，喜欢听别人的意见，喜欢让别人给他出主意，并且不愿意承担责任。在股民群体之中，有些人宁可相信他人尤其是有一些知名人士所讲的话，也不愿相信自己。社会心理学家将此种现象描述为“后儿童时代”。就像一个小孩，当他们恐惧和迷惘的时候，会抬头望着父母，希望得到指引。股市之中的投资者在焦虑、痛苦之后，就会很自然地放弃独立思考，而选择让别人（如评论员、市场权威人士）给他出主意。有人不愿意下苦功学习，整日打听各种“内幕消息”，以期得到“免费午餐”。更有甚者，花巨资买下一套所谓“全自动选黑马”的软件，天真地以为花几千块钱就可以抱回一台“全自动取款机”。散户的“懒”，给“江湖郎中”提供了生财之道。而庄家们则利用散户的“懒”推出许多“饲料”，把散户越养越“懒”，最后一刀宰杀之。

（3）愿。

即一厢情愿。散户投资者一旦入市以后，就会形成一种固定的思维模式，体现在操作中便是不设止损，一味在反方向加码。多头持仓者总认为行情跌不下去，马上要止跌回稳，看空者总认为行情起不来，将反转误认为反弹。有人听了“权威”人士推荐，在120元左右买入某只股票，一路看多，不断补仓，每下跌20元便急着补仓，越补越亏，结果跌到80元处，用光了所有子弹，眼睁睁地看着股价一路下滑到55元左右。因此，设定止损点是克服人性弱点，在你判断出错时，第一时间能强行带你出场的最好办法。

（4）怕。

人都有恐惧心理。人们都知道股海有时十分平静，有时又波涛汹涌，要命的是大部分人都不知道股海何时起风浪。人之所以害怕，是因为对前途没有信心和曾经有过惨痛的失败经历。心理承受能力差的人往往会因为受到太多的折磨而崩溃。庄家正是利用这个特点，左右散户的投资行为。同样一块白手帕上面的一片红色，乐观的人看到的是鲜花，而悲观的看到的却是鲜血。庄家利用舆论作为工具，左右人们的思想，在低位吸筹码时，制造恐慌气氛，吓出散户手中的筹码；而高位出货时，又制造乐观气氛给散户，造成可能踏空的心理暗示，从而让散户不顾一切地追高接筹。

每一个成功的投资者都需要具备投资的三个组成要素：健康的个人心理、合理的交易系统（时、空、价、量）和出色的资金管理计划。这三要素好比凳子的三条腿，缺一条就会连人带凳一起摔倒。而这其中，心理因素是至关重要的。

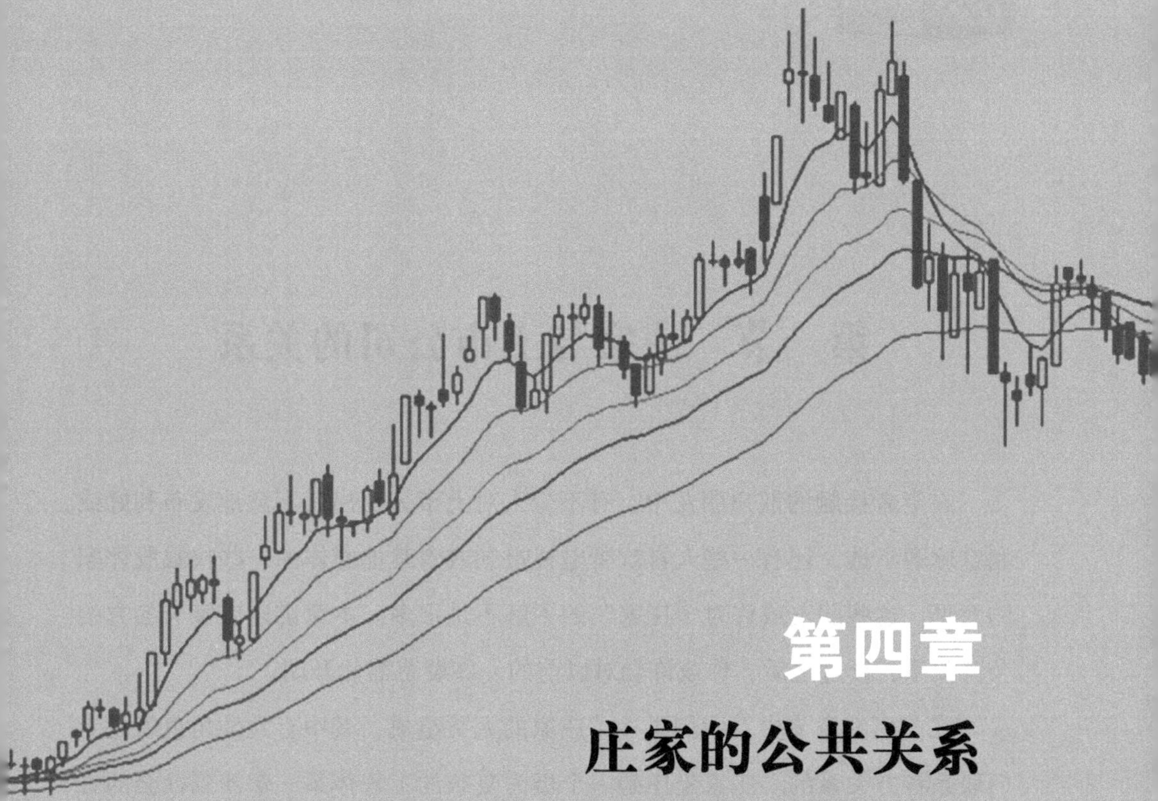

第四章

庄家的公共关系

第一节　庄家与上市公司的关系
第二节　庄家与股评家的关系
第三节　庄家与媒体的关系
第四节　庄家与其他各方的关系

第一节 庄家与上市公司的关系

在笔者接触的散户朋友中，有不少人对上市公司出其不意地发布利好或利空琢磨不透，还有一些人喜欢听电视报刊或者其他媒体的一些权威股评家的意见。这些朋友或许对“庄家”的了解不是很多。本章讲述庄家与各方的公共关系，读过之后，你或许会对以前的一些疑惑豁然开朗。

在前面的章节中，我们讲述了庄家的人员组成，其中有几类角色就是专门联系各方关系的。庄家坐庄是一个极为复杂的工程体系，牵涉到社会的方方面面。庄家往往会借助各种力量，调动一切可以调动的因素，动用一切可以动用的力量来支持和协助整个坐庄活动。在这个坐庄过程中，投入一定的人力、财力、物力搞公关，是他们为达到坐庄成功的一种必不可少的手段。

庄家在坐庄时，首先必须从上市公司处获取公司流动筹码的分布情况，尤其是要了解前几名最大筹码持仓量的情况，为日后操作提供第一手资料。庄家要与上市公司搞好关系，上市公司的经营状况、重大事项的变化，庄家都能第一时间知晓。在坐庄过程中，能获得上市公司的密切配合，为发布消息、制造题材提供方便。庄家与上市公司形成一个特殊的利益群体，结成一种特殊的同盟，以达到利益的互助和坐庄计划的顺利完成。

这种特殊同盟的形成一般有三种情况，一种是庄家寻求上市公司的配合，一种是上市公司主动寻找庄家，还有一种特殊情况是上市公司自己就是庄家。

当然，也有一些庄家并没有与上市公司形成同盟。

一、庄家寻求上市公司的配合

一般是庄家筹集了资金之后，但缺乏项目，于是通过种种分析寻找目标公司，最后与公司谈判合作。为什么庄家要找公司呢？因为坐庄本来风险就很大，如果上市公司不配合，该出利好的时候出利空，该出好业绩的时候偏偏宣布亏损，庄家就有苦难言了。但公司不能只口头上说配合，一般要出一部分资金交给庄家来做，美其名曰“投资”。

由于这是庄家有求于上市公司，所以一些庄家要送钱给公司。庄家给上市公司的钱不多但也不少，一般是几千万左右。有的还根据上市公司出资的多少给予一定的回报，比如公司出 3000 万元，庄家一般给公司分 3000 万元。这笔资金上市公司要妥善处理才能入账，变成利润。也有的不入账，但留给了母公司，因为母公司的报表不要公布。还有是利润分成的，但是利润分成不好控制，所以比较少。由于有这种情况的存在，凡是出现这种情形的庄家，多数要给上市公司某些领导一定的回扣。上述情形是很恶劣的，随着法律法规的日趋完善，相信今后类似情况的发生会越来越少。

因此与上市公司的联系是非常重要的一个环节，事实上，大多数上市公司在庄家调查之前就与庄家早有接触。一般来讲，如果没有与上市公司达成合作之前就吸货的话，一般庄家只会吸收流通股的 15%左右就罢手。这样，庄家如果可以顺利与上市公司达成合作，则继续吸筹，谈不成的话则小做一把就顺利撤出。

上市公司拿了庄家的钱，必须给予充分的消息配合，你让出什么消息我就出什么消息，你让什么时候出我就什么时候出。有的上市公司的报表必须经过庄家审查，甚至就是庄家帮助做的。

这种情况下的上市公司业绩早在一年前就已经策划好了。研究员的水平再高，也没有办法预测出来。

二、上市公司主动寻找庄家

这种情况一般是上市公司进入配股时期，或者有好的项目，但股价比较低，上市公司希望股价涨上去，所以找庄家来做自己的股票。尽管是他来找庄家，但庄家也是要给上市公司好处的，为什么呢？因为庄家能赚 1 亿元或是 2 亿元，需要公司的充分配合，所以庄家愿意给公司好处。另外一方面就是为了充分地笼络上市公司，让公司彻底地为他服务，甚至要给上市公司某些领导一些好处。比如有的庄家会想方设法找到上市公司的高层，通过各种办法打通环节，让公司高层配合着出一些消息，至于回报，让这位高层用别人的名字开户买点本公司的股票就可以了。

在双方的合作中，上市公司主要负责消息面的配合。如果是单纯进行消息面的配合，上市公司获得的报酬往往就是坐庄纯利润总额的 20%左右。这笔资金大多会通过某个公司与上市公司进行贸易（以非公允价格或是大批量购入上市公司产品），或是上市公司投资的某个公司以投资回报的方式输入上市公司，成为上市公司业绩的一个重要补充。

三、上市公司自己就是庄家

这样的例子也不少。由于自己就是庄家，所以在操作的时候更加从容，进出也更方便，利润更丰富。几年前许多上市公司就是依靠做自己的股票才包装出利润的，现在这种现象逐渐少了。

这种情况下上市公司一般会把资金通过其他渠道参与到股票的买卖中，用资金直接参与到坐庄。为逃避监管，上市公司最常用的模式就是通过母公司向股份公司借款，由母公司出面与庄家进行合作，然后把赚来的钱以其他名义，比如母公司向股份公司高价包销某种产品，这样通过产生利润的方式把钱注入股份公司，做高业绩。

四、庄家与上市公司无联系

这种情况一般发生在部分私募或者游资为主的短线庄上，他们快进快出，操作手法凶狠，短时间内完成建仓、拉升、出货，这种庄往往难以持久，一般是自顾自，吃一波就走。也有的时候是被其他庄阻击，吃不了兜着走。

还有部分中线庄家和长线庄家也采取这种做法。如某只股票上市当天就有人在做，坐庄的买了大量筹码，上市公司根本就不知道。上市公司本意是希望公司的业绩改善了，找个庄来做一做，但是这个庄不跟公司打招呼，一买就是上千万股。由于没有公司配合，结果就做不起来，只好在做到 20 元的时候与上市公司联系，后来通过给上市公司宣传和注入生物工程项目之类的，终于有机会拉高出货。一般来说，与上市公司不联系的庄大多都是短庄，或者是小庄，如果要做成大庄就必须有这种联系。据笔者所知，有不少庄家在操作的时候与上市公司不联系，但后来由于恰好遇上大势反转向上，结果照样顺利出货。还有的庄家则没有这样的好运气，到最后不得不求上市公司配合，当然代价是很大的。

在前面三种合作模式下，庄家与上市公司二者谈好合作后，经过对上市公司的调查，一般一套完整的坐庄消息配合计划就会产生。根据计划，上市公司在庄家吸筹阶段开始出利空消息，在庄家的拉升阶段限量出利好消息，在其出货阶段发出大量的利好，以利于庄家的出货。这些消息有上市公司主营业务的收入公告、资金投向公告、合作项目公告以及上市公司的各种收购、重组与兼并等。所有这一切在决定坐庄前就会全套设计好了。具体的公告内容和时间会根据大盘情况、庄家的吸货情况和出货情况来决定。

关于上市公司与庄家之间的合作，在上市公司里一般有四个职位的人可能会知道内情，即公司的董事长、总经理、财务总监与董事会秘书。这四人中，董事长一定是知情的，而其他人有可能会不知情。但是，上市公司一般只是知道消息配合的具体情况，并不知道庄家的具体操作手法。事实上，由于多一个人就多一分风险，因此现在与庄家配合的上市公司往往都是掌控在庄家的手中，也就是庄家利用资金收购上市公司股票的同时也做该公司的庄家。

由上述分析可以看出，上市公司与庄家互相合作、互相利用、互相勾结，才能使一只股票做得完美。跟庄，也只能跟这样的庄，否则，一旦上市公司不配合，庄家只有望洋兴叹。

如果上市公司与庄家勾结，一般来说可以决定如下事项：

◆ 公司的利润多少，有的庄家可以提前两年知道。

◆ 公司的报表如何做，写什么话，不写什么话，都有讲究。

◆ 公司董事会决定什么事情，公告怎样写。

◆ 公司的报表和重大事项公布的时间和方式，公司宣传报道的内容和披露的媒体。

◆ 公司老总的访谈录、公司董事会秘书的答记者问的内容。

◆ 公司资产重组的内容和方式。

◆ 公司大股东股权转让的方式和价格以及受让方的选择。

◆ 公司辟谣公告的刊登与内容。

◆ 公司部分产品的销售量与销售价格。

由于上述原因的存在，要通过调查研究弄清楚上市公司的业绩和重组内容，几乎比登天还难。

比如有一家企业，承销商与上市公司勾结，居然能把注册的时间提前，把本来没有的利润变成有，把本来没有发行的股票变成已经发行，到最后，除了公司新股发行拿到的钱是真的之外，一切都是假的。又比如前几年某只令人深恶痛绝的股票，公司居然能虚构利润6亿多元！而该公司老总在锒铛入狱的时候还喊冤：大家都这么做，凭什么只抓我！

庄家为所操作的股票制造各种利好，制造利好的方法有很多，如果做的是小盘绩差股，甚至ST股，可以通过别的公司向这个上市公司下订单，上市公司生产什么就买什么，把产品买过来再找下家低价卖出去，在这方面虽然赔钱，但上市公司的业绩却在短期内增长，季报一出，连拉两个涨停损失就弥补了。

还有比较高明的方法就是专门成立一个空壳公司，然后用这个公司跟上市公司谈资产置换、重组。上市公司当然会积极响应，然后庄家往外一放重组的消息，股价立刻翻番地涨。近两年新出了一种手法，也非常高明，就是庄家选择一只质地不错的股票建仓，然后也像公募基金那样，派人到上市公司去搞调研，做出完整的调研报告，去卖给公募基金，一旦有几家公募基金的经理看中这只股票，开始建仓，那庄家就省了很多拉升的力气。因此，目前许多基金重仓的股票，其实也可能有庄家活跃其中。

当然，股市总是在规范、在发展。随着相关法规的进一步完善，上述互相勾结的丑陋行为将逐渐减少。

第二节　庄家与股评家的关系

在中国证券市场发展史上，股评家曾经荣光一时，成为众多股民顶礼膜拜的偶像。他们所作的投资预测曾被狂热的股民奉为金科玉律。但是相继曝光的琼民源、亿安科技、中科系、银广夏等案件中，股评家都在其中扮演了非常不光彩的角色。部分股评家在其中推波助澜，大肆炒作，披露虚假信息，使得无数中小股民被深度套牢，以至于血本无归、欲哭无泪。股评家的职业形象一落千丈，部分利用股评预测欺骗和误导投资者的股评家，被广大中小股民斥为“黑嘴”“庄托”。

其实，相对而言，大多数股评家还是诚实正直的，他们用自己所学的知识为投资人提供服务。而股评家因为自己的特殊身份，不可避免地与庄家有着错综复杂的关系。一些比较大的机构庄家，往往与股评机构或媒体有着千丝万缕的关系。

庄家与股评家是利用和被利用的关系。庄家希望股评机构来介绍他这只股票，使大家知道这只股票。庄家需要出货或是想让股票上涨，也会要求股评家来“吹捧”，以减轻自己的资金压力，这些时候，庄家会给股评机构一些好处。而股评家也可凭借与庄家的良好关系，在资金拆借、会员理财、对外咨询业务上得益。因此，同在一个“江湖”混，证券分析师对庄家来说也是万万不能得罪的。

还有的股评机构未必收钱，有的自己也做股票，所以就会要求庄家在盘中对敲给自己一些股票，当然，价格要便宜一些。因此，如果你看到某只股票突然大幅度低开，同时某家知名机构又在推荐，就应考虑这其中可能有“猫腻”。

投资咨询公司发布股评或是研究报告协助庄家炒作，当然也会获得一定的回报。庄家给咨询公司的报酬一般是根据其知名度的大小，支付从十万元到上百万元不等的费用。

庄家除了主动与股评机构勾结外，有些机构还出其不意地利用股评机构。主要有以下几种类型。

1. 锁仓型

现在的股评家可掌控的资金越来越多，委托理财或会员资金也迫切需要寻找投资回报。庄家在面临资金缺口的情况下，也会找股评家帮忙锁仓，或请求融资。而一旦股评家参与其中，会严重影响股评的公正性。股评家会按照“自有资金”——“委托资金”——“客户”——其他投资者的顺序，安排对客户的信息服务顺序。有时甚至会刻意在不同层次间发布逆向信息，以帮助核心层实现利益。作为外围的投资者（特别是免费股评的接收者），自然成了“食物链”吞噬的对象。

2. 骚扰型

庄家下面专门有人负责看股评，若恰好处于建仓阶段就被某位股评家发现，或者该股评家的思路恰好与庄家一致，以至于打乱了庄家的步骤，于是庄家就骚扰股评家，刻意与其预测反向操作，直至股评家转变思路，才重新上涨或者重新建仓。

3. 反向利用型

一些有名气的股评家常常会被庄家盯住，当你宣传某只股票时，庄家会先配合一下，甚至连买卖价格都恰好到位，而当庄家准备出货时，会故意把图形做得很好，而在股评家麻痹之时，突然出其不意大批出货。到最后，股评家落个“庄托”的名声。

4. 先养后杀型

某不知名的股评家推荐的股票突然大涨，而且推荐一个涨一个，市场上注意他的人且跟风盘越来越多。但突然有一天，他推荐的股票在高位放量后不断下跌，以后这样的例子层出不穷，慢慢这位股评家退出了股评界。这就是庄家先养后杀的一个例子。庄家可以先牺牲一部分利益，把股评家捧红，然后在最关键的时候利用他出货。

5. 威逼利诱型

有的股评家不看好某只股票，于是就提示出货或者有风险，但偏偏该股又有庄家在做，有的庄家常常就会主动与股评家联系，采取威胁或利诱等手段，要求股评家按照他的意思评股。

股评机构大多实力一般，所以得罪不起庄家，因此，我们可以看到市场中敢于指点某只股票不好或者抨击某家公司不行的股评家很少，有的话也多是自由撰稿人。

现在信息技术日益发达，互联网也成了庄家的宣传阵地之一。但只有知名度大的股评人士庄家才可能关注。互联网上有不少博客、论坛、专栏在荐股，经常见到不少浏览者留言的时候大骂“庄托”，这也是不对的。“庄托”并非人人都有“资格”可以做，这些推荐股票的作者大多都是自由撰稿人。而有一些人在网上不遗余力地推荐某只股票，也并非庄托，很大的可能性是自己已经介入了该只股票，被套住了或者希望快点涨起来，就自作聪明地开始大肆宣扬这只股票如何如何好了，当然其影响力几乎可以忽略。

大多数股评家诚实正直，任劳任怨，他们用自己所学的知识为投资人提供着无偿的服务，这是值得广大投资者敬佩的。对于一些影响力较大的权威股评家，我们该如何识别是否是股市“黑嘴”呢？

首先，神话级的股评家不可信。有一类股评家喜欢用十分精确的预测获取投资者的信任。我们知道股市从市场长远趋势或股价大致运行规律等方面是可以预测的，但具体到特定时间、价位的精确预测是不可能的。如果有的股评家能够精确地预测股价在未来的某日，甚至是某时将产生拐点，将能涨跌到具体某个价位。对这样的股评，投资者大可置之一笑。

极少数股评家之所以能成为“黑嘴”，其首要条件是要股民信任他，甚至是要崇拜他的预测能力。于是，“黑嘴”往往会与庄家联手，制造种种神话，骗取股民的信任。

例如，某位赵姓股评家，在某次模拟实战中，创造了累计收益率2000%的惊人战绩，为同期市场收益的50倍。其所推荐的股票青山纸业，也曾经一度涨幅惊人，许多股民因此对他佩服得五体投地，奉其为“中国荐股第一人”。此后，只要赵氏股评所点之处，数以百万计的买盘就会跟风而来。2000 年 9 月，赵接受专访时表示：“笑云不是托，青山可为证”，然而，最终的结果是：无数“咬定青山”的投资者被套于青山之巅。经过证监会审查后，该股评家未通过年检，被取消了股评资格。

世界上是没有神的，股市中同样也没有神。所以，对于那些模拟比赛获利惊人或推荐股票极为精确的神话级股评家，投资者千万不能过于迷信，因为他们很可能是庄家培养的“托”。

其次，和个股有利害关系的股评家不可信。某些股评家平时发表股评也比较规矩，但是一旦所做的股评与自己所在的单位有利益冲突，或与自己有利害关系时，往往就难以遵守职业道德了。

例如，在股指上冲到顶峰时，有的机构明明是将自己的重仓股不计成本地跳楼大甩卖，而身为这家机构的分析师却到处宣称超级大牛市来了，结果使得很多相信这种言论的投资者至今不能解套。

其实，这仅仅是一种比较明显的“黑嘴”行为，还有很多“黑嘴”行为更加隐蔽。目前，证券咨询机构中的利润主要有以下来源：一是收取咨询费、会员费；二是从证券营业部收取手续费回扣。但是这两项业务收入很低，甚至不能满足咨询机构的日常开支。因此，有些证券投资咨询机构会通过暗箱操作以“变通方式”取得收入，而这些“变通方式”五花八门，其中包括代理投资人从事证券、期货买卖，从中收取佣金或者与其会员在私下约定分享投资收益。有的影响力较大的咨询机构通过这种方式掌握着数额巨大的私募资金，使自己蜕变成庄家与股评家的合成体，在坐庄的时候，会直接通过股评来影响股市获利。所以，投资者在听股评时，对于和个股之间有利害关系的股评家不能轻易相信。

第三节 庄家与媒体的关系

现代信息的高度发达，使传媒发挥的作用越来越重要。庄家与媒体建立良好关系，可以借助媒体传播、发布利好或利空等各种消息和题材，在市场中起到推波助澜的作用。庄家需要唱多时，市场上能通过传媒快速传达利好消息；庄家需要唱空时，市场上传媒播出利空消息，以此来迷惑投资者，扰乱投资者的行为，这样有利于庄家很好地按自己的规划调控市场。市场中各种有影响力的报刊是庄家密切关注的目标。

庄家在利用媒体的时候有个基本次序：先通过记者或者通讯员发一些小消息，再逐渐通过记者或者通讯员发一些老总的访谈录，再在报纸上开一个专栏连续宣传，随后在报纸上出整版的投资价值报告。你可以根据这个原则判断庄家的操作步骤，一般来说，出小消息的时候正是股价上涨的中期，庄家出消息的目的是减轻拉高的压力。到了出老总访谈录的时候，一般就可以开始初期出货了，到出整版投资价值报告的时候，一般就到了出货的中期了。很少有庄家光花钱做宣传而不出货的。

举个例子，某只股票从 8 元涨到 28 元时，报纸上几乎没有任何宣传。到股价接近 29 元的时候，开始有小消息报道说某项目竣工，到 30 元的时候，有公司老总的访谈录，到 33 元附近的时候，出来了整版的宣传报告，甚至拿出某家会计师事务所的评估报告来告诉大家该公司的业绩能上涨到什么高度，让你看了恨不能立刻杀进去。可惜，此后该股却持续下跌。

所以，做股票的时候要明白一点，股评说得越好，媒体上宣传越多时，就是庄家要出货之时。

例如，一些报纸的荐股栏目有多家机构同时看中了某只股票，而在随后的一星期，这只股票一开盘就涨停，无数散户在等待买入的时机，最后涨停板打开，散户大量买入之时，庄家顺利出货了。这个涨停板也就成了中长期的头部。这就是庄家利用媒体、利用机构、利用图形造势的一个典型例子。

第四节 庄家与其他各方的关系

一、庄家与交易所的关系

庄家必须随时与交易所取得联系，以确认是否有其他主力进入，确认进入的主力为哪支机构，以便采取相应策略，如割肉止损、谈判合作、强势驱逐等。

二、庄家与有影响经济决策的专家、学者的关系

庄家与有影响经济决策的专家、学者在一起，能够充分利用这些人士的作用，获得他们的指点与忠告，同时又能了解国家政策的意图，及时把握影响上市公司的最新发展动态，提前知晓利空或利好政策的出台，有效地防范市场风险，减少不必要的损失。

三、庄家与当地政府部门的关系

由于经济发展不平衡，我国区域差别很大，致使形成当地政府对上市公

司的支持有很大的差别。例如，个别经济落后地区的上市公司能获得当地政府的支持和保护。这样有利于庄家的坐庄活动，也有利于庄家逃避监管、推卸责任。庄家公关的目标对自己实施坐庄计划有明显的倾向性。庄家的主体不同，实力有差异，所公关的对象选择也有差异。资金实力较小的庄家，公关的重点放在上市公司；炒大势、炒板块的庄家对传媒专家较重视；上市公司自己坐庄，公关重点主要放在主承销商上。还有一种庄家，实力雄厚、目标远大，能调用市场上一切的公共关系来为自己所用。

四、庄家与监管部门的关系

除公募基金以外，其余均不接受监管部门监管。公募基金的基金产品必须经过监管部门审批。

五、庄家与其他机构的关系

当某主力在操纵股票遇到意外冲击而无力支撑时，可以与友好机构一起合力操纵，消除意外冲击，共同获利。

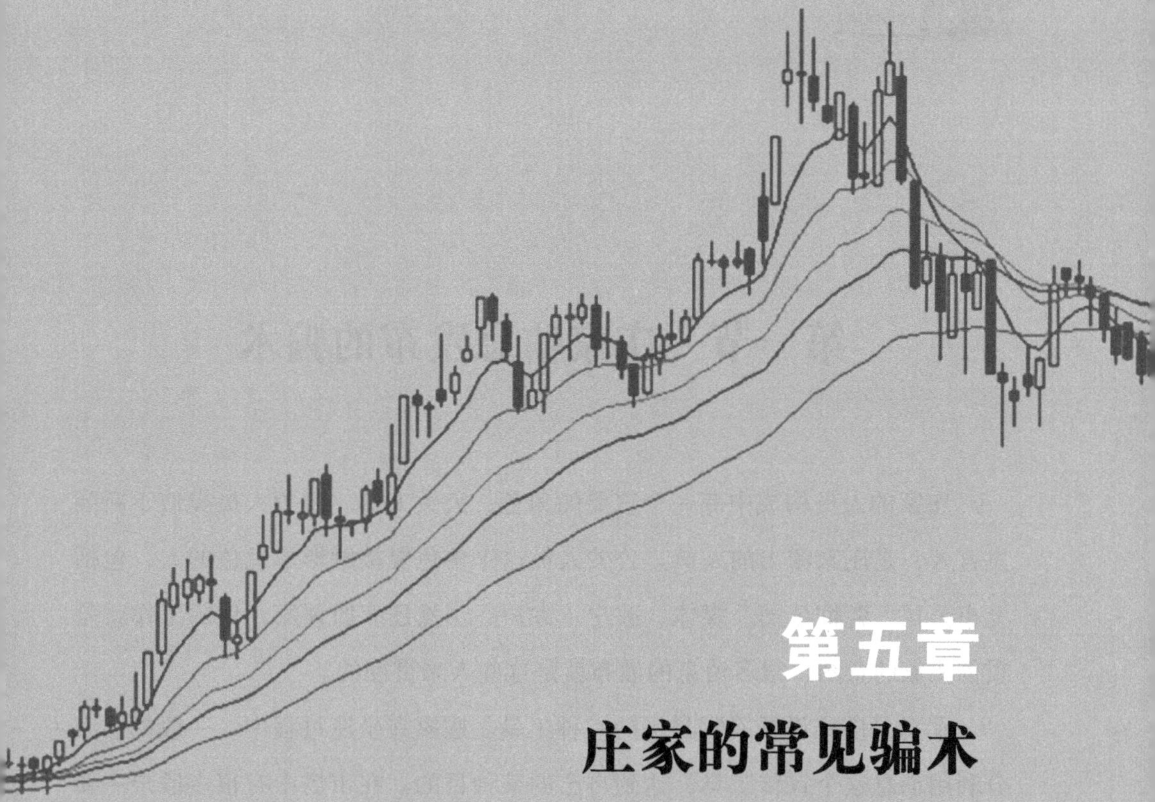

第五章

庄家的常见骗术

第一节　庄家信息发布的骗术
第二节　庄家炒作中常用的骗术手法
第三节　庄家的骗线手法
第四节　庄家盘口的骗术
第五节　几种常见的对敲手法
第六节　多头陷阱和空头陷阱
第七节　成交量的骗局
第八节　思维定式的骗局

第一节　庄家信息发布的骗术

庄家的人员构成中有一个重要的角色：公关人员。公关人员类似于新闻发言人，是庄家派出的人员。公关人员这个角色要接触形形色色的人，包括上市公司、咨询公司、媒体、散户、大户，当然还有股评家，他的工作就是贯彻庄家的意图，很多消息的散布就是这些人来贯彻的。

消息是庄家设置陷阱常用的一种工具。庄家在坐庄过程中，一般都会充分利用消息这个宣传工具，达到自己的某种目的。在市场中有很多散户主要是依靠消息炒股，以消息来作为自己投资的决策依据。这样一来，发布消息，为庄家利用消息坐庄创造了基本条件。庄家在吸货、洗盘或震仓时，常会利用利空消息设置空头陷阱，让中小散户纷纷落入其陷阱。庄家在发布消息时是很讲究的，在什么时间发布、在什么价位发布、对什么人发布什么消息等，并预知其市场的影响力大小。一个成功的庄家在收集筹码的过程中是绝对不会发消息的，不能让任何人知道，否则就难以成功。对庄家来说，投入10亿元，可以赚几亿元，如果跟亲戚、朋友透露风声，他们可能因此赚一两百万元，但是庄家的大块利润就没了，可谓得不偿失。所以，越是在建仓的过程中没有消息的股票，说明庄家的纪律性越强，后来涨升的空间也越大。

每年中报或年报公布前，一些炒业绩的个股涨幅已高，这时消息满天飞，追涨者也特别多。消息公布后，往往是主力借利好出货的时机，而追涨者则大祸临头。在报表公布完毕后，一些券商的研发部、咨询机构的研发部，配合庄家长篇大论地登出该股的投资价值分析报告，公司的重组消息也被证实。而这些利好消息放出来时，刚开始没人会注意，随着股价盘升，人们半信半疑，当投资者终于坚定信心准备买入时，股价已高，一些投资者若不明白庄家的炒作思路，往往会在庄家的诱多下以为股价仍会看高一线，一旦接手，便成为这些消息的牺牲品。

散户如何辨别消息的真假呢？

首先，当消息出现时，看股价是处于低位、中位还是高位，如果股价处于底部，极有可能是庄家保密不严走漏风声。如果股价已大幅拉高，八成是为了配合庄家的出货散布的假消息，可以就成交量的变化以及股价在各个位置的 K 线形态加以综合判断。

其次，如果有些消息是源于基本面而言，可以在权威的新闻媒体上得以证实。这种消息出现时，投资者可以从同时期的《人民日报》《经济日报》《经济参考》或者有关的专业性杂志上得到证实，也可以直接从互联网上查询消息的来源。

再次，听消息买进，消息证实即卖出的炒作原则是“以快制胜”。当你无法确认消息真伪时，可以在市场刚传出此类消息时立即少量买入，并密切关注。一旦有拉高放量出货的迹象，不论是否获利，应立即平仓，消息证实时即使被浅套，也应割肉离场。

庄家在有预谋地发布一个消息时，正常情况下的信息发布有这样几个层次。

第一个层次是亲戚朋友。庄家建完仓在拉高股价之前，愿意对外发布消息。他为什么要发布消息呢？因为庄家不可能把所有的筹码都收过来，他要让市场中形成赚钱效应，要别人都跟进来，你可以跟，他也可以跟，当然亲戚朋友先跟进来最好。所以，庄家的亲戚朋友最早介入，成本大致与庄家的成本一致，其中有的人与庄家有千丝万缕的关系，可能成本比庄家还低。

第二个层次是各个方面的关系。比如说上级，或自己的关系客户。有些时候有的股票会在盘中突然下杀并瞬间拉回，这是操盘手在给人送礼。所以一只股票盘了一段时间之后刚刚启动，突然有一天低开，这个低开可能就是一个行情的征兆，因为这是庄家在送钱，送的肯定不是一般的人，可能是领导，也可能是关系户，既然送钱就不能让人赔钱，所以股价很快就会拉起来，我们也可以根据这点来判断个股的走势。

第三个层次是大户和股评家。除了亲戚朋友、关系户之外，大户也是比较优先得到信息的群体。由于证券商之间的竞争激烈，一般来说，每家券商都有一个自己的信息渠道，专门提供给自己的大户。为了留住资金，就需要提供各方面有价值的信息，你的资金量越大，得到的服务就越多，所以他们最先得到消息。大户跟股评家有时候得到消息的时间是一致的。

第四个层次是散户。一般大户买完了，他需要别人跟进，就对外说这只股票有多么好，引导一般散户买进，同时机构也在媒体上放风，让散户跟进，早期跟进的人一般是赚钱的，到很多散户都知道这只股票如何如何时，也是股价见顶的时候。

第五个层次是各种传媒。有什么庄家要出货了，就在报纸上发布利好消息，因为知道的人越多，庄家越容易出货。但有个别情况是例外的，有的机构发布消息是要配合做行情。

第六个层次：在股票低价循环圈内发布利空消息，并且消息越坏越好。

第七个层次：在股票高价循环圈内发布利好消息，并且消息越好越佳。

知道了上述几个层次，在得到一些关于个股传闻的时候，投资者要从股价所处阶段和自己能获取消息的层次，分析自己得到的消息属于哪一个层次，然后再结合股价表现来作出投资决策。事实上，任何人都无法回避一些消息，尤其是资金量大一点的投资人，对消息进行综合判断，审视市场消息的真实性、可靠性，就显得尤为重要了。

而对于市场资金大鳄庄家（以大机构居多）来说，他们需要制造一些影响大盘行情的骗局。利用不太明朗的消息或传闻制造舆论，就是他们用来设置陷阱的一种手段。舆论在什么时候制造，以及制造何种舆论，往往取决于庄家操盘的需要。

1. 底部吸筹时制造空头舆论

在大盘或个股下跌趋势末期，庄家为了让大量的套牢盘在底部割肉，以吸纳廉价筹码，往往制造空头舆论，大力营造悲观气氛，直到投资者掉入其设置的空头陷阱为止。如2006年底开始的一轮大牛市，投资者纷纷建仓，庄家为了吸到更多的筹码，2007年初大盘反复震荡并出现过放量下跌，同时市场上谣言四起，逼迫投资者作出壮士断臂的举动，抛出底部筹码。

2. 上升途中震仓洗盘时制造空头舆论

在大势或个股上升途中，为了减轻获利盘或解套盘的抛压，庄家必须震仓洗盘，这时候庄家就会大造空头舆论，给市场一种行情已经结束的印象。一旦主力洗盘的目的达到，就会迅速大幅拉升股价，让众多投资者踏空。

3. 在顶部出货时制造多头舆论

庄家要出货时，借助舆论制造多头气氛，让投资者坚定持股信心，投资者多头信念越坚定，庄家出货越容易。这些舆论的主要特征有：一是高位出利空不跌，使市场以为大盘仍有上升空间；二是大主力庄家采用围魏救赵的策略拉动部分股票，出主流股票，市场中既有热门股走软的现象，也有一些股票走势惊人。如2007年10月，当大盘站上6000点期间，不少舆论大肆唱多，倡导投资者应该“价值投资”，应该转向持有“优质股”“蓝筹股”。当投资者从机构手中接过这些“优质蓝筹”后，形势开始发生改变，所谓的“蓝筹股”首当其冲，跌幅最惨。

4. 下跌中途制造多头舆论

股价或指数在下降途中的缩量平台整理，会给市场以跌不下去的感觉，这时候，舆论也会大肆渲染股指已经见底，让投资者误认为是底部而积极买入。结果不久股指便跌破平台，且越跌越深，中途买入者全被套牢。如2008年2月，沪指跌到4000点附近时，舆论四起，提出4000点是“中期底部”，是跌不破的，但当大量散户入场抄底后，大盘越跌越深，短短两个月，股指一口气跌到了3000点。

第二节　庄家炒作中常用的骗术手法

庄家在其炒作过程中，为了确保操作能够顺利进行，获得丰厚利润，常常会采用一些骗术来对付广大散户，现列举出主要的几种类型。

（1）拉高出货。庄家为了实现浮动盈利，在一段涨势之后再用小单猛然拉高价格，造成价格还将有力上涨的假象，迷惑一般散户跟进做多，以达到悉数出仓的目的。空头庄家的手法也类似，只是方向相反。

（2）压低出货。主力庄家将股价炒到相当高的价位后，尽力把所有的筹码往市场上“倒”，迫使股价像直线一样下跌，以无反弹、无盘整的姿态完成出货，此种手段凶狠毒辣。

（3）滚动操作。庄家出于减少风险、增大盈利的目的，在市场行情有利的情况下适时将部分筹码获利了结，既实现盈利又将部分散户震出局外，再在较低（较高）的价位做多（放空），从而将自己的平均成本降低，为将来的拼杀作出更充分的准备。

（4）欲擒故纵。庄家进行多头（空头）操作前，先打压（抬拉）股价，造成一种假象，从而可以保证自己建足仓位，将众多散户引入陷阱，一一套牢，但此举需要庄家有雄厚的资金做后盾，有时庄家资金不够充足或市场人气已经带动，也会顺水推舟，反倒弄假成真，虚实难辨。

（5）轮番炒作。庄家对同一板块的诸多个股均予关照，以实现“补涨”（“补跌”）来带动人气，从而呈现全盘上扬（下挫）的有利（不利）局面。

（6）逆向操作。当庄家有足够的资金时，它可能进行逆众人思维和逆技术面信号的操作，以期打败众多交易者，获取丰厚的利润。

（7）内幕买卖。主力庄家勾结上市公司，利用外界尚不知道的消息，先买进或卖出，然后将公司的实情公开，导致股价的波动，然后卖出或买回，以达到渔利的目的。

（8）小失换大利。庄家连续以小额买卖（采用“高进低出”或“低出高进”）的方法，连续操作多次，以损失小量金额达到压低或抬高股价的目的，此种做法叫以小失换大利。

（9）震仓。庄家在成功推高（压低）价格后进行反向操作，既可降低投机风险，锁定盈利，又可迷惑散户，而且可以适时调转方向，起到进一步推高（压低）价格的作用。当盘中有对手大户时，还可以在“敌营”内部适时策反，以打乱对手的布置，为最后赢得胜利奠定基础。

（10）对倒。庄家由于持仓量大，可以操纵市场，出于迷惑散户、造假做技术骗线等动机，在自己分仓的几个席位上内部交易（例如一方挂低价卖出的同时，另一方以市价买入或超高价买入）。

（11）做空。庄家利用市场预期回档的心理，设下陷阱，让意志薄弱的短线客下轿之后再反向操作，根本就不给空头还手的机会。

除此之外，主力庄家还以多种方式逼迫交易所动用风险基金，迫使交易所管理层不敢出台对大户不利的消息，于数个涨停板后翻手做空，将对手套牢盘中等等。庄家之间出于自身利益考虑，或互结同盟（有时这种同盟关系并非十分可靠），或互相拼杀，但在其中最吃亏的还是广大的散户。庄家碰上对手大户时积极拉拢、利用散户，无对手庄家时则使出浑身解数要将散户吃掉。所以散户投资者尤其要注意庄家的操盘手法与资金动向，将股票市场的基本面、技术面、消息面与盘面有机结合，只有这样才能在长期的交易中获利。

下面几节将就一些常用的骗术再作重点讲述。

第三节　庄家的骗线手法

顾名思义，“骗线”就是庄家设计出‘美妙绝伦”或“惨不忍睹”的股票走势线路图，诱骗那些主要靠技术分析来作为自己投资决策的投资者掉进“多头陷阱”或“空头陷阱”，从而达到便利庄家自己高价出货或低价进货的目的。精通和熟悉技术分析的投资者都知道，一旦股票“出线”，即超过支撑点或压力带，就显示着新的低价或新的高价时代可能来临，也就使投资者自然不会轻易放过机会做多头或空头，以便获取丰厚的利润。

庄家设计“骗线”的关键点就在于让股票“跌破”成交密集的支撑位（即所谓“破位”），或是“穿越’牢不可破的“压力带”（即所谓“出线”），诱使投资者卖盘杀出，抑或买盘抢进，从而中计。

股市里真相与假象混杂，馅饼与陷阱同在，庄家手法真真假假，虚虚实实，似进实退，欲涨还跌，特别是在撤退过程中，经常采用各种骗线手法，以吸引跟风盘。下面试列出一些庄家常用的骗线手法。

一、拉尾市

有些个股整个交易日内都风平浪静，而临近收市的几分钟庄家却突然袭击，连续数笔大单将股价迅速推高，此类拔苗助长式的拉抬，通常表明庄家并无打持久战的决心，而是刻意在日线图上制造出完美的技术图形。有时则是该股已进入最后派发阶段，庄家在盘中减仓之后，尾市再将股价拉高，一是可避免走势图出现恶化，二是将股价推高，为次日继续派发腾出空间。

图 5-1 是兰太实业（600328）在 2012 年 7 月 12 日的分时走势图。我们看到在图中出现了多个连续的刀波刃出货形态，说明主力急于出货，但又不

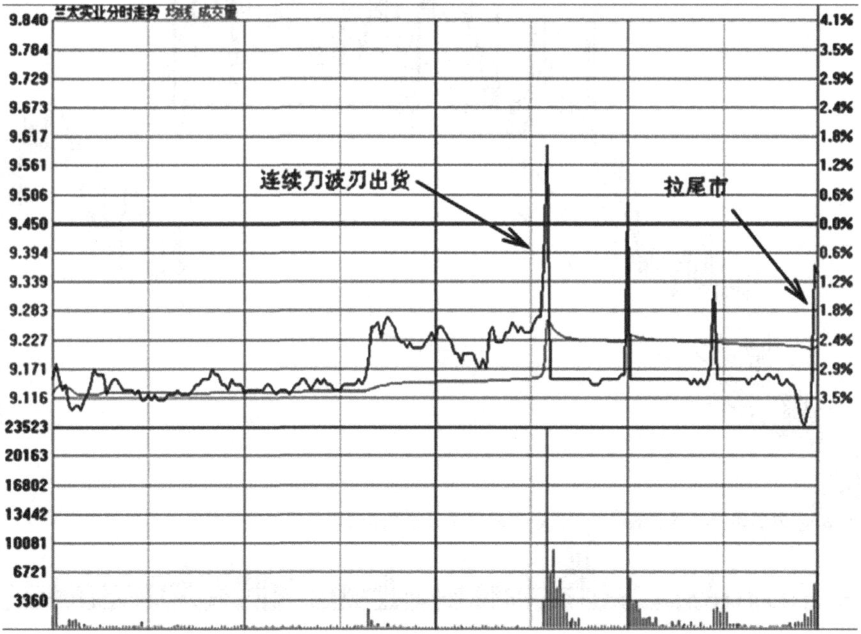

图 5–1

希望对股价造成太大的打压，以免影响以后的出货。庄家就采取了拉尾市的手法，在尾盘迅速拉升，为明日的派发预留空间。

二、假突破

一个整理形态的向上突破，常常能吸引技术派人士纷纷跟进，例如有效突破三角形、旗形、箱形时常会出现一定的升幅，庄家往往利用人们抢突破的心理制造骗线，如图 5-2。

如图 5-2，宁波联合（600051）。从 2014 年 6 月开始，股价一路上涨，到 10 月份股价进入高位箱体内整理，在箱体震荡出货中出现长阳突破箱顶，

图 5–2

价涨量增，第二天继续拉出长阳，但强势并未能持续多久，当天即冲高回落，成交量维持高位，跳水动作开始，随后短短时间内股价即被腰斩。投资者一旦发现股票形态为假突破时，宜及时止损。

三、假填权

不少个股摆出填权的架势，股价在除权后亦短暂走强数天，但很快便一蹶不振。

如图 5-3，江海股份（002484）。10 转增 6 除权，留下除权缺口，除权

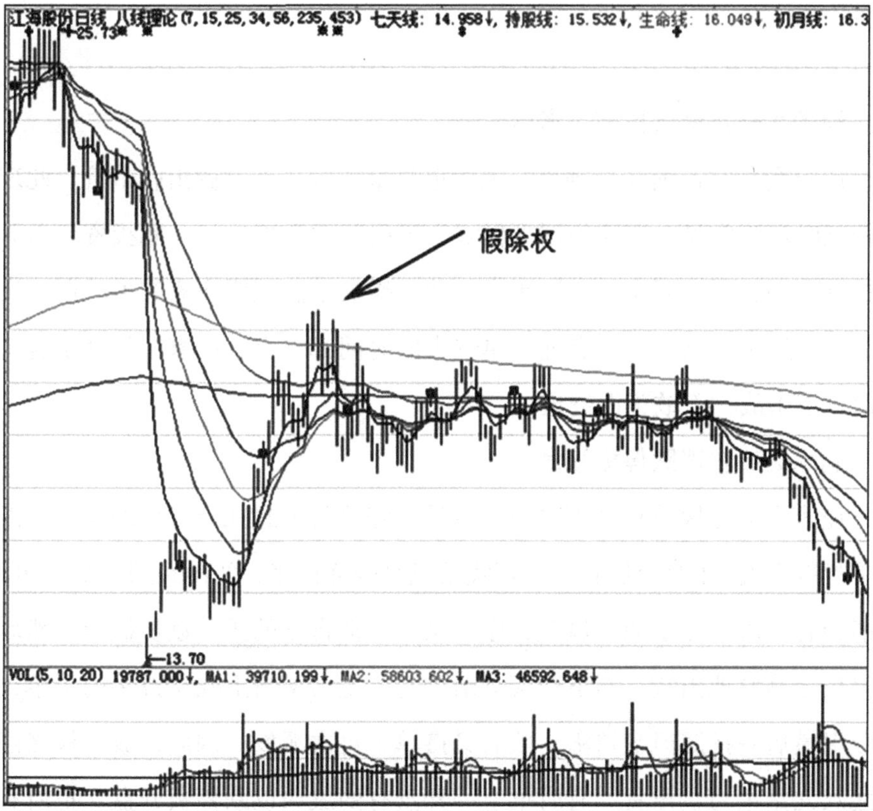

图 5–3

后股价不断走高，但仅将缺口封闭一半，便连续收阴，平台出货迹象明显。

类似的个股较多。对待除权类个股能否填权，投资者首先要把握大盘的走势，一般来说，大盘处于牛市时，庄家多会顺势填权；而大盘走弱时，填权走势十有九假，投资者买股时宜特别小心。

第四节 庄家盘口的骗术

骗术之一：尾市拉高，真出假进。

庄家利用收市前几分钟用几笔大单放量拉升，刻意做出收市价。此现象在周五时最为常见，庄家把图形做好，吸引股评免费推荐，骗投资者以为庄家拉升在即，周一开市，大胆跟进。此类操盘手法证明庄家实力较弱，资金不充裕。尾市拉高，投资者连打单进去的时间都没有，庄家图的就是这个。只敢打游击战，不敢正面进攻。

骗术之二：涨跌停板骗术。

庄家发力把股价拉到涨停板，然后在涨停价上封几十万手的买单，由于买单封得不大，于是全国各地的短线跟风盘蜂拥而来，你1000股，我1000股，可能会有一两百万手的跟风盘，庄家见势就把自己的买单逐步撤走，然后在涨停板上偷偷地出货。当下面买盘渐少时，主力又封上几十万手的买单，再次吸引最后一批跟风盘追涨，然后又撤单，再次派发。因此，放巨量涨停，十之八九是主力在出货。有时早上一开盘有的股票以跌停板开盘，把所有集合竞价的买单都打掉，许多人一看见这种情况就会考虑抄底，这样就中了庄家的阴谋了。

骗术之三：高位盘整放巨量突破。

巨量是指超过 10% 的换手率。这种突破十有八九是假突破，既然在高位庄家获利甚丰，为何突破会有巨量，这个量是哪里来的？很明显，巨量是短线跟风盘扫货以及庄家边拉边派共同成交的，庄家利用放量上攻来欺骗投资者。细分析之，连庄家都减仓操作了，这股价自然就是兔子的尾巴长不了。放量证明筹码的锁定程度已不高了。

骗术之四：盘口委托单骗术。

在证券分析系统中的三个委买、委卖的盘口，庄家最喜欢在此表演，当三个委买单都是三位数的大买单，而委卖盘则是两位数的小卖单时，一般人都会以为主力要往上拉升了，这就是庄家要达到的目的，引导投资者去跟进，从而达到庄家出货的目的。水至清则无鱼，若一切都直来直去，庄家拿什么去赚钱呢？这就是庄家的反向思维。因此，要赚钱，就必须跟庄家步调一致。

骗术之五：利用分析软件的弱点。

有耐心的庄家每次只卖 2000 ~ 8000 股，基本上不会超过 10000 股，所以有的软件分析系统都不会把这些小单成交当作是主力行为，只看作是散户的自由换手。两个操盘手在两部电脑上分别输入，按卖一上的委卖价买进 100 股，以及按买三的价格输入卖出 9900 股，然后同时下单，显示出来就是成交 10000 股，而且是按委卖单成交，分析系统会统计为主动性买盘。这时就要盯紧均价钱，若显示一主动性大笔买单，而分时均线却往下掉，证明这一笔是假买盘，真卖盘。

骗术之六：盘口异动骗术。

有些个股本来走得很稳，突然有一笔大单把股价砸低 5%，然后又立刻复原，买进的人以为捡了个便宜，没有买进的也以为值得去捡这个便宜，所以积极在刚才那个低价位上挂单，然后庄家再次往下砸，甚至砸得更低，把所有下档买盘都打掉，从而达到皆大欢喜的结局。散户以为捡了便宜，而庄家为出了一大批筹码而高兴。这是庄家打压出货手法的变异。

骗术之七：强庄股除权后放巨量上攻。

这种情况大多是庄家对倒拉升派发。庄家利用除权，使股票的绝对价位大幅降低，从而使投资者的警惕性降低。由于投资者对强庄股的印象极好，因此在股价除权后低价位放量拉高时，都以为庄家要再起一波，做填权行情。为吸引大量跟风盘介入，庄家边拉边派，庄家不拉高很多，已进场的散户没有很多利润不会出局，未进场的觉得升幅不大可以跟进。再加上股评的吹捧，庄家就在散户的帮助下，把股票兑现为钞票，顺利出逃。

骗术之八：推土机式拉升。

庄家在每一个买单上挂上几百手的买单，然后在三笔委卖盘上挂上几十手的卖单，一个价位一个价位往上推，都是大笔的主动性买盘。其实这上面的卖单都是庄家的，目的是为了吸引跟风盘跟进，此类拉升，证明顶部已经不远了，股价随时都会跳水。透过现象看本质，我们就不会被庄家蒙骗。

第五节　几种常见的对敲手法

庄家对敲主要是利用成交量制造有利于庄家的股票走势，吸引散户跟进或卖出。庄家经常在建仓、震仓、拉高、出货、反弹行情中运用对敲手法。

庄家对敲的方式主要有以下几种。

一、建仓

通过对敲的手法来打压股票价格，以便在低价位买到更多、更便宜的筹码。在个股的 K 线图上表现为股票处于低位时，股价往往以小阴、小阳沿 10 日线持续上扬。这说明有庄家在拉高建仓，然后出现成交量放大并且股价连续下跌，而股价下跌就是庄家利用大手笔对敲来打压股价。这期间 K 线图的主要特征是：股票价格基本是处于低位横盘（也有拉涨停的），但成交量却明显增加，从盘口看股票下跌时的每笔成交量明显大于上涨或者横盘时的每笔成交量。这时的每笔成交会维持在相对较高的水平（因为在低位进行对敲，散户尚未大举跟进）。另外，在低位时，庄家更多地运用夹板的手法，即上下都有大的买卖单，中间相差几分钱，同时不断有小买单吃货，其目的就是让投资者觉得该股抛压沉重上涨乏力，而抛出手中股票。

二、拉升

利用对敲的手法来大幅度拉抬股价。庄家利用较大的手笔大量对敲，制造该股票被市场看好的假象，提升投资者的期望值，减少日后该股票在高位盘整时的抛盘压力（散户跟他抢着出货）。这个时期散户投资者往往有买不到的感觉，需要高报许多价位才能成交，从盘口看小手笔的买单往往不容易成交，而每笔成交量明显有节奏放大。强势股的买卖盘均有 3 位数以上，股价上涨很轻快，不会有向下掉的感觉，下边的买盘跟进很快，这时的每笔成交会有所减少（因为对敲拉抬股价，不可能像吸筹时再投入更多资金，加上散户跟风者众多，所以虽现出“价量齐升”，但“每笔成交”会有所减少）。

三、震仓洗盘

因为跟风盘获利比较丰厚，庄家一般会采用大幅度对敲震仓的手法使一些不够坚定的投资者出局。从盘口看，盘中震荡时，高点和低点的成交量明显放大，这是庄家为了控制股价涨跌幅度而用相当大的对敲手笔控制股票价格造成的。

四、对敲拉高

当经过高位的对敲震仓之后，股评家也都长线看好该股，股价再次以巨量上攻。这时庄家开始出货，从盘口看往往是盘面上出现卖二、卖三上的较大单子，而我们并没有看到卖二、卖三上有非常大的卖单，成交之后，原来买一或者是买二甚至是买三上的买单已经不见了，或者减小了，这往往是庄家运用比较微妙的时间差报单的方法，对一些经验不足的投资者布下的陷阱，散户吃进的往往是庄家事先挂好的卖单，而庄家卖出的对象往往是跟风的散户。

五、反弹对敲

庄家出货之后，股票价格下跌，许多跟风买进的中小散户已经套牢，成交量明显萎缩，庄家会找机会用较大的手笔连续对敲拉抬股价（这时庄家不会像以前那样卖力了），较大的买卖盘总是突然出现又突然消失，因为庄家此时对敲拉抬的目的只是适当地拉高股价，以便能够把手中最后的筹码也卖个好价钱。

第六节　多头陷阱和空头陷阱

布设陷阱是庄家赚钱的惯用招式。庄家要赚钱，就要让股民亏本。因此，庄家通过布设陷阱诱骗散户“上钩”：在高位时，使散户觉得后市“钱”途无量，抢着买入；在低位时，骗散户自觉抛出，这样使散户手中的钱转移到庄家的腰包中。庄家通过种种方式，在操作过程中布下陷阱，诱使股民一个个因陷阱而“落马”。

如果将庄家设置的陷阱进行归类的话，实际上只是两种：一种是空头陷阱，另一种是多头陷阱。这两种陷阱的作用是完全不同的。

一、空头陷阱

1. 什么是空头陷阱

空头陷阱，简单地说就是市场主流资金大力做空，通过盘面中显现出明显疲弱的走势形态，诱使投资者得出股市将继续大幅下跌的结论，并恐慌性抛售的市场情况。一段时间，大势急转直下，龙头股纷纷跳水，指数连续快速地下跌，这时投资者更要谨防空头陷阱。

2. 空头陷阱的作用

庄家设置空头陷阱的直接目的就是为了诱空，以便在更低价位收集筹码，或者洗去浮筹，震走胆小者。通常出现在指数或股价从高位区以高成交量跌至一个新的低价区，并造成向下突破的假象，当恐慌抛盘涌出后，股价迅速回升至原先的密集成交区，并向上突破原压力线，使在低点卖出者踏空。对于大盘来讲，空头陷阱常出现在熊市末期、牛市初期及中期。对于个股来讲，空头陷阱常出现在股价下跌趋势末期及上升趋势初期和中期。

一般情况下，历经一个空头陷阱后的股价几天内总会有一个涨幅为10%～25%的中级波动，有时也可能是一个涨幅为25%～50%的大波动。空头陷阱的受害者主要是在最低价斩仓的股民，造成这部分股民的直接经济损失。另外，空头陷阱也使大多数股民该买进时不敢买进，从而失去盈利机会，造成一种间接的损失，也可以算作是空头陷阱的受害者。

3. 空头陷阱的特点

空头陷阱不是空头市场，如果投资者误把空头市场当空头陷阱或把空头陷阱当空头市场，都会作出错误的决策。庄家在设置陷阱时，总是尽力掩饰，让散户难以察觉。比如在设置空头陷阱时，往往营造得像空头市场，等中小散户被骗，等他们如梦方醒时已经于事无补了。

其实，如果散户把眼睛擦亮的话，是可以识破庄家设置的空头陷阱的。就空头陷阱来讲，它有以下一些特点：成交量极度萎缩，屡创低量；技术指标严重超卖，在低位钝化；庄家向下轧空时，会出现适度放量的局面；跳空下挫，跌势较猛；大盘一旦回头，上升攻势凌厉，幅度很大，一般都以长阳报收，追风者成本较高。

4．如何识别空头陷阱

对于空头陷阱的判别，主要是从消息面、资金面、宏观基本面、技术分析和市场人气等方面进行综合分析研判。

（1）在消息面上的分析。

庄家资金往往会利用宣传的优势，营造做空的氛围。所以当投资者遇到市场利空不断时，反而要格外小心。因为正是在各种利空消息满天飞的重磅轰炸下，主流资金才可以很方便地建仓。

（2）从成交量分析。

空头陷阱在成交量上的特征是随着股价的持续性下跌，量能始终处于不规则萎缩中，有时盘面上甚至会出现无量空跌或无量暴跌现象，盘中个股成交也十分不活跃，给投资者营造出阴跌走势遥遥无期的氛围。恰恰在这种制造的悲观氛围中，庄家往往可以轻松地逢低建仓，从而构成空头陷阱。

（3）从宏观基本面的分析。

需要了解从根本上影响大盘走强的政策面因素和宏观基本面因素，分析是否有实质性利空因素。如果在股市政策背景方面没有特别的实质性做空因素，而股价却持续性地暴跌，这时就比较容易形成空头陷阱。

（4）从技术形态上分析。

空头陷阱在K线走势上的特征往往是连续几根长阴线暴跌，打穿各种强支撑位，有时甚至伴随向下跳空缺口，引发市场中恐慌情绪的连锁反应。在形态分析上，空头陷阱常常会故意引发技术形态的破位，让投资者误以为后市下跌空间巨大，而纷纷抛出手中持股，从而使庄家可以在低位承接大量的廉价股票。在技术指标方面，空头陷阱会导致技术指标上出现严重的底背离特征，而且不是其中一两种指标的背离现象，往往是多种指标的多重周期的同步背离。

（5）从市场人气方面分析。

由于股市长时间的下跌，会在市场中形成沉重的套牢盘，人气也在不断被套中消耗殆尽。然而往往是在市场人气极度低迷的时刻，恰恰说明股市离真正的底部已经为时不远。值得注意的是，在经历长时期低迷的熊市后，指数大幅下跌的系统性风险已经不大，过度看空后市，难免会陷入新的空头陷阱中。

5. 庄家怎样利用技术分析设置空头陷阱

庄家利用技术分析设置陷阱，主要是利用技术分析中的重要技术关口、典型技术形态、波浪理论、技术指标来完成。如果要设置空头陷阱，庄家会故意把它们做成难看的技术走势，以吓唬胆小且没有经验的股民，让他们在惊慌失措夺路而逃时掉进庄家布好的空头陷阱中。

（1）利用技术关口布设的空头陷阱。

熊市之末，庄家会通过各种方式制造恐慌气氛，让市场感到大盘守不住了，当投资者纷纷斩仓出逃后，庄家会制造向上的逼空行情。牛市之初，指数面临整数位、前期高点颈线位、密集成交区等重要技术关口时，市场人士及中小投资者普遍认为大盘难以突破，在场的投资者纷纷退场观望，这时庄家往往借助资金的优势，坚决突破，使得退场者后悔不已，而场外资金则见风使舵，跟风追涨。有的投资者退场后反身杀入，充当抬轿者，庄家乘机扩大战果。

（2）利用典型技术形态布设的空头陷阱。

典型的技术形态对于研判股价走势很有帮助，有许多技术派人士把它们当成买卖股票的重要依据。正因为这样，它也成了庄家用来制造陷阱的工具。庄家利用技术形态布设空头陷阱，其一就是将一些典型的底部形态，如 W 底、头肩底、圆底改变成下降途中的整理形态（如下降三角形、下降矩形、下降旗形、下降楔形）。例如在底部时，庄家为了震仓洗盘可以把 W 底改变为下降三角形，迫使一些筹码割肉潜逃，如果换手充分，庄家反手拉升，使下降三角形变成三重底。其二，在拉升中途故意制造出一些典型的顶部形态，如 M 头形态、圆顶形态等，吓走胆小的投资者。其三是在走势图上制造一些典型的具有看空意义的 K 线形态，时而“乌云盖顶”，时而“三只乌鸦”，时而“黄昏之星”，让人看了不寒而栗，此时谁还敢恋战呢?

（3）利用波浪理论布设的空头陷阱。

波浪理论将股市的一波行情划分为两部分：上升浪和调整浪。其中上升浪共包括 5 浪，调整浪共包括 3 浪。波浪理论总是大浪中间含小浪，浪中有浪。如果没有过硬的功底，很难对其进行准确划分，庄家正是利用这一点，布设波浪陷阱，捕杀容易上当的投资者。在需要吓走胆小的投资者时，庄家会利用其优势作出最具杀伤力的 C 浪调整，等投资者落入陷阱后才发现，所谓的 C 浪调整，只不过是主浪中的一波小浪调整，不过等到明白过来已经太晚了。

（4）利用技术指标布设空头陷阱。

技术指标有很多，投资者用得比较多的有平滑异同移动平均线（MACD）、动向指数（DMI）、相对强弱指标（RSI）、威廉指标（W%R）、随机指标（KDJ）等。当大盘持续阴跌时，这些指标一般在低位钝化，W%R 与 KDJ 恰好相反。而大盘连续上涨时，这些指标会在高位钝化。

庄家设置空头陷阱，往往会使这些指标在高位钝化，让投资者认为股价已处于超买区域而主动卖出股票。如果庄家进货，就会设置空头陷阱，如使日 K 线 KD 等指标在顶部钝化，而周线 KD 等指标处于底部。

为了识破主力利用技术指标设置的陷阱，投资者应利用量价关系结合指标再加上趋势来综合分析。

二、多头陷阱

1. 多头陷阱的作用

庄家设置多头陷阱的目的是为了诱多，让散户在高位追进，从而完成其出货任务。多头陷阱通常发生在指数或股价屡创新高，并迅速突破原来的指数区或股价区，且达到新高点，随后股价迅速滑落跌破以前的支撑位，结果使在高位买进的投资者严重被套。

在股市中多头陷阱经常会有，由于它欺骗性大，上当者众多，往往给投资者造成巨大损失。在股市中行走，不认识庄家设置的多头陷阱，必定会栽大跟头。

2. 多头陷阱的特点

多头陷阱常具有以下一些特点：

◆ 升势迅猛，大盘短线失地很快失而复得。

◆ 常借助利好消息，突破重要关口，日 K 线图有向上跳空缺口。

◆ 技术指标在高位强势运行，严重超买。

◆ 指数回调也较为迅猛，常以大阴线杀跌，投资者还未反应过来已深深被套，这标志着行情暂告一段，中级调整开始，通常需要半年左右的时间。

3. 如何识别多头陷阱

那么，散户如何识破庄家设置的多头陷阱呢？即观察突破时成交量的变化情况，成交量必须流畅地放大，而不是时大时小，股价上行必须干净利落，一旦突破之后即要勇往直前，表明有许多人在股价创新高之后觉得形势明朗，放心追入。如果突破之后股价竟然停滞不前，则说明上方有一股隐藏的巨大抛压，十有八九是庄家在出货。

也可以这样说，如果在上升趋势中，伴随成交量放大，股价创新高，之后成交量略有减少，股价小幅回档，只要回档不跌破支撑线，仍为多头市场。如果成交量不大而且回档时跌破支撑线并加速下行，则是庄家设置的多头陷阱。

散户若不慎落入庄家的多头陷阱里，短线操作者应尽快斩仓出局，长线投资者首先要仔细分析手中的股票基本面有没有发生实质性的变化。如果公司业绩良好且项目进展顺利，那就只好长期抗战了。其次，要看一看大盘处于怎样的运行态势，如果大盘走势并未出现大的逆转，则大可不必惊慌。

4．庄家怎样利用技术分析设置多头陷阱

庄家不但利用技术分析设置空头陷阱，也常常利用技术分析设置多头陷阱，引诱投资者上当，以达到高位套牢跟风者，实现其盈利目的。

（1）利用技术关口布设的多头陷阱。

在大牛市后期，主力会在重要的技术关口布下多头陷阱，将追涨的多头一网打尽。因为在牛市之末，市场热情空前高涨，多头信心比较坚定。即使大盘面临重要技术关口，多头也会认为突破不成问题。这样，主力庄家就会制造假突破的陷阱，让多头跟进，而其则出其不意地逢高派发，或打压减磅，使跟风者全部掉入其设置的陷阱之中。

例如，2007年10月中旬，沪指站上了6000点整数关，制造了一个假突破，当时市场一片呼声“要上8000点”，人气倍增，而这个时候，机构则开始悄然出货。跌破6000点后，机构再次制造多头陷阱，连续震荡，并在2007年10月31日对6000点进行反抽。在6000点附近套住了大量散户，随后大盘一路跌到3000点左右。

另外，大熊市之初，主力也会利用重要点位设置多头陷阱。为了给市场人士造成跌不动的印象，庄家会在整数关口、箱体底部、技术回调位制造反弹，当多头大举杀入，庄家便会大肆抛售，将关口砸漏。

（2）利用典型技术形态布设的多头陷阱。

一般来说，看多的典型技术形态有V形底、W底、头肩底、圆底、三重底等底部形态，以及上升三角形整理、上升矩形整理、上升旗形整理、上升楔型整理等上升趋势途中的调整形态。庄家为了在高位派发，往往会借助于散户对各种看多形态（如W底、V底等）的迷信制造陷阱，看似形成V型反转，不料却又下跌，似乎形成W底，之后却又在构造三重底，三重底之后又有形成大型圆底迹象，在颈线位制造假突破出货，经过精心设置，多头陷阱就大功告成了。

有时候，庄家也可能会利用一些具有看涨意义的典型K线形态来布设多头陷阱。

要识破这些多头陷阱，散户应结合股价所处的位置及成交量变化来综合研判，另外，要准确掌握常见看涨形态的典型特征。

（3）利用波浪理论布设的多头陷阱。

庄家需要出货时，为了迷惑波浪理论的追随者，会把回调浪做得像上升浪里的一波小浪，当冲浪一族认为主升浪开始的时候，却发现已经到了峰顶，紧接着便是B浪回调。

（4）利用技术指标布设多头陷阱。

庄家利用技术指标设置多头陷阱时，往往有意让技术指标在底部钝化或让其产生底背离，让投资者认为股票已严重超卖而轻易买入。如庄家要出货，股价处于中高价位，庄家会让日K线KD等指标在底部钝化，而此时周K线KD等指标则处于顶部，当一些短线客介入抢反弹时，庄家便将筹码一一派给他们。

第七节 成交量的骗局

成交量之所以是研判行情的最重要因素之一，是因为股市资金的流动是股价变化的本质，所以成交量的分析才显得异常重要。成交量的大小可以衡量股票市场或个股交易的活跃程度，并由此观察和了解买卖双方主力进入或退出市场的情况。有经验的股票投资者往往把整个市场或个股的成交量作为衡量和观察市场变动趋向的前提，并从中寻找主力机构或庄股的动向，选择入市或退出市场的契机。

经典的股市投资或投机理论都认为成交量是不会骗人的，股市中常有人说，什么都可以骗人，唯独成交量骗不了人，只有成交量才是最真实的。成交量的大小与股价的上升或下跌成正比关系，具体归纳一下，就是量增才能价涨，成交量萎缩则股价就不会大幅下跌，长时间盘整的股票带量突破盘局向上涨升时，意味着庄家要拉高，股价在高位放巨量后股价一定还会创新高。这些观点有时是正确的，但在许多情况下是片面的，甚至完全是错误的。在投资实践中把股票成交量的变化作为重要的观察对象，并按照经典的量价理论进行操作，结果发现成交量不仅会骗人，而且是庄家设置陷阱的最佳办法，它对多少了解一些量价关系，对技术分析似懂非懂的人使用这个招数常常达到目的。庄家是如何在成交量方面设置陷阱，中小投资者应该怎样防备呢？

陷阱一：久盘后突然放量突破。

这里说的久盘有时是指股价在炒高了相当大的幅度后的高位盘整，有的是炒高后再送配股票除权后的盘整，还有的是中报或年报公告前不久的盘整。所谓盘整是指在一个时期内（如两个月、三个月，甚至半年），股票在一个相对窄小的价格区间进行波动，上行无力，下跌无量，交投极不活跃，不被市场人士关注。这种股票有时候会在某一天开盘后发现挂有大量的买单或卖单，摆出一副向上拉升的架势。开盘后半小时到一小时内，大量的买单层层叠叠地封挂在买一、买二、买三的价位上，同样，卖单也大批大批地挂在卖一至卖三各价位上。成交量急剧上升，推动股价上涨。投资者会立即发现它的成交量异常变化，不少人甚至会试探性地买入。但是由于买单已经塞得满满的，要想确保成交，只能直接按市场卖出价买进。正是因为这种市场买入的人增多，尽管抛单沉重，股价还是会不断上升，更进一步增强了市场买入的信心，并产生该股将突破盘局带量上升，展开新一轮升势的联想。一小时左右，股价可能劲升 8%左右，有的甚至以大量买单短时间封涨停，但不久后又被大量卖单打开涨停，回调到涨幅 7% ~ 8%左右盘整。盘整时买二、买三的挂单很多，买一的挂单相对少一些，但卖一至卖三的三个价位的卖单并不多，然而成交量却不少，显然是有卖盘按市价在买一的价位抛出。直到当天收盘时，大部分股票都在 7% ~ 8%的涨幅一带成交。第二天，该股可能略为低开，然后快速推高，上涨至 5% ~ 7%一带。也有的干脆高开高走，大有形成突破缺口的架势。当许多人看到该股突破盘局而追涨时，该股在涨到 5% ~ 7%左右会突然掉头向下，大量的抛单抛向那些早上挂单追涨而未能成交，又没有及时撤单的中小散户。虽然随后还会反复拉升，但往上的主动买单减少，而往下的抛单却不断，股价逐渐走低，到收市前半小时甚至跌到前天的收盘价以下。随后的日子，该股成交量萎缩，股价很快跌破前次的起涨点，并一路阴跌不止。如果投资者不及时止损，股价还会加速下跌，跌到难以相信的程度，使投资者深度套牢。

仔细研究一下，为什么该股会在突然放量往上突破后又调头向下，甚至加速下跌呢？这就是庄家利用成交量设置的陷阱。通常的情况是，庄家在久盘以后知道强行上攻难以见效，如果长期盘整下去又找不到做多题材，甚至还有潜在的利空消息已经被庄家知道。为了赶快脱身，庄家在久盘后，采取对倒自己筹码的方式，造成成交量放大的假象，引起短线炒手关注，诱使人们盲目跟进。这时，庄家只是在启动时滚打了自己的股票，在推高的过程中，许多追涨的人接下了庄家的大量卖单。那些在追涨时没有买到股票，然后就将买单挂在那里的事情，本身更加强了买盘众多的印象，并为庄家出货提供了机会。庄家就是这样利用量增价升这一普遍被人认可的原则，制造了假象，达到出货的目的。

对于这种技术骗线不容易提防，但需要特别提醒的是，一旦股价跌破它带量上攻那一天的开盘价，就应该止损出场，以防吃大亏。

陷阱二：中报或年报公告前，个股成交量突然放大。

中报或年报公布前，许多企业的业绩已经出来了。公司董事会、会计师、会计师事务所以及发表中报或年报的新闻媒体都会领先一步知道消息。因此股价在中报或年报公布前会因消息的泄漏而出现异常波动。业绩好的公司，其经营状况早就在各券商和大机构的掌控之中，其经营业绩也早有可能被预测出来了。因而庄家早就入驻其中，将股价做到了很高的位置盘整，等待利好公布出货。但也有一些上市公司信息保密工作做得好，直到消息公布前几天才在有关环节泄露出来。这时，庄家要在低价位收集筹码已经来不及了，可是优秀的业绩又确实是做短线的机会。因此，一些资金会迅速进入这些股票，能买多少买多少，股价也不急不火地上升，成交量温和放大。待消息公布时，投资者一致认同该股值得买入时，该股会在涨停板位置高开。然后，先期获得消息的人会将股票全部抛出，做一个漂亮的短线投机。报表公布前，还有一种情况是，某只股票本来一直阴跌不止，形成下降通道。但中报公布前的某一天，该股突然以压低价开盘，或在盘中狠狠地打压，造成股价异常波动，以吸引市场人士关注。随后，该股会有大量的买单或者卖单同时出现。成交量猛增，股价也在不断推高。这时，广大投资者认为该股中报或年报一定会公布业绩有重大改善，于是想搏一下该股的报表，作一次短线炒作，在当天大胆跟进。岂料第二天该股放量不涨，有的甚至缩量盘跌，随后更是一路加速下跌。待公布业绩时，该股业绩大滑坡，股价开始无量下跌，有的甚至连连跌停，使投资者深度套牢。

为什么会出现这种情况呢？在此之前已有部分机构被套，但考虑到该股一直业绩不错，希望中期报表公布前有些表现。但实际上，市场上关于该股业绩滑坡早有传言，因而无新的主力介入。越是临近中报公布，被套庄家因为知道该股业绩不好，解套无望，只好反手做空，以降低持筹的成本。于是，庄家利用报表公布前许多短线炒手搏消息的爱好制造假象，以滚打的方式在开盘时造成成交量放大的陷阱，自己实际上在推升股价的过程中出得多进得少，且战且退，减少筹码。第二天仍有可能勉强推高，但因出得多进得少，成交量不能有效放大，甚至缩量，引起市场人士警惕。买盘减少，有的甚至平仓离场。这时候，庄家又利用手中剩下的筹码，反手做空。特别是在业绩滑坡的消息公布后，投资者恐慌，出现多杀多的现象，庄家干脆以连连跌停的方式封杀股价，杀得一些投资者失去理智，在连连跌停后仍然在跌停板上挂出卖单。这时候，庄家见做空成功，又会低价位加倍买入股票，摊平成本，以图在下一轮行情中获利。

归纳一下，中报或年报公布前股票走势行情，有以下三种：

◆ 股价一直长时间在上升通道中运行，股价大幅涨升，有的甚至翻番，该股通常业绩优秀，一定有长庄入驻。待优良的业绩公布后，通常伴有高送配消息。复牌后，会放出巨大的成交量，庄家借利好出货。

◆ 股价在报表公布前，一直作窄幅盘整，但是于某一天温和放量，股价稳步推高。该股通常业绩不错，但无长线庄家炒作。业绩公布后复牌，成交量放大为短线炒手出货。

◆ 报表公布前，股价一直在下降通道中，业绩报表在证监会规定的截止日前几天还迟迟不露面，但股价却于某一天突然放量。这通常是被套庄家反多为空，制造成交量放大的陷阱。这种陷阱是最值得防范的。

有些投资者不明白，某只股票放出那么大的成交量，难道都是散户买的吗？如果是庄家滚打自己的股票，他们不是也要支付相当大的成本吗？情况确实如此，庄家在滚打股价时要付出不少的成本。但是，庄家滚打自己的股票，往往是在开盘不久和收盘之前进行。开盘不久，许多人不知道某只股票会涨，很少挂出卖单，所以庄家只要很少的资金就能将挂在卖盘上的股票吃进，并同时吃进自己挂出的股票。一旦市场上有人跟进，庄家只要在买一至买三的价位上挂上大量的买单，造成有人想大量买入的印象，就会使一些追涨的人以市价的方式买入挂在卖盘上的股票。而庄家自己真正买入的股票非常的少。庄家不仅买入少，还会将自己的股票抛给那些挂单买入的人，谁要就给谁，一旦没有人挂单，庄家又挂买单推高，使股价再上一个台阶，又诱使别人跟进。虽然庄家在推高的过程中买入不少自己挂出的股票，但抛出去的会更多。同样，在离当天收盘前十分钟左右，有的庄家会突然以对倒的方式将股价拉升，有的甚至拉到涨停的位置收盘，造成价升量增的假象。第二天传媒和股评人士多半会提醒投资者关注此股。所以第二天开盘，该股通常还会快速拉升，然后见有买单跟进，主力会毫不犹豫地出货。

庄家利用成交量制造陷阱必须选择时机，通常这个时机是短线投资者期望的时期。久盘之后的突破，业绩报表公布前，都是极容易制造假象，使投资者产生幻觉的时期。

陷阱三：高送配除权后的成交量放大。

庄股炒作的一条铁的规律是该股一定有大比例的送配消息。在大比例送红股、用公积金转送和配股消息公布前，庄股通常把股价都炒得很高了。这时候，一般稍有买卖股票经验的人都不会在高位买进。而股价大幅上升后，庄家拉抬也没有什么意义。所以股价要在高位企稳一段时间，等待送红股或公积金转送的消息。一旦消息公布，炒高了的股票大幅除权，使价位降到很低，30 元的股票，10 送 10 就只有 15 元了。这时候，庄家利用广大中小散户追涨的心理，在除权日大幅拉抬股价，造成巨大的成交量。道理和手法与上述两个陷阱设置时如出一辙。当散户幻想填权行情到来时，庄家却乘机大肆出货。

许多股票除权后，的确会有填权行情，但要具体对待。一般来说，除权前股价翻了一番、两番甚至三番的股票很难立即填权。此外，除权后股本扩大，除权后也难以填权。只有那些在除权前庄家吸纳很久，正准备大幅拉升的股票在除权后才有可能填权。

值得指出的是，庄家利用除权后的成交量放大制造陷阱，有可能在除权当天进行，也可能要过几天，要根据当时的大局而定。有的一次出货不尽，就在除权后多次震荡，设置各种看似筑底成功的假象，在放量上攻途中出货。

对于大幅除权后的股票，投资者要仔细研究其股本扩张速度是否能和业绩增长保持同步。还要考察除权后流通股数量的大小及有无后续炒作题材，切不可见放量就跟，见价涨就追。

陷阱四：大势下跌而个股逆势放量上攻。

有些股票可能长时期在一个平台或一个箱形内盘整，但是有一天在大势放量下跌，个股纷纷翻绿，市场一片衰叹之时，该股逆势飘红，放量上攻，造成了“万绿丛中一点红”的市场效果。这时候，许多人会认为该股敢逆势而为，一定是有潜在的利好待公布，或者有大量新资金入驻其中，于是大胆跟进。谁料该股往往只有一两天的行情，随后反而加速下跌，使许多在放量上攻那天跟进的人套牢。

显然，该股的庄家利用了人们反向操作的心理，在大势下跌时逆势而为，吸引市场广泛关注，然后在拉抬之中达到出货的目的。在这种情况下，庄家常常是孤注一掷，拼死一搏，设下陷阱，而许多短线炒手正好也想孤注一掷，舍命追高，正好符合了庄家的心愿。这种陷阱很容易使那些颇有短线炒作实践经验的人上当受骗。

庄家在吸筹的时候，成交量不要多大，只要有耐心，在底部多盘整一段时间就行。庄家要出货的时候，由于手中筹码太多，总得想方设法设置成交量的陷阱。因此，我们在研究量价关系时，应全面考察一只股票长时间（半年或一年以上）的运行轨迹，了解它所处的价位和它的业绩之间的关系，摸清庄家的活动迹象及其规律，以避免在庄家放量出货时盲目跟进。

第八节　思维定式的骗局

股市是一个智力博弈的场所，盘面的信息真真假假。普通投资者学会反向思维后，其反向思维又会被主力机构再次反向利用。如何解读盘面信息，是对智力与经验的双重考验。

一、即时走势的骗局

即时走势是最容易操纵的盘面信息之一，所以道氏认为其在分析研判上不具备根本的价值。但普通投资者面对分秒变动的即势走势图，却最易受到诱惑，最易冲动和感情用事。控制即时走势是比较普遍的现象，主力为了达到某种目的，会首先在盘中营造某种思维惯性，然后突然改变这种惯性，使人惊慌失措。比如在拉升股价的过程中，连续两日拉高后均回落，第三日再拉时反复震荡，市场上多半会认为仍然回落，所以选择逢高抛出，然而经过震荡后，股价却很可能在尾市创新高。反之，在洗盘过程中，当连续两日盘中下跌后，第三日下跌很可能是诱空陷阱，尾市上攻的概率较大。在即时走势分析中，主力连续两次重复使用的手法应引起高度警惕。

二、买卖盘的骗局

买卖盘也是最易受到操纵的盘面信息之一，尤其是在小盘股的炒作中。比如高位挂大卖单，一般思维是“卖压较重”。由于反向思维已广被散户运用，所以一般反向思维是“主力在故意恐吓”，因此可以大胆买进；但反向之反向思维是“主力要出货”，你要买，我就真卖给你。在2007年许多ST股的炒作中，可以看到挂在涨停板高位的大卖盘被小单逐渐蚕食（当然其中不排除有主力自买成分），主力正是通过这种方法达到了减仓的目的。又比如低位挂大买盘，一般思维是“低位承接有力”。由于反向思维已被散户广为运用，所以一般反向思维是“主力要出货（或洗盘）”，因此应尽快抛出；但反向之反向思维是“主力要吸筹”，你卖，他正好可以买进，这时往往主力不是打低股价，而是快速拉升，越拉散户越抛，主力正好利用此种手法达到震仓吸筹的目的。

三、定势的骗局

定势就是人们在实践中通过多次活动后形成的一种稳定的看法和行为。

主力制造定势，目的是为了在以后的利益竞争中获胜准备充分的条件。人的心理定式及思维定式一旦形成，短期内很难改变。正因为如此，主力才可以用定势设下陷阱，以达到其坐庄的目的。

“5·19”行情相信大家还都记忆犹新。1999 年“5·19”行情井喷式爆发，一个跟头由 1047 点翻到了 1200 点上方，大家将信将疑。当行情上升到 1400 点上方，大家才醒悟过来。后来《人民日报》发表评论员文章，大家开始相信一轮大行情到来了，大盘突破了 1558 点，大家已坚定信念这绝对是一个大牛市的开始，当股指突破 1700 点时，大家已坚信不疑。那段日子，买进股票就能赚钱，就在散户踊跃买进时，庄家却大举出逃，到了 7 月 1 日，《证券法》开始实施，“5·19”井喷式行情宣告结束。那一个星期，套牢了 3000 亿元筹码，创下了当年中国股市的历史纪录。为什么当时人们对顶部出现的“穿头破脚”见顶信号视而不见呢？原因就在于庄家事先培养了投资者的思维定式，在此之前，已出现过两次“穿头破脚”的 K 线组合形态，但每次出现之后，股价仍然是往上涨，所以，当顶部又出现“穿头破脚”形态时，人们仍然认为只不过是庄家故意做出来吓人的，好多人都不在意。再说，大盘指数一直往上涨，使许多人认为大盘只有上涨的道理，而没有下跌的理由。结果，思维定式使广大散户一个个撞得头破血流。

四、走势的骗局

庄家出货前常用走势设置多头陷阱，或是尾市故意拉高，或是突然放量向上突破长期的横盘整理区域，或是逆市放量拉升，或是把上升通道修得四平八稳，让投资者看好后市而跟进，从而掉入庄家的多头陷阱之中。

收盘价最易被庄家调控。大家往往看到某只股票某天一直是低开低走，临收市前 5 分钟，突然巨额买单从天而降，一下子将股价拉升了 0.5 元甚至 1 元以上，第二天股价又恢复正常。也有些股票第二天仍能高开，显示庄家做多心切。尾市拔高做收盘价通常是庄家精心安排的，给人以抢盘的感觉，造成不少人第二天集合竞价时就冲进去，由此而被套牢的事例不胜枚举。尾市拔高做收盘价的目的在于让 K 线图更漂亮些，借以吸引跟风盘。还有一些庄家尾市故意打压，将收盘价做得很低，以吸引部分短线抢反弹，第二天一般会高开高走，随后几天股价一路下滑。庄家以小利来迷惑短线客，自己则乘机在震荡中出逃。

庄家在拉升过程中让股价突然跌破重要的上升趋势线、重要的支撑位、重要的股价平均线，让技术派人士纷纷止损出局。

为迷惑中小散户，庄家有时在开盘后不是抛出大量卖单，而是用少量股票诱空。当众人也随之纷纷抛售后，庄家见诱空目的达到，手法一变又大量吸纳该股，使股价迅速回升。然后在高价位将手中所有股票悉数抛出，该股又随之暴跌，庄家又在暴跌后的低位吸纳。庄家的这种忽上忽下犹如云里雾里般的操盘手法，别说一般人难以捉摸，就是那些身经百战的老股民也常会上当受骗。

要识破庄家利用走势所制造的陷阱，散户朋友在实战中遇到股价异动时，要冷静思考，仔细分析整个大盘的走势，不要被股价的一时震荡所迷惑。该出手的时候就不应太贪，该持股的时候就不应恐慌。

五、如何应对盘面骗局

盘面信息真真假假，此一时彼一时，而且在不同的大盘背景下和个股的不同位置，均有不同含义。应对复杂的盘面信息，普通投资者要想搞清楚确实很困难。但这并非没有办法可以应对，所谓“大巧无术”，以下几方面需要引起散户的重视。

◆ 不为蝇头小利所动。有时故意暴露出来的机会往往不是机会而是陷阱，面对“显而易见”的机会时，不妨提醒自己，来点反向思维。

◆ 不打无把握之仗。不能完全看懂的走势，就不去参与；走势怪异的个股，不妨让庄家自拉自唱、自我欣赏。有了绝对把握时，参与后赚了一把也要记住及时脱身。

◆ 抓住问题的本质。一般而言，低位走势怪异，主要目的是为了吸筹或打压，最终还要向上；中位走势怪异，意在洗盘或吸筹；高位走势怪异，意在出货。由于即时走势的不确定性，在参与个股的分析中，一般的日间波动可以忽略，要从中长期走势中分析和把握问题的本质，要从大盘技术状态和个股主力的成本结构设想主力的心态。只有把握问题的本质，才能不为表象所惑，如果你“咬定青山不放松”，那么任何庄家都拿你没办法。

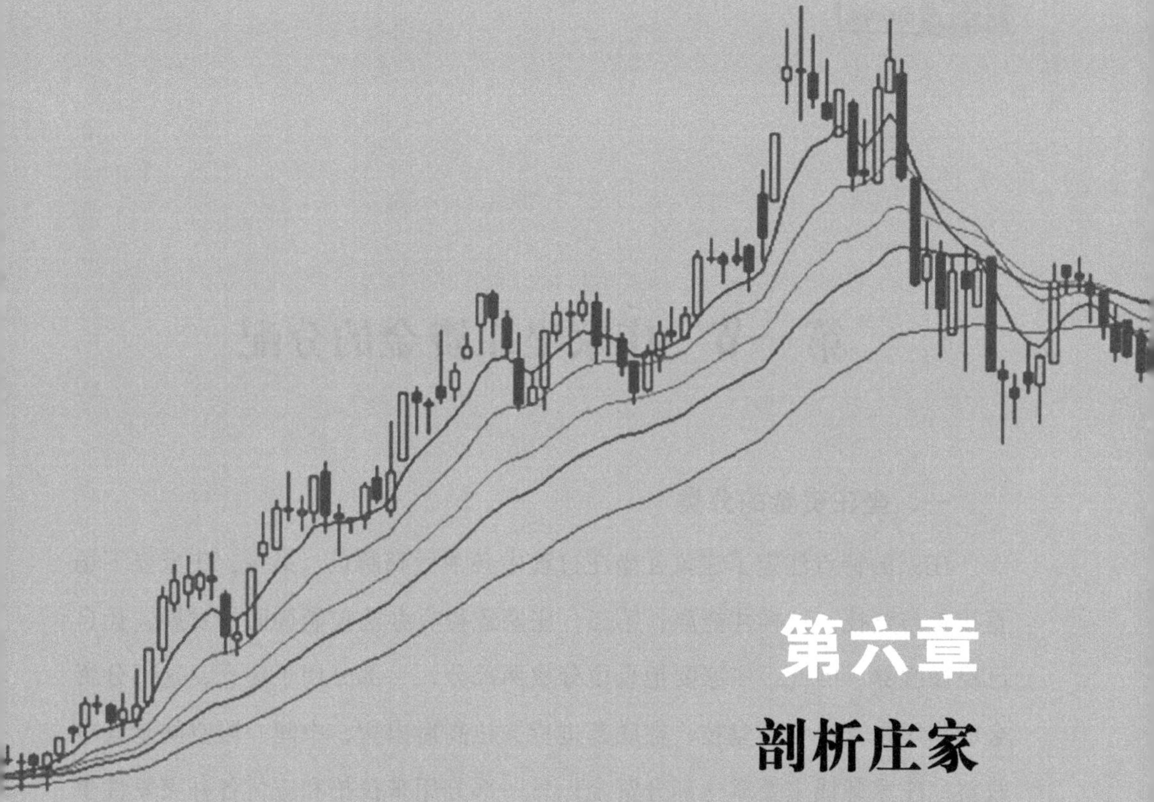

第六章

剖析庄家

第一节　庄家坐庄资金的分配
第二节　如何判断庄家的成本
第三节　如何判断庄家的持仓量
第四节　如何判断庄家的利润率
第五节　如何发现庄家筹码锁定
第六节　如何判断市场庄家的动向
第七节　庄家常见的违规手段

第一节 庄家坐庄资金的分配

一、坐庄资金的分类

庄家的特点注定了庄家在坐庄过程中必须做到两点，第一，庄家要下场直接参与竞技，这样才能赢；第二，庄家还得有办法控制局面的发展，让自己稳操胜券。因此，庄家要把仓位分成两部分，一部分用于建仓，这部分资金的作用是直接参与竞技，在底部进货，拉高后出货，中间一段空间是其净收益，庄家赚钱主要靠这部分资金；另一部分用来拉抬和应付各种突发性事件，可称作控盘资金。这部分控盘资金风险较大，一个庄来回做下来，这部分资金获利很低甚至可能会赔，庄家赚钱主要还是要靠建仓资金。

控盘是有成本的，所以，要坐庄必须进行成本核算，看控盘所投入的成本和建仓资金的获利相比如何，如果控盘成本超出了获利，则这个庄就不能再做下去了。一般来说，坐庄是必赢的，控盘成本肯定比获利少。因为坐庄控盘虽然没有超越于市场之外的手段无成本的控制局面，但股市存在一些规律可以为庄家所利用，可以保证控盘成本比建仓获利要低。

控盘的依据是股价的运行具有非线性，快速集中大量地买卖可以使股价迅速涨跌，而缓慢地买卖即使量已经很大，对股价的影响仍然很小。只要市场的这种性质继续存在下去，庄家就可以利用这一点来获利。股价之所以会有这种运动规律，是因为市场上存在大量对行情缺乏分析判断能力的盲目操作的股民，他们是坐庄成功的基础。随着股民总体素质的提高，坐庄的难度会越来越大，但坐庄仍然是必赢的，原因在于庄家掌握着主动权，市场大众在信息上永远处于劣势，所以在对行情的分析判断上总是处于被动地位，这是导致其群体表现被动的客观原因。这个因素永远存在，市场就永远会有这种被动性可以被庄家利用。

这两部分资金的作用不同，使用方法也不同。建仓资金一般需要打提前量，建仓后还要等待时机，由于从建仓到完成拉抬中间时间长短不确定，要看市场状况而定，所以这部分资金要以自有资金为主，建了仓不管捂多长时间都没关系。庄家拉抬股价要等到天时、地利、人和时才行，等待时机，寻找时机，一旦机会出现，果断动手，一般在十几天之内就可以完成拉抬，以后就可以出货了，一个月左右拉抬资金就能出来了。拉抬资金只是短期使用，可以在拉抬时临时拆借来，拉抬完成就可以还回借款。控盘资金的另一部分是用来应付突发性危机的，就像打仗要保留预备队一样，这笔钱平时是不能轻易动的，只有在出现危机时才能动用。庄家手里如果没有这笔资金就会很不安全，一旦出现意外无法应付，可能使整个炒作失败，带来重大损失，所以，这笔资金一定是庄家自有的，可称为预备资金。

拉抬资金和预备资金统称控盘资金，控盘资金以持币为主，建仓资金以持股为主；控盘资金以短线操作为主，建仓资金以中长线操作为主；控盘资金长空短多，建仓资金做长多。两笔资金如庄家的两个拳头，相互配合，有章法地打击市场大众。

二、坐庄资金的分配

庄家在坐庄时要根据情况决定如何分配这两笔资金。一般而言，越有长期投资价值的公司，庄家建仓越多，投资价值越小的公司，庄家建仓也相应变小。庄家建仓多，锁定筹码多，外面流通筹码少，则盘子好控制，分配在控盘上的资金可以少一些；庄家建仓少则盘子不好控制，相应的控盘资金必须多一些。两个极端情况是绝对绩优股的通吃炒作和垃圾股不打底仓的快进快出。前者庄家把几乎全部资金都用来建仓，只留很少的资金控盘就够了，因为反正外面的筹码已经很少，已不需要控盘了；后者则几乎全部资金用作控盘，不打底仓，靠一拉一砸中间拼一个缝儿获利。

影响庄家资金分配的另一个因素是庄家的资金背景，庄家是否有方便的融资渠道做后盾。如果有条件融资，庄家就可以多一些拉抬资金，拉抬可以猛一些，但持续时间短；如果没有条件融资，则庄家只能靠自有资金炒作，庄家可能会多分一些资金用作建仓，而拉抬资金就会不宽裕。这种股上涨时显得力不从心，要使用技巧，借助大势，一点一点往上拉。但由于是自有资金，可以长期持续地拉抬，股价形成慢牛走势。

还有一类超级庄家，资金多到可以同时做几只股票，这时他们可以“分散建仓，集中拉抬，轮番炒作”。先分别在几只股票上建好仓，然后以一笔拉抬资金，一个一个拉上去再撤出来，形成轮番炒作。这笔拉抬资金和总的建仓量比起来是比较少的，所以资金利用率比较高。如果是小庄，留这么少比例的拉抬资金就会感觉力不从心，但对超级庄家来说，这笔资金的绝对值并不少，他可以集中使用，对其中任何一只股来说，拉抬资金都足够充裕，炒作起来如同大力士，身大力猛，三下五除二就把盘子拎到了高空，然后把拉抬资金一撤，转手又去炒别的了。拉抬资金撤出时难免会引起一些盘面震荡，但庄家不在乎这一点空间损失，因为拉抬时已经打出空间来了，拉抬资金撤出后建仓资金再慢慢出。这样在一轮行情中，一笔拉抬资金可以拉起几只股票。这种庄家做起来就颇有些组织战役的味道了，先做谁，后做谁，由谁来启动拉抬，由谁来跟进，由谁来掩护撤退等等。这种拉抬必然比较快，因为拉起来以后还要撤出来去拉下一只。跟上这种有实力的庄家是最理想的。

三、庄家资金分配和股价走势的关系

另外，庄家如何分配资金决定了股价的走势。筹码锁定多的股票，庄家不利用短期波动挣钱，所以没有短线的暴涨暴跌，盘面上显示出没有力度的小阴小阳走势，盘子显得发飘。庄家不打底仓的股票，由于把全部资金用作短线炒作，故拉抬资金充裕，涨得迅猛有声势。但“飘风不终朝，骤雨不终日”，来得快去得也快，经过一段时间再回头看，则涨涨跌跌在原地没动。倒是前一类短线涨跌并不迅猛的股票，一段时间下来，可以累积相当大的涨幅。大部分股票处于中间。庄家的最终目的还是要把价格炒上去，但由于控盘能力受限，所以不能直接拉抬，而要采取一些技巧调动市场力量，借力使力，才能以少量的资金把盘子拉上去。所以有时盘面上会出现相当标准的技术形态，这是在号召大家跟着抬轿。

庄家建仓量不同也决定了股票最终的目标位，筹码锁定少，随着股价上涨，流通市值变大，控盘困难增大，限制了庄家炒作的最高目标位。如果锁定筹码多，庄家可以向上打开较大空间，目标位可以高一些；如果建仓少，则目标必须低一些。那种建仓较少、目标位也较低的庄家，靠建仓仓位获利受限，而控盘上分配了大量资金，不能白白操作不获利。这种股票就会呈震荡向上的走势，庄家不仅要挣大钱，还要利用每一次震荡挣钱。

总的看，庄家仓位情况和走势关系是这样的，庄家锁定的筹码多，则短线波动少，上涨平稳，以中长线趋势为主，上涨空间大；庄家建仓减少，则上涨过程中短线震荡成分增加，中长线上升趋势趋缓，边震荡边上升；庄家仓位更少，则以短线震荡为主，长期来看股价涨升有限。对不同性质的庄家要采取不同的策略应对。

第二节 如何判断庄家的成本

计算庄家的成本非常重要，投资者可以根据计算的庄家成本，来判断庄家有无获利空间以及获利大小，若目前价位庄家获利微薄甚至市价尚低于成本，该股前景光明；若目前价位庄家已有丰厚的利润，那这样的股票庄家随时有可能出逃，风险较大，要小心为妙。庄家的成本也就是庄家的底细，看清了庄家的底牌，就可以做到在操作上有的放矢，不再惧怕庄家的软硬兼施，看清了问题的实质，就会觉得股价的涨跌不过是庄家跟我们玩的心理游戏而已。

一、庄家成本的分类

在前面的章节中，我们谈到庄家的机构组成时，就谈到了庄家的成本是包括许多综合费用的，如建仓的成本、拉升的成本、出货的成本、资金拆借的成本、公关交际的成本、人员费用的成本等。庄家的成本这么复杂，我们要得到这些准确的数据是不可能的，只能根据股价的走势、成交量的变化大致地去分析、判断，最多只能算一个近似值。

我们将庄家的成本分为主要的几类，包括进货成本、利息回扣的成本、公关成本、交易成本等。

1. 进货成本

庄家资金量大，进场时必然会耗去一定的吸筹资金，这部分是庄家的进货成本。

2. 利息成本，也叫融资成本

除了少数自有资金充足的机构外，大多数庄家的资金都是从各种渠道筹集的短期借贷资金，要支付的利息高，有的还要从坐庄盈利中按比例分成。因此坐庄时间越久，利息支出越高，持仓成本也就越高，有时庄家贷款到期，而股票又没有获利，那只好再找资金，拆东墙补西墙，或者被迫平仓出局。

3. 拉升成本

大多数庄家需要盘中对倒放量制造股票成交活跃的假象，因此仅交易费用一项就花费不少。另外庄家还要准备护盘资金，在大盘跳水或者技术形态变坏时进行护盘，有时甚至要高买低卖。

4. 公关成本

庄家的公关优势包括多层，主要有管理层、券商、银行、上市公司、中介机构等，这些关系的重要性是不言而喻的，庄家也应为此付出必要成本，否则坐庄就很难成功。

5. 交易成本

尽管庄家可享受高额佣金返还，但庄家的印花税还是免不了的，这笔费用不得不计入持仓成本中。

二、庄家建仓成本的几种计算方法

由于其中大部分类型的成本是我们无法计算的，我们一般能够探索的只是庄家的建仓成本。

1. 平均价测算

庄家若通过长期低位横盘来收集筹码，则底部区间最高价和最低价的平均值就是庄家筹码的大致成本价格。此外，圆形底、潜伏底等也可以用此方法测算持仓成本。庄家若是通过拉高吸筹的，成本价格会更高一些。

一般而言，中线庄家建仓时间大约在 40 ~ 60 个交易日，即 8 ~ 12 周，取其平均值为 10 周，则从周 K 线图上，10 周均价线我们可认为是主力的成本区，这种算法有一定的误差，但不会偏差 10%。作为一个庄家，其操盘的个股升幅最少在 50%以上，多数为 100%。一般而言，一只股票从一波行情的最低点到最高点的升幅若为 100%，则庄家的正常利润是 40%，我们把主力的成本算出以后，然后在这个价位上乘以 50%，即为庄家的最低目标位，不管道路是多么曲折，股价迟早都会到达这个价位，因为庄家若非迫不得已，绝不会亏损离场。

2. 统计换手率测算

对于老股，在出现明显的大底部区域放量时，可作为庄家建仓的成本区，具体计算办法是计算每日的换手率，直到统计至换手率达到 100%为止，以此时的市场平均价作为庄家持仓成本区。对于新股，很多庄家选择在上市首日就大量介入，一般可将上市首日的均价或上市第一周的均价作为庄家的成本区。

3. 最低价测算

在最低价位之上的成交密集区的平均价就是庄家建仓的大致成本，通常其幅度大约高于最低价的 15% ~ 30%。

4. 股价测算

以最低价为基准，低价股在最低价以上 0.5 ~ 1.5 元左右，中价股在最低价以上 1.5 ~ 3.0 元左右，高价股在最低价以上 3.0 ~ 6.0 元左右为主力的大致成本范围。

5. 用 SSL 指标测算

SSL 指标是显示股价的成交密集区和支撑位、压力位，成交密集区内平均价位附近对应的巨大成交量的价位就是庄家的建仓成本。

6. 庄家持仓成本

庄家持仓成本 =（最低价 + 最高价 + 最平常的中间周的收市价）÷3。作为庄家，其控盘的个股升幅最少应在 50% 以上，大多数为 100%。

7. 新老股测算

（1）新股上市后，股价的运行一直保持较为强势的特征，如果在连续几个交易日股价总体向上，换手频繁，并且一周之内换手达到了 100%以上，这种情况下，股票的平均价格就大致接近庄家的成本。

（2）上市当日换手率超过 60%的新股，庄家的成本线在上市首日开盘价与收盘价之平均值附近。这是因为，新股上市当日，一级市场申购专业户大量抛售套现，此时正是收集筹码的最佳时机，看好该股的庄家常进场大肆吸货。因此，一旦上市首日换手率超过 60%，当天的平均价必然是庄家进货的成本价。尤其是在弱势时，一些中大盘股或行业属性一般不被散户看好的股票，上市低开低走，庄家正好趁机大量吸货。一旦庄家收集过程完成，日后的拉抬幅度往往是首日收盘价与开盘价之平均值的 2 ~ 3 倍，甚至 4 ~ 5 倍。散户只要在此区域进货，又能捂住 3 个月乃至半年以上，常有惊人的获利。

（3）上市首日换手率不足 50%的新股，庄家成本一般在 60 日均线与 120 日均线之间。大多数庄家收集筹码不可能集中于一日，上市首日若未能拿足筹码，庄家需要一定的时间吸货。对大多数刚上市的新股，庄家如果立即拉高吸货，往往成本较高，需慢慢吸纳。大多数庄家一般收集筹码需要 2 至 4 个月甚至更长时间，收集完毕之后，在大势适度活跃时择机拉抬，发动一波行情。因此，60 日均线与 120 日均线之间的价位往往是庄家的成本区域，散户在这个区域择机介入，取胜的把握较大。

（4）冷门老股的庄家成本在底部区域、箱形震荡的最高价与最低价之均值处。一些股票因利空调整得十分充分，股价已跌深跌透、无人关照，此时有心庄家正好赶来收集破烂，然后施展手法变金子。但要想骗出散户手中廉价筹码并非易事。唯一的办法是反复拉抬、打压。这时股价K线图及成交量的特点是：K线小阴小阳或连续阴线伴随萎缩成交量之后，突然来一两根大阳线，同时伴随成交量的放大。然后又是萎缩成交量和连续阴线或小阴小阳，如此反复几次，股价上下箱形震荡，成交量间隔性放大。庄家的成本就在箱顶与箱底之中位附近。散户在箱底或箱体中位进货埋伏，一旦庄家筹码收集完毕发力上攻，升幅甚为可观。

（5）慢牛股庄家成本通常在10日均线与30日均线之间的黄金通道内。有些朝阳行业潜力股，主力机构因看好该股基本面在里面长期驻守，耐心运作，只要该股基本面不发生重大变化，庄家就不会出局。其走势特点是股价依托10日均线或30日均线震荡上行，缓慢盘升，庄家手法不紧不慢，不温不火，股价偏离均线过远则回调，技术整理几天，一碰到30日支撑线就上行，成交量既不放得过大，也不萎缩太小，始终保持一个比较适中的水平。这种慢牛股的庄家成本区域就在10日均线与30日均线之间。散户在此区域进货，赚钱的概率极大。

8. 通用方法

选择吸货期内的最低价与最高价加上平均价之总和，然后再除以3，这种方法简单实用。一般吸货建仓越长，则利息、人工、公关、机会成本都会增加。一般要略微上浮15%左右，如有达到两三年的建仓庄家时，则成本核算还要再加上20% ~ 35%为宜，一般一年取用10%较合适。

第三节 如何判断庄家的持仓量

在长期操盘实践中，我们发现有一个规律：无论是短线、中线还是长线庄家，其控盘程度最少都应在20%以上。只有控盘达到20%，坐庄才做得起来。如果控盘不到20%，原则上是不可能坐庄的。如果控盘在20%～40%之间，股性最活，但浮筹较多，上涨空间较小，拉升难度较高；如果控盘量在40%～60%之间，这种股票的活跃程度更好，空间更大，这个程度就达到了相对控盘，大多数都是中线庄家；若超过60%的控盘量，则活跃程度较差，但上升空间巨大，这就是绝对控盘，大黑马大多产生在这种控盘区。

一般来说，控盘度越高越好，因为个股的升幅与持仓量大体成正比关系。也就是说，一只股票的升幅，一定程度上由介入资金量的大小决定。庄家动用的资金量越大，日后的升幅越可观。

我们在分析中还发现，一只股票流通盘总数的20%左右一般是锁定不动的。无论行情怎样变化，这部分筹码也不会跑出来，也就是说这部分筹码是死的。这是因为一只股票总有人要做长线，无论股价如何暴涨暴跌，他们就是不走；或者说有一部分人在高位深套，“死猪不怕开水烫”，把股票压箱底，不想跑了；或者投资者出差或出国了，也可能忙于其他事情，忘了有股票这回事。这批人等于帮助庄家锁仓，庄家想把他们手里的筹码骗出来非常难。

前几年曾经有一个这样的例子，在亿安科技涨到 100 元的时候，某证券报报道有个 70 多岁的股民老太太手里还握有两万股亿安科技，已经买了好几年。营业部查出股票来，却找不到老太太（地址已变更），就想通过媒体提醒她，但这个老人说不定连报纸都不看。这就属于 20% 中的一种情况。

流通盘中除了 20% 不流动的股票，剩下的 80% 是流动筹码。在这部分筹码中，属于最活跃的浮筹只占流通盘 30% 左右。当庄家把这部分最活跃的浮筹清洗完毕，如果不考虑股价因素，市场中每日卖出的浮筹就非常少了。所以庄家持有 30% 的筹码，就能大体控盘。其余 50% 是相对稳定的持有者，只有在股价大幅度上涨或行情持续走低时，他们才会陆续地跑出来。如果庄家在剩下的 50% 浮筹中再控制 20%，手里的筹码就有 50%，庄家基本上就可以为所欲为了。

一只股票的筹码从流动到稳定，分布结构大致是这样的：30% 是浮动筹码，最容易流动；接下来 20% 相对稳定，只有大涨或大跌时才会卖出；再下来 15% 是稳定部分，只有涨的时间长了才会卖出；后面的 15% 更加稳定，只有技术形态变坏了才会卖出；最后 20% 是长期稳定，涨也不卖，跌也不卖，基本上处于死亡状态。

是不是庄家手里的筹码越多越好呢？也不是。如果控盘达到 60% 以上，那么外面流动的筹码只有 20%，市场中没有赚钱效应，盈利的人很少，这只股票的走势就会慢慢变得呆滞，从易涨难跌到难涨难跌，成交量也很少。另外，庄家控制的筹码越多，占用资金越多，撤退越难，所以除了“皇帝女儿不愁嫁”的好股以外，庄家一般都希望尽可能少占用资金。

如果跟庄做短线，最好是跟持仓量 30% 左右的庄家。如果做中线，就跟持仓量在 60% 左右的庄家。要做到这一点，就要能对庄家的持仓总量进行准确判断。

判断庄家持仓量时，周线图的参考意义最大。参看个股的周 K 线图，周均线参数可设定为5、10、20。当周K线图均线系统呈多头排列时，就可以证明该股有庄家介入。只有在庄家大量资金介入时，个股的成交量才会在低位持续放大，这是庄家建仓的特征。正因为筹码供不应求，股价逐步上升，才使周K线的均线系统呈多头排列，我们也就可以初步认定找到了庄家。

判断庄家持仓总量的时候，有一种简单的测算方法，即一波行情从底部到顶部上涨的过程中，如果成交量是1亿股，那么庄家一般会占有其中的30%。在操作的时候，还可以再简单一点，从庄家介入的那天开始，到大规模拉升之前，算一下这段过程中累计成交量是多少股。算到最后，如果成交量是5亿股，那么庄家的持仓量大约是1.5亿股。

有一种例外，就是有的庄家是在一段过程中收集的，在另外一段过程中不作为了，到下一段又重新开始做，那么你就可以一段一段地算。

实践中具体如何估算庄家仓位轻重呢？判断庄家持仓量时，一般用以下几种方法。

一、以换手率计算

用换手率来计算是一种最直接有效的方法。在低位成交活跃，换手率高，股价涨幅不大的个股，通常为庄家吸货。此间换手率越大，主力吸筹越充分。“量”与“价”似乎是一对互不甘示弱的小兄弟，只要“量”先走一步，“价”必会紧紧跟上“量”的步伐。投资者可重点关注“价”暂时落后于“量”的个股。

换手率的计算公式为：换手率 = 成交量 / 流通盘 ×100%。计算庄家开始建仓到开始拉升这段时间的换手率，怎样确认庄家开始建仓呢？周K线图的均线系统由空头转为多头排列，证明有庄家介入，周MACD指标金叉，可以认为是庄家开始建仓的标志，这是计算换手率的起点。

一般股价在上涨时，庄家所占的成交量比率大约是30%。在股价下跌时，庄家所占的比率大约是20%。股价上涨时放量，下跌时缩量，假设放

量 / 缩量 =2/1，可得出一个推论：前提假设为若上涨时换手率为 200%，则下跌时的换手率应是 100%，这段时间总换手率为 300%，则可得出庄家在这段时间内的持仓量 =200% × 30%−100% × 20%=40%，即换手率达到 300% 时，庄家的持仓量才达到 40%。也就是每换手 100% 时，其持仓量为 40%/300% × 100%=13.3%。

从 MACD 指标金叉那一周开始，到你所计算的那一周为止，把所有各周的成交量加起来再除以流通盘，可得出这段时间的换手率，然后再把这个换手率 × 13.3%，得出的数字即为庄家的控盘度。

一个中线庄家的换手率应在 300% ~ 450% 之间。只有足够的换手，庄家才能吸足筹码。

一般而言，当总换手率达到 200%时，庄家会加快吸筹，拉高建仓。因为这时低价筹码已经没有了，这是短线介入的良机。

当换手总率达到 300%时，庄家基本都已吸足筹码，接下来庄家会急速拉升或强行洗盘。这时应从盘口去把握主力的意图和动向，切忌盲目冒进，被动地使得投资从短线变为中线。

在平时看盘中，可以跟踪分析那些在低位换手率超过 300%的个股，然后综合其日 K 线、成交量以及一些技术指标，用以把握介入的最佳时机，这样操作必有厚报。

二、根据吸货期长短判断

对于吸货期很明显的个股，简单算法是将吸货期内每天的成交量乘以吸货期，即可大致估算出庄家的持仓量。庄家持仓量 = 吸货期 × 每天成交量（忽略散户的买入量）。

吸货期越长，庄家持仓量越大；每天成交量越大，庄家吸货越多。看到上市后长期横盘整理的个股，通常为黑马在默默吃草。新股不经历充分的吸货期，其行情难以持续。

三、根据大盘整理期该股表现来分析

有些个股吸货期不明显，或是老庄卷土重来，或是庄家边拉边吸，或在下跌过程中不断吸货，难以明确划分吸货期。这些个股庄家持仓量可通过其在整理期的表现来判断。

四、根据上升过程中放量情况判断

一般来说，随着股价上涨，成交量会同步放大。某些庄家控盘的个股，随着股价上涨，成交反而缩小，股价往往能一涨再涨。对这些个股可重势不重价。庄家持有大量筹码的个股，在其上涨过程中，只要不放大量，就可一路持有。

如果需要相对准确地计算庄家持仓量，计算过程较为复杂，可使用笔者根据多年经验总结出的“求和平均法”，结果相对准确些。

第一步，用即时成交的内外盘统计进行测算。公式如下：当日庄家买入量 =（外盘 ×1/2+ 内盘 ×1/10）/2，然后将若干天进行累加，至少换手率达到 100% 以上才可以。

所取时间一般以 60 ~ 120 个交易日为宜。因为一个波段行情中，庄家的建仓周期通常在 55 天左右。该公式需要投资者每日对目标个股不厌其烦地统计分析。经过长时间实时统计，准确率极高，误差率通常小于 10%。

第二步，对底部周期明显的个股，笔者的经验是将底部周期内每天的成交量乘以底部运行时间，即可大致估算出庄家的持仓量。庄家持仓量 = 底部周期 × 主动性买入量（忽略散户的买入量）。底部周期越长，庄家持仓量越大；主动性买入量越大，庄家吸货越多。

观察到在底部长期横盘整理的个股，通常为资金默默吸纳。庄家为了降低进货成本，不断高抛低吸并且不时清洗短线客，但仍有一小部分长线资金介

入。因此这段时期庄家吸到的货，至多也只达到总成交量的 1/3 ~ 1/4。忽略散户的主动性买入量，可以测算为总成交量 ×1/3 或总成交量 ×1/4，公式如下：庄家持仓量 = 阶段总成交量 ×1/3 或 1/4。为谨慎起见，可以取较低量。

第三步，个股在低位出现成交活跃，换手率较高，而股价涨幅不大（设定标准为阶段涨幅小于 50%，最好小于 30%）的情况，通常为庄家吸货。此间换手率越大，庄家吸筹越充分，投资者可重点关注“价”暂时落后于“量”的个股。

笔者的经验是换手率以 50% 为基数，每经过倍数阶段，如 2、3、4 等，股价走势就进入新的阶段，也预示着庄家持仓发生变化。利用换手率计算庄家持仓的公式：个股流通盘 ×（个股某段时期换手率 − 同期大盘换手率），计算结果除以 3。

此公式的实战意义是，庄家资金以超越大盘换手率的买入量资金，通常为先知先觉资金的介入，即庄家以高于大盘平均换手率来完成更多筹码收集。一般适用于长期下跌的冷门股。因此，庄家一旦对冷门股持续吸纳，我们就能相对容易地测算出庄家手中的持仓量。

最后，为了确保计算的准确性，将以上 3 个公式结果进行求和平均，最后得出的就是庄家的持仓数量。

第四节　如何判断庄家的利润率

前面提到了庄家坐庄成本，很多投资者也会比较关心庄家的利润。庄家的利润到底是多大？一只股票一般拉升多少才有利润空间？

庄家坐庄的主要目的是为了获利。在坐庄过程中，庄家付出的费用必定有一个最低成本。庄家在炒股票的过程中，也必然有一个庄家的最低利润和行业平均利润率。考虑到中国股市的实际情况，股价以翻倍的位置作为卖出的基础。

在坐庄的过程中，不管庄家使用何种手段，都必须低价买入，高价卖出，这是股价运动的真理。庄家要获利，也必须要把股价从低价位推到高价位。这个空间多大，要视庄家的实力、大盘的走势而定。但是要获得坐庄这个行业的平均利润，必须要有一个最低的拉升幅度，即从低位到高位间100%的上涨空间。

按照笔者的操盘经验，一般来说，一只股票上涨100%的空间，这个时候庄家的利润率应该维持在30%～40%。这里的100%是指股价从一段行情的最低价到最高价的幅度。40%为净利润，如包括10%的资金成本，毛利润在50%，且为庄家的正常收益。

例如，某只股票的最低价为10元，庄家吸货一般要消耗20%左右的空间，即股价在12元附近为庄家的吸货成本区。拆借资金年利息一般在10%左右。中线庄家坐庄时间一般要经历一年以上的时间，利息成本消耗10%。

坐庄过程中要经历的吸筹、洗盘、震仓、拉升、出货等工作，都要耗去各种成本。这些成本一般在10%～20%之间。这时要考虑到庄家不可能完全在高位派发手中的筹码。例如，股价从10元上涨到20元，高位派发空间需要20%～30%，即股价在17～20元之间，都是庄家的派发空间，这样又耗去升幅的20%～30%。

各种成本累计高达60%～70%，这就是庄家坐庄的“行业平均成本”。即目标个股上升100%的幅度，庄家实际只能获利30%～40%。

当然，这个比例是有出入的。如果操盘手的水平较高，融资能力强，庄家的公关和消息发布比较到位，这个利润率将可以再上升5%～10%，但毛利润绝不会超过60%。

如果这个庄家做得较差，融资能力弱，市场环境差，这个利润率将再下降5% ~ 10%，但毛利润绝对不低于30%。30% ~ 40%的利润区域，是庄家坐庄的行业平均利润。如果低于这个利润，很多庄家将会退出这个高风险的行业。

另外一个问题，在庄家拉高的过程中，庄家的成本如何变化？是不是也是一路增加？这个不一定。同样的道理，如果操盘手水平较高，庄家的公关和消息发布比较到位，在拉升过程中有相关的利好消息配合，即使拉升的高度达到了100%，庄家的持仓量是可以减少而不是增加的。

拉高过程中没有增加持仓，但还是会增加一些成本。举个例子（其中不考虑10%的涨跌板限制），某只股票在拉升过程中，第一天买进100万股，价格是9元，第二天卖出100万股，价格是10元，看起来是赚了100万元。实际上，在有些情况下，庄家是需要高买低卖的。

千万不要认为庄家总是在低位买了高位卖。当天从8.5元拉到10元，然后从10元跌到8.5元，在8.5元涨到10元的上涨过程中，很多股票都是在9.9 ~ 10元间买进的。跌回来的时候要出货，当天不能增加持仓量。出的时候很多都是从8.8元到8.9元之间出货，实际上就是庄家在做倒差价，才能使市场中的人继续跟进。

有时候股票在底部放量，真实的原因是庄家在卖，散户在接。一般来说，庄家在高位卖出，低位再护盘，这种情况并不多见。如果出现这种情况，一般来说，股票都做得比较绵软。

按照上面的利润率计算，这些成本要获得利润，从低点买进到高点出货，必须要有100%左右的涨幅空间（超短线突击的游资除外）。

当然，这个拉升过程是比较曲折的，途中可能经历多次洗盘震仓，但也有例外。一些高度控盘的庄股也有可能以迅雷不及掩耳之势连续拉升，把跟风盘都排除在外。例如从2007年6月21日开始，古井贡酒（000596）连续拉出了14个涨停板，股价从9元一直上涨到了34元。像这种情况，能把一个没有基本面支持的股票连拉14个涨停板，庄家必须高度控盘，应该达到股票总流通量的80%以上。

第五节 如何发现庄家筹码锁定

沪深股市最大的特点在于，股价涨不涨，关键看庄家炒不炒。庄家什么时候最有炒作激情？庄家在廉价筹码吃了一肚子时最有激情。散户跟庄炒股，若能准确判断庄家的持仓情况，盯牢一只建仓完毕的庄股，在其即将拉升时介入，必将收获一份财富增值裂变的惊喜。这里面的关键是如何发现庄家已经锁定筹码。

一般具备下述特征之一，就可以初步判断庄家筹码锁定，建仓进入尾声。

其一，放很小的量就能拉出长阳线或封死涨停。庄家进场吸货，经过一段时间收集，如果庄家用很少的资金就能轻松地拉出涨停，就说明庄家筹码收集工作已近尾声，具备了控盘能力，可以随心所欲地控制盘面。

其二，K线走势我行我素，不理会大盘，走出独立行情。有的股票，大盘涨它不涨，大盘跌它不跌。这种情况通常表明大部分筹码已落入庄家囊中。当大势向下，有浮筹砸盘，庄家便把筹码托住，封死下跌空间，以防廉价筹码被人抢了去；大势向上或企稳，有游资抢盘，但由于种种原因，庄家此时仍不想发动行情，于是便有凶狠的砸盘出现，封住股价的上涨空间，不让短线热钱打乱炒作计划。这样股票的K线形态就会呈横向盘整，或沿均线小幅震荡盘升。

其三，K线走势起伏不定，而分时走势图震荡剧烈，成交量极度萎缩。到了收集末期，庄家为了洗掉短线获利盘，消磨散户持股信心，会用少量筹码做图。

从日K线上看，股价起伏不定，一会儿到了浪尖，一会儿到了谷底，但股价总是冲不破箱顶，也跌不破箱底。当日分时走势图上却是大幅震荡。委买、委卖之间价格差距非常大，有时相差几分钱，有时相差几毛钱，给人一种莫名其妙、飘忽不定的感觉。

成交量也极不规则，有时几分钟才成交一笔，有时十几分钟才成交一笔。分时走势图画出横线或竖线，形成矩形，成交量也极度萎缩。上档抛压极轻，下档支撑有力，浮动筹码极少。

其四，遇利空打击，股价不跌反涨，或当天虽有小幅无量回调，但第二天便收出大阳线，股价迅速恢复到原来的价位。突发性利空袭来，庄家措手不及，只能兜着，散户筹码则可以抛了就跑。于是盘面可以看到利空袭来当日，开盘后抛盘很多而接盘更多。不久抛盘减少，股价企稳。由于害怕散户捡到便宜筹码，第二日股价又被庄家早早地拉升到原位。

第六节　如何判断市场庄家的动向

市场庄家的行动极为诡秘，一般股民很难掌握其行踪。但是由于庄家资金量大，出入很不方便，所以多多少少总会留下一些痕迹。聪明细心的散户，总能从细微的变化中揣度出庄家的意图，从而掌握其操盘动向。

其实，只要你有心，可以使用下面的方法判断庄家的动向。

一、交易周转率判断法

换手率也称周转率，指在一定时间内市场中股票转手买卖的频率，是反映股票流动性强弱的指标之一。其计算公式为：

周转率（换手率）=（某一段时期内的成交量）/（可流通总股数）×100%

周转率越高，表明此股票买卖越频繁，越受投资者关注。当周转率升高，价位上升，显示买方需求大，可能有主力收集，要往上做价。周转率高，价位却下降，显示市场抛压大，主力可能在派发。

周转率低，价位上升，显示抛压已轻。周转率低，价位下降，显示仍有抛压，或表示可能没有主力参与。

二、平均每笔成交分析法

将每天的成交股数除以成交笔数，就可以得出每笔平均成交量。从每笔成交量的多寡，可以发现主力大户的动向。

通常在大势不佳的长期空头市场，成交量日渐萎缩。不论是大势的总平均量还是个股的平均量，均较往昔减少甚多。相反，在大势向上的多头市场中，平均每笔成交量会随价递增。

具体来说，平均每笔成交量与股价的关系有下列几条判定原则。

（1）平均每笔成交量增加，当前股价也能配合上升，则意味着主力在继续做多，行情将继续上涨，跟进做多较为适宜。反之，平均每笔成交量增加，但股价却没有配合上升，则表示主力暗中大笔卖出，行情可能进入整理或回跌局面，不要轻易跟进。

（2）平均每笔成交量突然减少，而其股价也在下跌。若非有突发利空的影响，只要跌幅不是很深，则表示市场主力业已惜售，股价再跌有限，可逢低买进做多。若平均每笔成交量突然减少并有利空影响，而其股价却表现为上升时，则表示持股者虽然惜售，但因无较大的主力参与，行情涨幅有限，不宜盲目跟进。

（3）不论是否有利多或利空消息的影响，只要个股的平均量超过或低于正常平均量，则该股的走势多将于近期产生向上或向下的变化。至于影响平均量变动的因素，若为转账所致，只要这些转账并非为大股东持股的抵押，则可以将其视为股价波动征兆。

（4）在高价圈或低价圈产生的平均每笔成交量明显增加或减少，要特别予以关注，向上或向下变盘的准确性很高。高价圈下跌的可能性较大，不宜跟进；低价圈上涨的可能性较大，可做多跟进。

三、大笔成交分析法

由于庄家的资金量大，所以进出时，很少会像散户那样一笔单子才10手、8手的。庄家一旦进场，成交的笔数都会很大，少则100手，多则上千手。这些大手笔，只有庄家才能做到。因此分析大笔成交，也是中小投资者发现庄家的有效方法。

观察成交明细表，投资者应注意以下几点。

（1）成交笔数大小和该股的价位有关，如20元左右的高价股，100手也可以算为大手笔；若是5元左右的低价股，100手可能仅是一个中户所为。

（2）连续性的大手笔成交才是庄家所为，常反映为股价稳步上升和大手笔的成交连续出现。

（3）在一段时间内，大手笔成交出现的密度非常高。如在一分钟之内出现好几笔大手笔成交，必是庄家行为，说明庄家急于拉升和出货。如一天之内仅有几笔大手笔，说明庄家并不急于有所动作。

（4）当某只股票有非常好的底部形态，如发现成交笔数逐步增大，股价小幅上涨，此时往往是较好的进场机会。尤其是在卖一位置有大笔卖单，但是总被数笔较大买单在极短的时间内吃掉，投资者应在大笔卖单快被吃完时进场抢单。

当股价已经过较长时间的连续上升，在买一位置有大笔托单，一旦有数笔主动性大抛单卖出，则可能是庄家急于出货，应填低价位迅速卖出股票，抢在庄家前面出逃。

（5）大手笔成交与流通股本的大小有非常明显的相关性。流通股本大的股票，成交手笔也较大；流通股本较少的股票，成交手笔也相应较小。

（6）在股价连续下跌途中，成交笔数往往较大，说明此时是散户行为，庄家还未入场，投资者可以持币观望。

四、委托买卖笔数及成交笔数分析法

此方法是利用电脑辅助交易时统计出的一定时间内的委托成交单数及成交值表，作为判断的依据。具体比较“委托买进笔数”“委托卖出笔数”和“成交笔数”三者之间的互动、大小关系，加上当日股价变动趋势，用以综合研判市场主力的动向。具体方法如下。

（1）当“委托买进笔数”大于“成交笔数”，又大于“委托卖出笔数”时，说明一笔卖出的数量造成多笔买进的成交数量。如果当日股价是上涨的，表明市场主力正在酌量出货；如果当日股价是下跌的，表明市场主力已经大量出货。如此这般，散户宜抓紧时间“下轿”了。

（2）当“委托卖出笔数”大于“成交笔数”，又大于“委托买进笔数”时，说明一笔买进的数量造成了多笔卖出的数量。如果当日股价上升，即为市场主力在大量买进；如果当日股价下跌，则表示市场主力在酌情买进；如果当日股价大跌，则是主力庄家在进货时被散户套牢了。

（3）当“成交笔数”大于委托买进笔数，也大于“委托卖出笔数”时，表示多空分歧甚大，正在酝酿新一轮行情。不过，如果这三个数字极为接近，就表示买入者和卖出者此时都达到了目的，市场主力有的看好，有的不看好。

总之，经过综合分析，投资者是可以把握主力庄家动向的。这样，股民除了可以防止受到市场主力操纵外，还可以针对庄家的行为，制定出相应的交易策略，即预先“上轿”，等着庄家拉抬。

第七节　庄家常见的违规手段

庄家坐庄的过程，其实就是一个不择手段榨取散户财富的过程。在炒作过程中，庄家为了确保操作能够顺利进行，获得丰厚利润，常常会采用一些战术技巧来对付广大散户。其中有些手段是明显违反证券法规定或其他相关规定的，常见的有以下几种。

1．虚买虚卖，分仓对敲

自买自卖对敲这种行为是违反证券纪律的。在操作过程中，为了使该行为不被发现，庄家要拥有数十个乃至一二百个账户。庄家多是大企业或以大企业担保获得个人贷款。若以公司账户或某一个人的账户这样对敲拉抬打压，很容易暴露庄家行踪。所以庄家预先必须准备多个户头。个人身份证一般是在农村购买，购买一个身份证约 50 元（因农民补办一个身份证仅需 10 元，何况身份证对农村老人本身没有什么用处，因此专门有一批收购贩卖农村老人身份证的掮客）。这样，庄家的操盘手可以凭借自己拥有的多个不同账户进行对敲，使证券管理部门难以发现。

近几年，随着证券市场日益规范，该类行为已经越来越少。

2．利用年报和中期报表做文章

庄家经常利用上市公司年报和中期报表业绩的升降，来拉抬或打压股价。特别是中期报表，猫腻更多，因为中期报表无须会计事务所审核。

与上市公司联手的庄家，若手上持有大量股票，则将报表利润作高，使之大大高于预期，以便庄家拉高出货。若庄家拟做这家公司的股票，手上持股又少，则会压低报表利润，使之大大低于预期，以便压低股价，有利于庄家吸筹。

许多上市公司只是某个大型集团的子公司，它可通过内部资产的调整，或大公司内部货品交易价格的调整，达到调控上市公司盈利高低的变化。

3. 上市公司炒作自己的股票

上市公司炒作本公司股票，这也是严重违反《证券法》相关规定的。现在上市公司炒作时，一般不直接买卖自家股票，大多间接委托他人代为炒作。其资金来源多为公司暂时闲置的流动资金，一般在“投资收益”科目中列支。

4. 虚构消息

庄家往往利用各种证券报刊传递真假信息，编造各种并购及盈利等相关题材造势。

中国的证券市场日益规范与完善，相信上述违规操作的情况会越来越少。

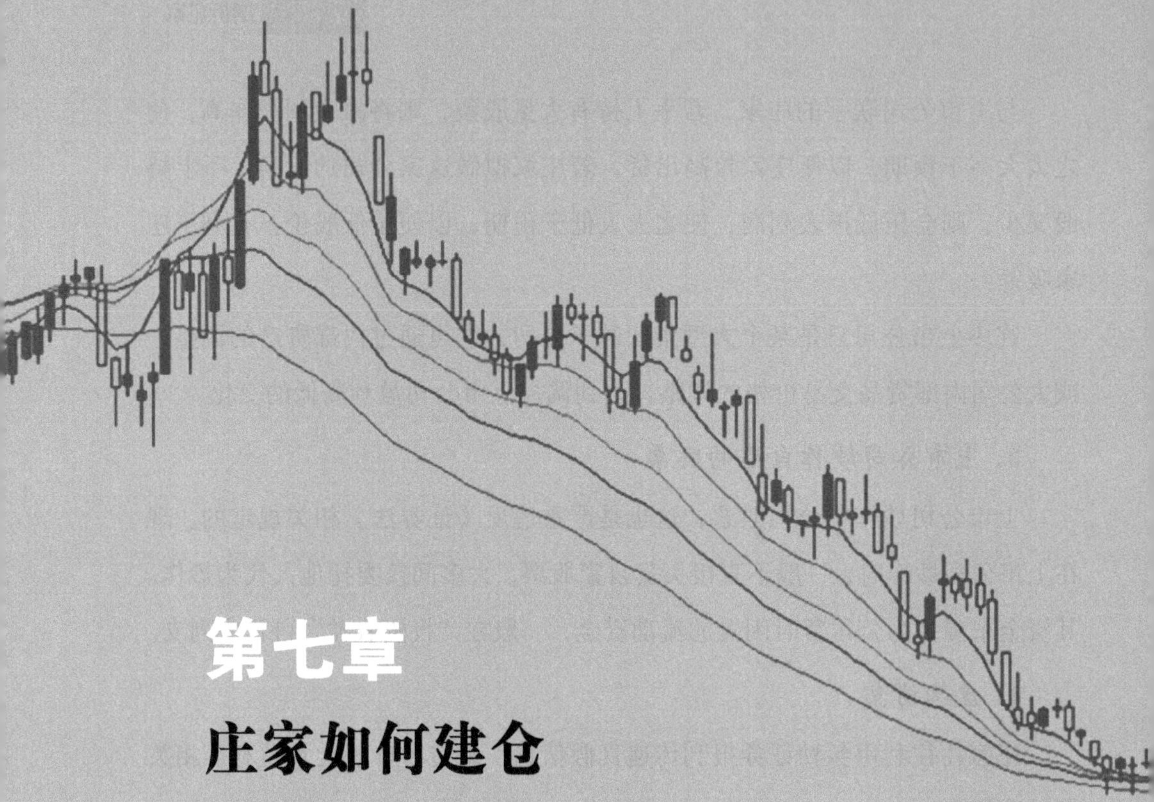

第七章

庄家如何建仓

第一节　庄家坐庄的流程
第二节　庄家建仓的方式
第三节　庄家建仓时的盘面特征
第四节　庄家建仓时的成交量特征
第五节　庄家建仓时的形态特征

第一节　庄家坐庄的流程

在后面几章中，将通过庄家的操作形式和操作阶段，详细分析庄家的操作流程，从中找出“吃定庄家”的技巧。

庄家的操作按照简单的方式可以分为三步，即建仓阶段、拉升阶段、出货阶段。坐庄过程中，这三步必不可少，这是庄家坐庄的“三部曲”。

如果将庄家的操作阶段以时间顺序来安排，可分为：进庄前的准备、建仓、试盘、调整、初升、洗盘、拉升、出货、反弹、砸盘、扫尾。这是一个比较完整、标准的坐庄流程，思路非常清晰。标准化后，可以认为是完整的八浪循环，如图 7-1。

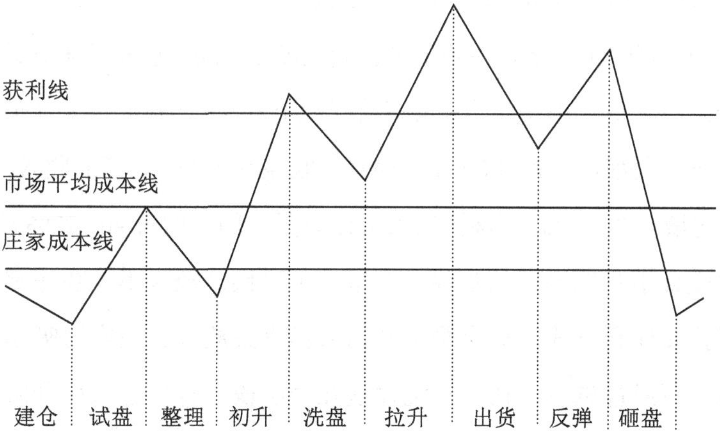

图 7–1

这种模式的每一个阶段，庄家都有其侧重点。如在进庄前的准备阶段讲究充分调研。建仓阶段讲究耐心温和，并琢磨如何散布利空传闻，让市场看空该股，以便进货。试盘阶段讲究控盘程度。调整阶段讲究底部构筑，强调股市有风险，入市须谨慎。初升阶段讲究股价脱离成本区的种种现象。洗盘震仓阶段讲究盘中技巧，瞬间巨幅震荡，并保持消息的真空。股价大起大落，让人不明不白。拉抬阶段讲究高举猛打，强调高风险、高收益，并以此维持市场人气。派发阶段强调真作假时假亦真，假作真时真亦假，引诱公众投资者进场接货，最终实现低吸高抛的目的。反弹阶段讲究以高度和减仓为主。砸盘阶段讲究如何不计成本地压价，寻找孕育新一轮行情。

需要注意的是，庄家的操作风格千姿百态，不是每个庄家都经历以上几道程序。有的庄家采取交叉运作方式，各阶段的操作手法很难截然分开，往往是吸、洗、拉等并举。一些私募和游资为代表的短线庄家，往往会省掉其中的一些环节，采取快速吸筹，强行拉抬，一路进货一路拉高的操盘手法，目标位一到则坚决出货。短线庄行情来得快，去得也快，操作手法非常凶悍，普通投资者根本来不及反应，在犹豫和观望之中，这一波行情已经接近尾声。如图 7-2，2008 年 7 月至 2009 年 2 月的南天信息（000948）。

该股 2008 年 11 月之前一路下跌，量能极度萎缩，庄家并未开始建仓。11 月份开始，南天信息季报出台：南天信息（000948）2008 年 1 月至 9 月每股收益 0.28 元，每股净资产 4.89 元，净资产收益率 5.74%。营业收入 125474.01 万元，同比增长 23.15%；净利润 5903.25 万元，同比增长 467.77%。

股价受此消息刺激开始走强，庄家这个时候已经来不及在底部建仓，于是采取了拉高建仓方式，成交量也开始大幅密集放大，庄家边吸筹边拉升。建完仓后，不经过试盘、初升、洗盘这几个阶段，直接进入拉升阶段，短时间内完成了一波行情的炒作。在这波拉升中，股价从底部的 3.77 元一直拉升

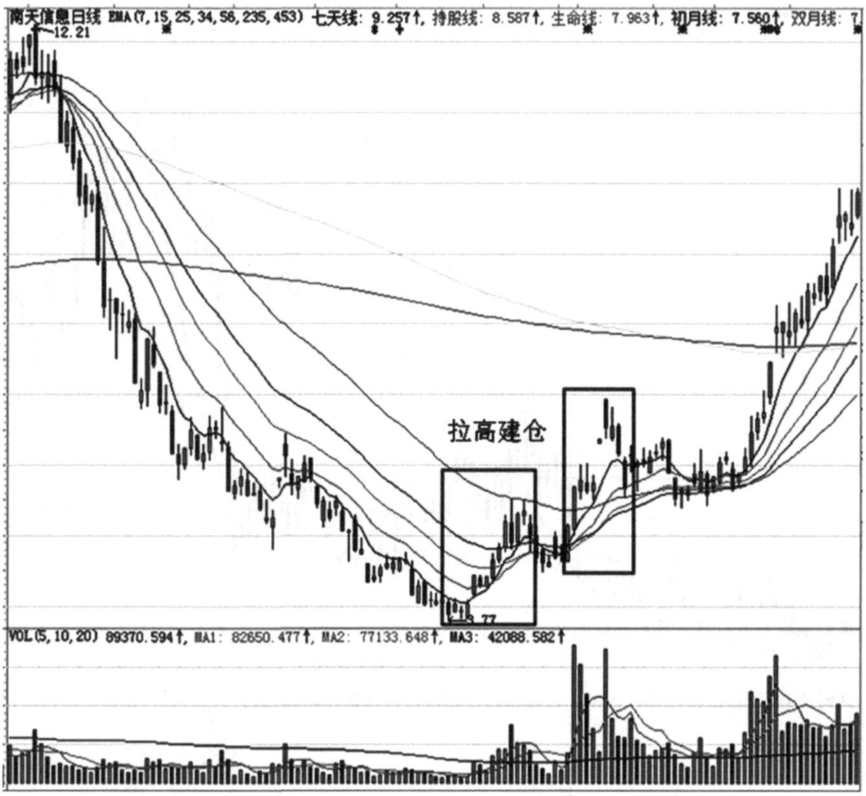

图 7-2

到 10.7 元，是一个爆炒的典范。

更有甚者，一些短线庄家在股价的炒作中，短时间之内完成建仓、拉升，出货。如图 7-3。

龙净环保（600388）中出现快速拉高建仓，快速出货的走势。对应当时的消息面是：龙净环保出售 4370 万股广州发展股票（预计税后净利润 4684 万元）。

在案例中我们看到，股价受到消息面的刺激迅速拉升。但此消息并不是公司基本面改善，而是一次性的交易机会，所以庄家采用的也只是短期拉升

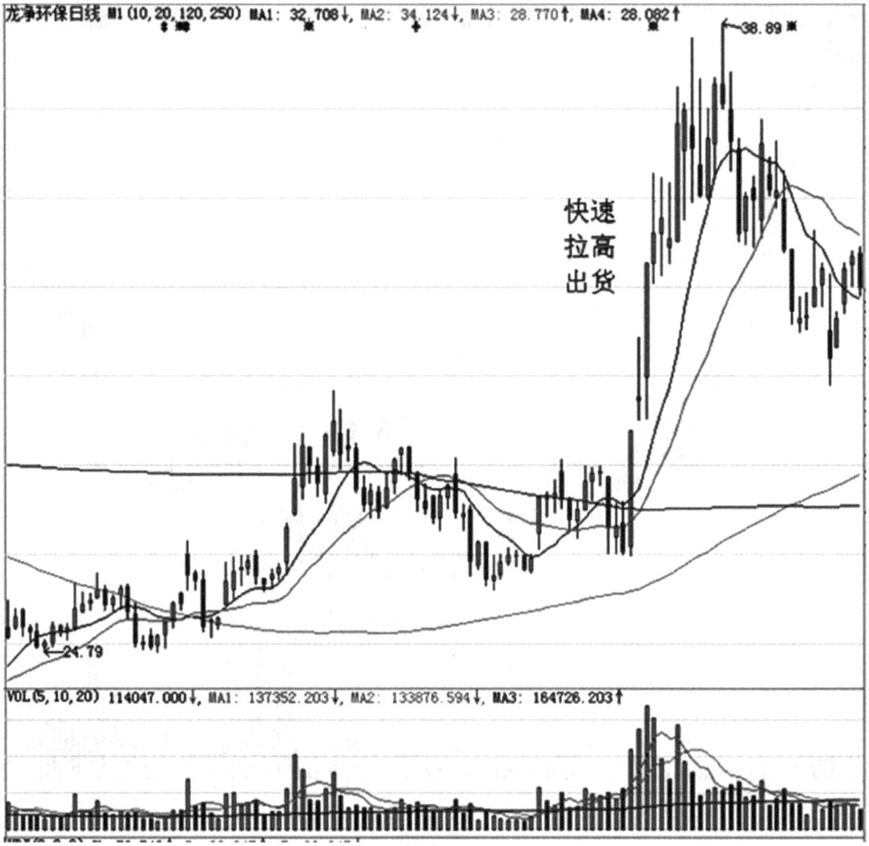

图 7-3

出货的一日游行情，投资者在追涨中需要注意。

庄家坐庄的操作手法多样，我们按照坐庄几个常见的阶段分为五个部分：建仓阶段、试盘阶段、洗盘阶段、拉升阶段、出货阶段。

第二节 庄家建仓的方式

庄家在进行了一系列前期准备工作之后，就进入了实质性操作阶段。庄家要坐庄某只股票，前提条件是要收集目标股一定数量的筹码，即完成建仓工作。收集筹码建仓，意味着庄家坐庄真正开始。不管前期做没做准备工作，只要不进场吸筹，就谈不上坐庄。庄家只有吸足了控盘所需的筹码，才便于日后其他环节的操作。

庄家建仓的时间一般都会长达数月，甚至更长时间。庄家建仓阶段的主要任务是在低位大量买进股票。吸筹是否充分，表现为庄家持仓量的多少，这对其日后的做盘有着极为重要的意义。

第一，持仓量决定了其利润额。筹码越多，实现利润的可能性越大。

第二，持仓量决定了其控盘程度，吸筹越多，市场流动筹码越少，庄家对股票的控制能力越强。

同时，吸筹阶段也常伴随着洗盘过程。迫使上一轮行情高位套牢者不断割肉出局，庄家才能在低位获取更多的廉价筹码。

庄家建仓过程就是一个筹码换手的过程。在这个过程中，庄家为买方，散户为卖方。只有在低位充分完成了筹码换手，吸筹阶段才会结束，发动上攻行情的条件才趋于成熟。庄家的吸筹区域，就是其持有股票的成本区域。

庄家开始建仓时，股价一般离最近的一个成交密集区下沿已经很远了，一般幅度在 30% 以上。庄家建仓时的吸筹主要包括几个阶段：见底前平台、做底、见底后平台、推高吃货、股价上第二平台。即使不是如此标准地建仓，也只是某些阶段有变化，道理是一样的。

第一个阶段：见底前平台。

在大盘下跌时，庄家开始接手割肉盘。但是如果单纯横盘，就没有人买卖了，所以还要继续震荡，而且没有大阳线，这样才不会引起短线客的注意。

第二个阶段：做底。

当大盘见底时，人气往往是最低迷的。这时如果股价跌破见底前平台，会引出更多的割肉盘。

第三个阶段：见底后平台。

见底后，稍微进行拉升，一般要超过见底前平台，使割肉者都踏空，不愿买回。这样庄家就有足够的时间继续建仓。由于股价还处于低位，持股者信心仍不足，仍有不少割肉者。但是随着平台的延伸，持股者心态趋稳，加上有买盘关注，所以越往后庄家吸到的筹码就越少。当庄家觉得继续盘下去不划算时，就开始推高股价。

第四个阶段：推高吃货。

这种推高的走势，涨幅并不小，但振幅较大，且庄家往往避过短线客的视线，在涨幅榜上很难找到它。底部横盘的时间越长，庄家在这个阶段吃到的货越多。

第五个阶段：股价上第二平台。

经过一段时间的推高，股价有了一定的涨幅，技术指标也到高位了，股民不再看好此股了，此时正是洗出获利筹码的好时机。这个平台不管怎样盘整，看好的人都不多，所以庄家可以凭心情来，有时时间可以达数月。待到庄家觉得持仓量足够且时机成熟时，就开始进入拉升阶段。

根据筹码分布情况及庄家的胃口，有可能有第三、第四、第五个平台。

庄家建仓，需要诱发卖盘，而且价格尽量低。诱发卖盘，大家最熟知的方法是“震仓”。但笔者认为，诱发卖盘第一靠时间，第二靠消息，第三才靠手法（如“震仓”）。

第一靠时间。一个人买了股票就陷入套牢的时候，总是很难接受现实，更难割肉卖出，所以“震”也是白震。而时间一长，心理上的痛苦逐渐减弱，对于股价也逐渐接受。到最后，往往会因为一个很小的原因就卖出股票。这就是时间的威力。另一方面，多数人只要获利，很快就会卖出。所以要想诱发卖盘，第一件事就是让股票在低位停留足够长的时间，高位的筹码自然就会掉下来。然后不管是谁接去的，只要给点小利润，自然就卖出来了。

第二靠消息。庄家会利用大的利空消息悄然入仓，捡拾便宜筹码。这类利空最主要的还是与业绩有关的消息，出个亏损或不好看的报表，突然股价砸到跌停，就会有许多人卖出。之后很长一段时间，持股者的心态都会很坏，只要稍加震仓，就会卖出。消息分两种，一种是借题发挥，另一种是制造消息。后一种越来越盛行，而且多反映在业绩的操控上。

第三靠手法。手法分中期形态、日 K 线组合和盘中运作。中期形态上，主要有制造下跌假突破，在合理的位置进行横盘“震仓”，注意推高的时机等。日 K 线组合上，主要注意形态的多样性，振幅适度，还要经常制造空头陷阱。盘中运作不能给人以强势的印象，也不能一味横盘，要制造振幅（如大卖单压盘、突然砸盘、尾市砸盘等），促进成交。

通常情况下，庄家收集筹码都是在极其秘密的情况下进行的，以免被散户识破，与庄家抢筹，搭顺风车，导致庄家前功尽弃。除非在极特殊的情况下，庄家才会公开收集。

庄家建仓的基本手法是通过主动震荡来完成的，通过分析庄家的建仓现象，可以发现庄家建仓的一些规律、方法和方式。

一、单边下跌的建仓方式

这种建仓过程，基本上就是目标股不断下跌的过程。整个下跌过程就是庄家的建仓过程，股价止跌表明庄家建仓工作完成。在这个过程中，庄家开始吸取少量的筹码。随着股价的持续下跌，逐步加大收集筹码，到最后一概通吃。

有时候，这种单边下跌的建仓方式是庄家采用打压的方式进行的。庄家运用早期手中少量的筹码，不计成本地大幅度向下砸盘，打压股价，甚至以连续跌停的方式出现，同时伴随着上市公司的利空不断散播。图表上表现为股价似瀑布式下泻，中短期均线呈现空头排列，日 K 线收阴，并且阴线实体越来越大，成交量由小逐步变大，在底部有时形成天量。

单边下跌的建仓方式，能够使庄家以较低的成本收集较多的低廉筹码。但若是股价太低，庄家行为被市场发现，极容易引起其他投资者跟进抢筹，影响庄家的建仓工作。

如图 7-4，昆药集团（600422）。2014 年 4 月，庄家开始介入个股进行建仓。一段小幅度的升幅整理，使庄家获得了一小部分筹码。之后庄家利用这些筹码对股价进行连续性不计成本的打压，市场投资者一下陷入恐慌氛围之中，终于经受不住考验，纷纷抛出股票。

在打压过程中，庄家也不会让股价太低，否则庄家的行为容易被市场发现，引起其他投资者跟进吸筹，影响庄家后期的操作。于是庄家吸取足够筹码之后，见好就收，经过一波拉升之后进行洗盘，一波大行情从此开始爆发！

我们看庄家为什么这么急切地对股价进行打压吸筹，此时消息面的消息是：股东大会同意设立 9500 万元并购基金（总规模不低于 5 亿元）。

在一个相对利好的消息面下，庄家利用打压洗盘的方式使散户判断失误，认为前期拉高是为了出货。股价后期的走势证明这只是庄家的洗盘伎俩。

图 7–4

打压吸筹是单边下跌建仓方式中的主要形式，这种方式一般用于大盘见底之前，股价距庄家吸货成本目标有一定差距。庄家不愿在较高价位承接筹码，必须将股价打到一个较低价位。

利用此手法正值大盘向下之时，市场抛压沉重，庄家利用手中筹码，在开市和收市前大幅打低股价，造成投资者恐惧割肉离场。或在当天吸纳部分筹码，第二日打低股价，庄家在更低价位上承接，采取边打边吃手法，将投资者手中的筹码收集到自己手中。

“打压式”吸筹包括以下几种情况。

1. 在大势暴跌时，故意打压选中的股票

有的股票因为被市场广泛看好，持筹者心态稳定，同时二级市场的投资者勇于承接，庄家的大资金没有办法进场。怎么办？这时，成心要坐庄的庄家只好在某一价位收集少量的筹码，但并不推高股价。一旦大势下跌或者暴跌，庄家就会在这时将自己的筹码全部往外抛出，逼迫该股步步下跌，甚至如同掉进万丈深渊。

这时广大投资者出现恐慌和绝望的情绪，将本来看好的股票在低位含泪抛弃，使庄家在步步打压之中获得大量的廉价股票。

2. 利用大盘调整之际，趁机不断打低股价

庄家对在跌潮中苦苦挣扎的股票不是伸出援手，而是落井下石，让股价跌得找不到底。此时投资者无不愁眉苦脸，看到日日往下掉的股价心慌意乱。此时庄家适时出现，顺利收集到廉价筹码。

3. 设法打穿重要的技术支撑位，引发技术派的止损盘，趁机吸纳

在股价盘整或下跌时，某个重要的技术支撑位被跌破，往往会引发股民的恐慌性抛售。加上此时庄家制造的利空消息陷阱，可以大大动摇投资者的持股信心，庄家趁机吸到大量廉价筹码。

4. 个股业绩有逊预期，成为打低股价的大棒

每年公布年报、中报期间，都有部分个股业绩令人难以满意，或业绩同比大幅下降，或盈利由正数变为负数。此时庄家顺势作出打压，形成一个该股确实“一文不值”的假象。散户看到自己精心挑选的金凤凰变成了秃头鸡，只得忍痛把金砖以破铜烂铁的价格大甩卖，这时候正中庄家的诡计。

打压式吸筹在时间上一般不适用于大盘见底之时和上升初期，因为大盘见底之日成交量较小，市场筹码较难收集。大盘上升初期，由于市道已经转强，投资者不愿盲目割肉，此时庄家打出的筹码往往被市场承接。

从以上分析来看，采用这种吸筹方式，庄家一般利用个股的利空消息和投资者急于出货的心理收集低位筹码。

打压吸货在日K线图上往往和出货行为很难区别，都是有一定成交量并伴随股价下跌。但是前者在当日分时图上可以明显看出股价在开市和收市时被人为打压，全日大多数时间内却有吃货迹象，而出货则呈当日单边下跌态势。

二、单边上涨的建仓方式

单边上涨的建仓过程，同时也是股价不断上涨的过程。运用这种建仓方式，一般是在大势逐渐转好，或者是庄家预感到大势即将转好之时。有时候上市公司隐藏着重大利好，或者个股在某种突发性利好消息的影响下，具备大幅炒作的机会，庄家没有时间在低位建仓，便采取这种快速的拉高建仓方式。

单边上涨的建仓方式，庄家会不断地让市场跟风者赚点小钱，同时又引诱市场投资者不断地跟进。通过这种手法不断收集筹码的同时，又不断地降低持仓成本。

拉高建仓方式大多出现在冷门股或长期下跌的股票。庄家介入个股之后，对股价进行迅速拉高，有些庄家甚至不惜以涨停的方式进行逼空建仓。运用这种手法建仓的庄家，一般实力都比较雄厚，操作手法非常凶悍。

拉高建仓有两种情形，一是短线游庄的恶炒，二是某些低位不能充分吸筹的庄家行为。所谓短线游庄的恶炒，指的是某只股票本来处于相对平静的走势中，短线游资利用很短的时间完成建仓和派发的全过程。因为庄家介入的程度不深，形成的行情也十分短暂，一般也就十来天甚至更短，所以不作详细介绍。

散户要注意的是，如果原来一只股票并无明显的庄家低位建仓行为，而突然在两三天温和放量之后急拉，则应及时获利了结。尤其是在拉高之后又出一个无关紧要的利好消息，则更是如此。

单边上涨建仓的第二种情况，就是在低位吸筹不充分而采取拉高建仓。这种情况不太多见。由于拉高建仓行为较为明显，很容易导致跟风盘，这将影响到将来的炒作，因而其洗盘往往十分犀利。正因为如此，拉高建仓股票给我们提供了良好的短中线炒作机会。

拉高建仓行为的特征如下。

拉高建仓行为初期表现类似于低位横盘，只是成交极度萎缩，没有不规则周期放量的过程。而且横盘维持的时间比较短，一般也就 3 个月左右。成交大幅萎缩的原因，主要是价位太低，愿意割肉的人不多，因为该股质地尚可，妨碍了散户割肉的积极性。大家都怀着好股不怕捂、死活忍着的心态，在这种情况下，庄家要想吸到充足的筹码相当困难。考虑到庄家本身资金周转的要求，或为了炒作与大势同步，只好采取拉高建仓的办法。

上面是拉高建仓的前期特征，就是时间不太长，成交极度萎缩，股价波动幅度很小，一般不超过 15%。

第二步就是拉高建仓的过程，此时股价会出现两种情况，一是呈现连续的小幅上扬，几乎天天收阳线，但回头一看，十几根阳线下来，涨幅也不过百分之十几，而且每根阳线都带有上下影线。庄家的用意就是盘中洗盘。如此一来，股价逐步上扬，庄家就会向上“要到”一些套牢盘，同时也给少数在低位平台买入的人获利的机会，乘机再把低位介入的散户筹码吃掉。

随着股价上升了一段时间，快接近前期成交密集区的时候，股价开始掉头向下，使拉升过程中追入的短线客斩仓出局。这次洗盘幅度通常比较深，有时会回到前期无量平台，从形态上看很像弱庄行情，突破失败之后打回原形。但我们应当明白，庄家绝不会善罢甘休，自己拿了筹码之后把自己套住，这不符合逻辑。庄家的目标是盈利，所以后面肯定还有较大的行情。

第二种情况是通过几天急速放量上扬来吸筹。这时候很多盼望已久的人终于解套了，所以赶紧走人，庄家则照单全收。然后在次低位做窄幅平台整理，让短线跟进者没有获利机会，最后忍痛割爱。

这种情况初期盘中震荡较大，短线较难把握。后续的洗盘也可能周期较长，看上去很像"牛短熊长"的出货行情。但我们细加思考就会发现，谁会在次低位来出货呢？除非该股基本面有重大恶化，否则不符合常理。

我们来看图 7-5，金证股份（600446）的走势图。

图 7-5 是金证股份（600446）2015 年 1 月前后的走势图。该股庄家大举

图 7–5

建仓的时间发生在2005年1月之后，1月之前出现了较长时间的震荡走势，但成交量一路持续萎缩。这种量能状态说明，庄家或者没有开始建仓，或者资金的建仓力度非常弱。但1月前后，该股成交量持续放大。

随着股价的上涨，成交量明显放大，表明庄家已经开始进行大规模的建仓。庄家急于在这个时候大量吞吃筹码，是因为大盘上涨行情在同期已经展开，庄家已经来不及再打压建仓。如果这个时候股价往下走，已经没有筹码可以流出了。

该股庄家采用了拉高建仓的操作，随着成交量密集放大之后，股价随之展开了一轮大力度的上涨。

三、横盘震荡建仓方式

当股价从高位一直下行至相对低位的时候，股价具有一定的投资价值，这时庄家会进场建仓。由于庄家建仓是有目的、有计划的行为，介入之后，在某一高点挂上大量卖单，给股价带来很大压力。同时也在某一低点挂上大量买单，使股价走势保持在一个箱体内做小幅度的震荡整理，股价走势几乎呈一条横线运行。

对于市场的散户来说，由于股价长时间在一个平台上整理，没有一点上涨的迹象，一块鸡肉拿在手中，时间长了也会产生厌倦的感觉。经不住长时间的考验，散户不得不抛出手中的筹码，庄家趁机完成建仓工作。

这种建仓方式横盘的时间越长，则后期上涨的空间也越大。

如图7-6，洪城水业（600461）走势图。

该股2014年2月至7月出现一段较长时间的震荡期。图中很明显地可以看出，股价绝对低位和相对高位形成了多次箱体震荡的走势，这是庄家为了降低持仓成本，精心谋划的结果。

降低持仓成本最好的方法，就是让股价在一个比较小的范围内上下波动。

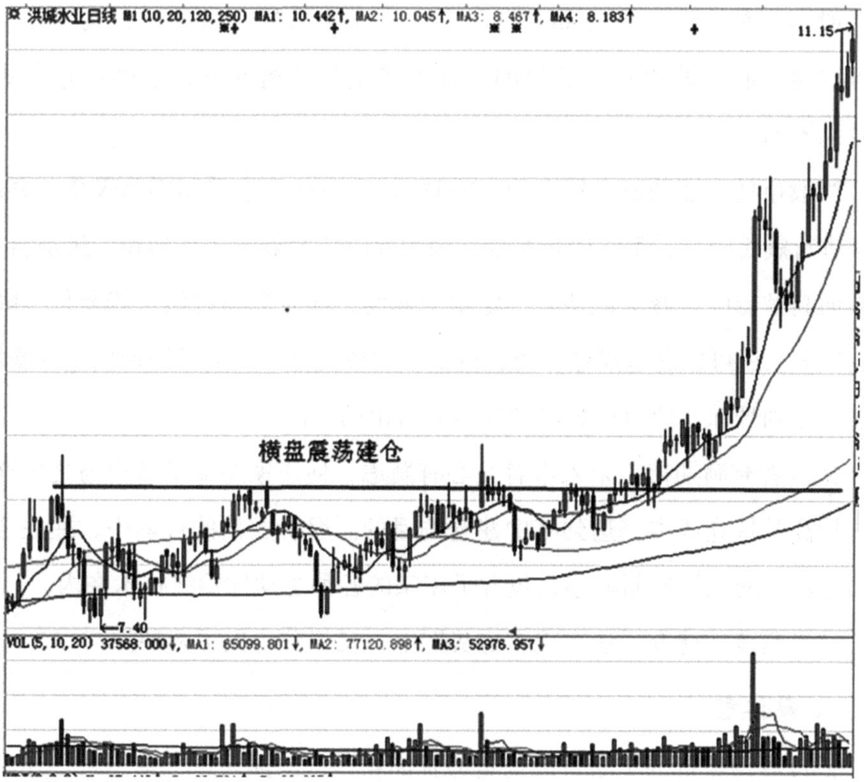

图 7–6

通过短线不断震荡，将投资者的持股信心磨没，把手中的筹码交出。

图中也可以看出，在股价上下波动的时候，成交量总是伴随着股价短线的上涨出现放大的现象，随着股价的回落出现萎缩。量能的变化向投资者说明有资金大规模介入。庄家长时间在低位建仓，该股股价从 8 月开始出现了长时间的上涨，后期股价更是翻番。

股价横盘的方式有高、中、低三种基本形式，横盘建仓一般是价位偏低的状态，特别以低位横盘建仓多见。庄家利用资金和筹码的优势，很长一段时期内把股价压在低位不涨。如果碰到大势很好，股价不断上扬，盘中多数股票都是连涨，绝大部分持股者便会无法忍受，以致斩仓换股，庄家就可以达到收集筹码建仓的目的。在大势走牛的情况下，这种建仓方式往往效果不错。

当股市处于涨跌波动较大的走势时，庄家也往往会采用震荡吸货的办法。庄家进行震荡吸货，手法较难辨别，因为此时庄家处于主动地位，进退自如。一方面高抛低吸，既保证持有一定量的筹码，同时又通过做短线差价，降低持仓成本。还可以通过操作，使股价上下大幅震荡，成交量短期内呈现膨胀、萎缩，差别悬殊，使市场难以判断该股后市的走向。

持有者充满期待，未入市者又心有疑虑，使庄家避免了散户与之争夺筹码，抬高其持仓成本，达到暗中建仓的目的。股价震荡的过程中，往往会透露出比较大的人为控制痕迹，包含了庄家的各种主动性骗线技术在内。

这种震荡式建仓手法表现在走势图上，又可分为以下两种。

1. 箱体型

低位震荡吸货的个股，股价走势犹如箱体内的乒乓球上蹿下跳。庄家此时左右开弓，既当买家又当卖家，价格跌下来则吸，价格涨上去则用大单打下来。分时图上多为急跌后缓慢爬升，升时量能逐渐放大。

庄家用“大棒加胡萝卜”的两手政策，时而对有货者用小阳线之类的小恩小惠诱使其抛出，时而用高开低走阴线之类的大棒逼使其吐出筹码。

当然，对长期低位震荡的个股有无庄家伏兵，也要结合基本面来分析。只有庄家充分控盘的个股，股价才可由庄家自由发挥，做到多高也没有人敢（或无权）投反对票。

2. 低位加码型

庄家把价位推高一个台阶后，若大盘走弱，庄家无法抵挡蜂拥的抛盘，只好且战且退。待空方力量消化殆尽时，庄家再调集重兵，做好打歼灭战的准备。此类个股往往具有未来大黑马的潜质。从外表看，此股风平浪静，市场哪知里边已埋伏有庄家的百万雄兵。

低位横盘是较为常见的庄家吸筹行为之一，但由于其周期较长，又没有明显的放量行为，所以不太受到投资者的重视。其实这种低位长期横盘的股票一旦启动，其涨幅往往十分惊人，对于中长期投资者而言是一种很好的选择。

下面谈谈这种形态的主要特征。

首先，股价必须处于低位。所谓低位，就是说这只股票已经经过了长期下跌，跌到了前期高点的 50% 以下，有时候甚至下跌 80% 左右。在下跌的初期曾经放量，但达到低位开始横盘之后，成交比较清淡，一副没人管的样子。

其次，横盘的时间要足够长。一般来说，横盘时间要在 3 个月以上，有的股票则长达一年。横盘时间越长，割肉盘就越多。散户中很少有人看到手上持有的股票连续几个月纹丝不动而无动于衷的，尤其是在大盘走势比较好的时候，一般人都会割肉去追强势股，以期获取短线利润。庄家则恰恰希望出现这种情况，悄悄地买入廉价筹码。

第三，横盘期间没有明显的放量行为。如果在某一段时间庄家吸筹过快，很容易导致股价上升较快，而且由于伴随着成交量的放大，容易引起大家的关注。庄家在完成吸筹任务之前，并不希望大家看好这只股票，所以总是少量地一点一点地吃进，尽量不引起市场的关注。当然偶尔会出现那种脉冲放量的情况，也就是隔一段时间，会出现一两根小幅放量的中阳线，但事后股价不涨反跌，大大出乎人们的意料，过两天大家自然又将它忘记了。

第四，横盘也有多种形式，并非真的“纹丝不动”。通常来讲，横盘总是发生在一个箱体中，只是这个箱体上下幅度不大，一般在 25% 以内。这种上下的差价总是很长时间才能见到，短期内根本无利可图，不会吸引短线跟风盘。大部分时间里，上下波动不超过 10%，谁也没兴趣去参与。

这种箱体中的震荡可能会是较为规则的正弦波，但大多数情况会表现为一种慢升急跌的形态。这种所谓“牛长熊短”的形态，判断起来可靠性更高，因为庄家连续吸筹一段时间后，股价上升了一点，为了降低成本，庄家一般会在三五天较短的时间内把股价打回原处，然后重新来。不过有的庄家很狡猾，他做出的箱体十分不规则，震荡的周期来回变，振幅也不固定，有的时候股价根本触不到箱体的上下沿。这时候我们只要把握住一点，总的箱体未被破坏就可。

最后谈谈散户的对策。

对于中长线投资者而言，在股价低位横盘 3 个月之后，可以分批建仓，在该股开始拉升时加仓。对于短线投资者而言，应该在两种情况下介入，一是在箱顶位置突然放量突破，此时一般短期、中期、长期均线都比较靠近，只须涨一两天就可以做出漂亮的多头排列。二是股价突然无量跌穿箱底，并连续阴跌不止。此时往往会形成箱体下方的又一个底部形态，这个时候介入则盈利会更多。这两种情况事先是无法预测的，只能在实际操作中根据情况作出判断。

不过总的说来，在箱体的底边与中轴之间介入的投资者，完全可以安心持股。这种形态的股票一旦启动，至少会有 50% 以上的涨幅，因此只要没有在最后一跌中（跌破箱底时）被洗出局，应当获利颇丰。

除了以上三种建仓方式，还有许多建仓形式，如二重底、三重底、圆弧底、V 型底建仓方式，还有隐蔽建仓方式，这主要是指庄家很大比例的筹码不是从二级市场获得，而是从一级市场收集到的，这样投资者就根本无法从股价的走势形态上看出任何迹象。

另外一种常见的建仓方式是新股建仓，它的特点是建仓时间短，收集筹码速度快，也比较容易达到控盘所需要的筹码数量目标。

第三节 庄家建仓时的盘面特征

庄家的操作并非神秘莫测，只要我们细心观察和总结，从K线图和成交量上一定能找出蛛丝马迹。尽管庄家竭力隐藏其吸货行为，但是庄家调动巨额资金坐庄一只个股，不可避免地会对这只个股的走势产生影响。

庄家建仓吸筹必须实实在在地吃进筹码，庄家派货套现必须实实在在地打出卖单，抛出筹码。庄家巨额资金进出一只个股，要想不在盘面留下痕迹是十分困难的。对于敏锐的散户，尤其是看盘高手来讲，庄家介入是无法瞒过他们的。散户虽然不可能都是看盘高手，但起码可以利用总结出来的庄家吸筹时的盘面特征，判断是否有庄家潜藏在某只股票中。

一、庄家建仓时的日K线特征

从日K线图看，当股价在低位震荡时，经常会出现一些特殊图形，出现的频率超出随机概率。

典型的K线形态包括带长上下影线的小阳线、小阴线，并且当日成交量主要集中在上影线区域，而下影线中存在较大的无量空体，许多上影线来自临收盘时的大幅无量打压。

跳空高开后顺势下杀，收出一根实体较大的阴线，同时成交量明显放大。但随后并未出现继续放量，反而迅速萎缩，股价重新陷入表面上无序的运动状态。

小幅跳空低开后借势上推，尾盘以光头阳线报收，甚至出现较大涨幅，成交量明显放大，但第二天又被很小的成交量打下来。

如果这些形态频繁出现，很可能是庄家压低吸筹留下的痕迹。

这些小阳小阴线在日K线上更多的时候会以小十字星、小阴小阳实体方块方式出现。这些图形反复出现在低价区的股价日线图上，并伴随着温和的成交量、低迷的市场气氛、隐约的利空传闻和散户们失望的心态，就是庄家吸货留下的痕迹。

其原因有两个方面。一方面，庄家压低后慢慢吸纳，又不想收高，不然造成今后吸货成本提高，故收盘时打压到与开盘相同或相近的价位，就形成十字星K线。另一方面，庄家想做得隐蔽些，在这种盘局中悄悄吸纳便宜货，因而也不敢太放肆打压。收集不敢太疯狂，所以振幅较小，形成十字星K线。到收集后期，出现实体较长的阳线或上影线较长的K线，同时伴随较大的成交量，代表这一阶段收集顶峰。

这些小十字星夹杂着小阴小阳不断出现，逐渐连成一个窄窄的横盘区域。盘整延续的时间达几个星期或更长，这是十分明确的主力吸货痕迹。如果看到这样的K线形态时，我们心里还犹豫不敢进货，那就更证明这正是庄家吸货的区域。中长线投资者应该在这一区域下方勇敢吸纳，不要被市场的悲观气氛吓倒。

在吸货区末段，由于浮动筹码已非常稀少，庄家便不得不将股价悄悄推高，以便吸到更多的货，这时的K线形态表现为逐步向上的小阳线。但这些阳线还没有达到足以引起人们注意的程度，成交量温和放大，股价悄悄上升，似乎一切还是那么平静。但敏锐的投资者知道，大幅上涨就在眼前了。吸货区末段的K线形态如图7-7所示。

寻找吸货K线形态的人必须牢记一点，那就是这种形态必须发生在股价长期下跌之后的低价区，发生在被人忽视的角落。如果出现在众目睽睽之下

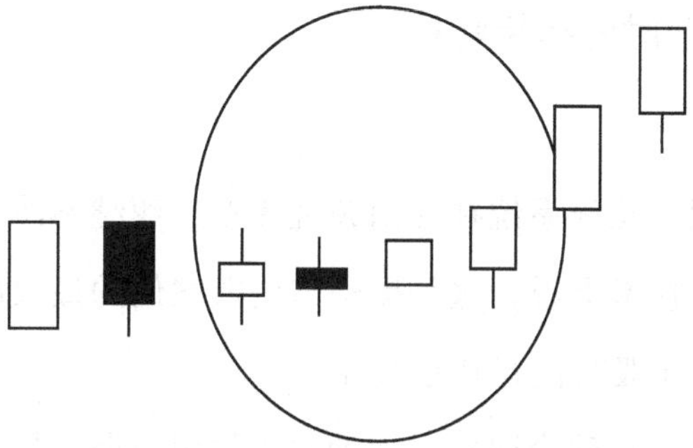

图 7–7

的高价区，或是在热门股走势图中，恐怕是骗人的把戏。原因很简单，庄家只会在低价区进庄，不会去接被人炒热的火棒。

股价暴跌后，庄家在底部吸货的 K 线表现，与底部长期盘整中吸货的 K 线表现是不同的。在暴跌后的底部，可能出现这类吸货 K 线组合，一前一后紧跟的倒 T 字线和光头阳线组合，一个倒 T 字线紧跟着一个正 T 字线组合，一个倒锤子线紧跟着一个正锤子线等。

这些 K 线组合中，较长的上影线表示买方吸货，开始反攻。仍以较低的开盘价或相近价报收，一方面可能表示卖方还有力量。如果在盘中是以缓跌报收的话，若是杀尾盘，则多半是买方准备明天再吸货，先行人为打压。次日若是低开高收，一方面是买方吸货，另一方面表示多空力量对比已经发生有利于多头的变化。

次日若是高开，长的下影线一方面可能代表卖方抵抗，另一方面也可能表示庄家打压备货。如是后者，则跌时应急跌，上升时则应缓慢爬升，但最终高收。这种走势表明多空双方力量对比发生明显改变，多方获胜，后期走强已是暴露无遗。由于股价刚跌到底部，股民不知底在哪里，因而心态不稳，这给庄家利用较大振幅吸筹创造了条件。

二、庄家建仓时的指标特征

1. 均线

庄家建仓阶段，均线系统往往由杂乱无章，纠缠不清，逐渐转向脉络清晰，起伏有致。从技术上说，这是黑马与失败案例的最大区别所在，具有合理的内涵，而且在庄股时代有其必然性。

其内在机理是：在建仓阶段，前期由于筹码分散，持仓成本分布较宽，加上庄家刻意打压的结果，股价波动的规律性较差。反映到均线系统上，就是短期、中期、长期均线不断交叉起伏。随着庄家手中持筹的沉淀，市场上的浮筹随之减少。当庄家持筹达到一定程度时，往往会把股价的波动幅度降下来，以拉平市场平均成本，减少其他投资者做短差的机会。此时，短期均线系统的无序振动幅度会相应减少，过陡的斜率逐渐降下来，均线之间的距离逐渐缩小甚至完全贴紧。

当开始试盘和拉升时，由于庄家对股价走势拥有较大的发言权，尽管每日盘中震荡不断，但趋势已成，反映趋势的均线系统自然也就会错落有致了。均线的起伏，其实反映了庄家真实思想的阶段性。如果庄家控盘不充分，或只是想短期炒作，必然不会谋求对盘面的绝对控制，大量浮筹追涨杀跌的结果，会造成股价波动中的无序性，从而使均线系统继续纠缠不清。这种形态的拉升，是难以孕育出“黑马”的，投资者中线介入的风险也很大。正因为如此，股市上才有“牛股的均线系统必然优美”的说法。

一般情况下，缓跌式、打压式、利空式、陷阱式等建仓手法，多数均线系统呈明显的空头排列；横盘式、起落式、压顶式、保底式等建仓手法，多数均线系统呈水平或粘合状态；缓升式、拉升式、逆势式等建仓手法，多数均线呈多头排列。对这个阶段均线系统的认真分析，有助于投资者进一步了解庄家的坐庄手法。

2. 指标

指标买卖信号频繁出现，操作难度较大。DMI、MACD 等趋势型指标方向不明朗，几乎失效。MA、EXPMA、BBI 等均线型指标多空转换频繁，操作难度较大。BRAR、RSY 等人气指标极度疲软，交投清淡。RSI 强弱指标走势较强。KDJ、W%R 等超买超卖型指标，经常出现“背离”现象。BOLL、MIK 等压力支撑型指标，在常态中运行。

（1）通过盘口信息判断。

①盘口信息也是研判庄家控盘程度的重要渠道。庄家建仓完成与否，有时甚至仅通过盘口信息即可判断。

拉升时挂大卖盘。一只股票不涨不跌时，挂出的卖盘比较正常。一旦拉升时，立即出现较大的卖盘，有时甚至是先挂出卖盘，而后才出现上涨。出现这种信息，如果卖盘不能被吃掉，一般说明庄家吸筹不足，或者不想发动行情；如果卖盘被逐渐吃掉，且上攻的速度不是很快，多半说明庄家已经相对控盘，既想上攻，又不想再吃进更多的筹码，所以拉升的速度慢些，希望散户帮助吃掉一些筹码。

②下跌时没有大承接盘。如果庄家建仓不足，那么在洗盘时，就不希望损失太多的筹码，因而下跌时低位会有一定的承接盘，自己卖给自己。有时甚至是先挂出接盘，再出现下跌动作。

在庄家已经控制较多筹码的股票中，下跌时卖盘是真实的，低位不会主动挂出大的承接盘。庄家的目的是减仓，以便为下一波拉升作准备。

③即时走势的自然流畅程度。庄家机构介入程度不高的股票，上涨时会显得十分滞重，市场抛压较大。庄家相对控盘的股票，其走势是比较流畅自然的，成交也较活跃，盘口信息显示多方起着主导作用。

在完全控盘的股票中，股价涨跌则不自然，平时买卖盘较小，成交稀疏。

上涨或下跌时才有意挂出单子，明显给人盘面被控制的感觉。

④大阳线次日的股价表现。这个盘口信息在研判中的作用不可小视。一只没有控盘的股票，大阳线过后，第二天一般都会成交踊跃。股价上窜下跳，说明多空分歧较大，买卖真实自然，庄家会借机吸筹或派发。大阳线过后，如果次日成交清淡，波澜不惊，多半说明庄家已被控盘，庄家既无意派发，也无意吸筹。

（2）其他盘面特征。

为了更加准确地掌握庄家吸筹时的盘面特点，还应了解一些吸货时的其他技术特点。这些特点有以下几种。

①经常有大笔卖单挂出，但随即会迅速撤掉，或者所挂的卖单手数越来越少。

②往往先跌破某一技术支撑位（如某条短期均线），但股价却未下跌多少。分时成交常出现无量空跌的现象。

③技术指标经常出现“底背离”，或处于超卖状态。

第四节　庄家建仓时的成交量特征

尽管庄家技术手段比较高明，可以虚构价位，可以利用对倒盘制造假成交量，但其无法彻底改变吸筹时成交量表现出来的特点。庄家吸进筹码，意味着某个价位上有成交，成交多少，必然会在成交量这一指标上反映出来。

庄家介入某只股票，必然造成该股成交量放大。在吸货阶段，这种放大是温和的，不引人注目的。大多数投资者在这一阶段都不会注意到这种变化，甚至根本不关心这只股票。

庄家吸货造成成交量变化一般有三种情况。

（1）在原本成交极度萎缩的情况下，从某一天起，成交突然放大到某个温和但不引人注目的程度。之后连续很多天，一直维持在这个水平，每天成交极为接近，而不是像原先那样时大时小。

这种变化不是偶然的，而是庄家有计划地吸货造成的。此时，若日 K 线组合出现连拉小阳的形态，可靠性更强。把这些成交量累加起来，便能大概估计出庄家吸货多少，是否吸够了。一般这样的进货过程要持续两个星期以上，否则无法吸够低价筹码。这一批筹码往往是主力最宝贵的仓底货，不会轻易抛出。

（2）成交量极度萎缩后间歇性突然放大，日 K 线图上伴随着间断出现的大阳线。这是庄家为了避免散户的注意，故意拔高，打压后再拔高，在底部反复消磨散户的信心，迫使其把筹码乖乖地交给自己。经过一段时间后，成交量才明显地稳步放大。

（3）成交量长期萎缩后突然温和而有规律地递增，日 K 线图上伴随着股价的小幅上升。这也是庄家吸货时造成的成交量微妙变化。这表明在吸货后期浮筹减少，庄家不得不加价才能拿到筹码的事实。此时若出现底部盘升通道或圆底、潜伏底、W 底等形态，较为可信。这种情况反映出庄家急于进货的心情。散户发现后不要轻易放掉，因为这时离股价大幅攀升的日子已经很近了。

对筹码控制的程度往往决定了庄家的成败，只有充分控制筹码，才能随心所欲地操纵价格。庄家们深深明白这个道理，因此只要资金实力允许，他们总会设法多吸纳一些低价筹码。普通投资者则应从主力吸货阶段的长短、成交量的大小和市场浮码的多少来估计庄家控筹程度，进而判断庄家的实力和野心。只有那些筹码锁定程度很高的股票，才能成为令你大赚特赚的黑马。

必须指出的是，上述三种由主力介入而造成的成交量变化，都必须是在股价大幅下跌、成交量先极度萎缩之后出现的现象，这样才能肯定是庄家吸货的痕迹。否则的话，可能只是一种盘整而已。

在成交量上要把握以下几种量价关系。

价涨量增。股价上升而成交量比平时增加，为买盘积极的表现。一般来讲，股价在底部出现价涨量增，反映在低位已有庄家积极吸纳，后市有望止跌回升。

价跌量增。股价下跌而成交量增大，价量出现背离。股价累计已有一定的跌幅（30%或 50%），且跌幅已经逐渐收窄，此时如果成交量突然大增，可视为有庄家趁低分批买货的举动，后市可望止跌回稳。在股价底部，价格突然急挫且成交量显著大增，视为最后解脱现象，沽盘全数涌出后，看好的一批买盘接货，从而令后市出现无阻力的反弹上升。

价跌量缩。股价下跌而成交量减少，是势道趋弱、买盘欠积极的表现，此时观望为宜。若股价已有一定的跌幅，跌幅减少且成交量萎缩至地量，甚至没有成交，反映沽压已经减少，只要有买盘出现，股价可望见底回升。

价平量增。股价持平，涨跌幅很小，但成交量却突然增加。若股价接近跌势末期时，出现价平量增，反映低位出现承接盘，庄家可能正在低位收集货源，后市有机会反弹回升。

价平量缩。股价升跌幅微小，且成交量减少。若股价处于明显跌势，累计跌幅很多，突然出现价平量缩，反映期间有可能暂时止跌筑底，宜密切留意。若股价下跌已多，止跌回升初期出现价平量缩，反映市场买盘仍在犹豫，未敢大量买入，期间涨势仍不明确。

第五节　庄家建仓时的形态特征

在建仓阶段，经常出现的形态有圆形底、潜伏底、岛形底、阶梯底、V形底、扇形底、盘形底、W形底、头肩底、长方形、横向形等，均为明显的底部形态。可以将其划分为三大类：单谷底、双谷底和三谷底（多谷底）。

一、单谷底

单谷底包括圆形底、潜伏底、岛形底、阶梯底、V形底等。

1. 圆形底

圆形底又称圆弧底，因其形状类似碗碟，故又称为“碗形底”或“碟形底”。股价从高档滑落一大段之后，持股者已熬过难关，眼看价钱甚低，大都舍不得认赔求售。持币者缺乏信心，期盼出现更低的价格。由于买卖双方都不积极，所以跌势逐渐趋缓，呈现小阴小阳，多空拉锯，微幅震荡的走势。

双方僵持一阵子之后，持股者发现最坏的情况似乎已经过去，信心增强不少，更加不愿卖出；持币者眼看低档无多，若不赶快出手，也许会被迫追高。于是多空形势发生变化，出现了微幅盘升的走势，在底部形成圆形底。

圆形底形态，股价从下降或到上升的变化过程极为平缓。圆形底形成的时间一般较长，形态上也比较好辨认。一般来说，完整的圆形底（包括价和量）比较少，一旦出现该形态，通常是市场的底部。

标准的圆形底，成交量通常与股价圆形走势吻合，也呈相应的盆状形态。

初跌时，恐慌、成交量大。随着抛压减轻，形态上圆底右边成交量也随价格微升而放大。突破圆底时，成交量应持续放大。

2．潜伏底

潜伏底与圆形底相似，股价经过长期的下跌，已跌无可跌，投资者暂时找不到买卖的理由。多空双方达成平衡，致使股价在一个极其狭窄的区间波动，成交量也萎缩至极点，在K线图上表现为小阴小阳交错的水平状。

最后，在利好消息的刺激和庄家的推动下，股价向上突破，成交量也随之放大，上升行情迅速展开。

当发现股价明显摆脱僵局时，不妨陪庄家走一程，一般会有不俗的收获。

潜伏底形态的特征及操作策略如下。

（1）形成潜伏底时，股价经反复下跌后，在低位一个狭窄的区域内震荡，每日的波幅极小（一般在5%以下），成交量也极为稀疏，每日成交可能只有几千手，甚至几百手。

（2）潜伏底多在一些名不见经传的低价股或冷门股中出现。主要是因为公司前景一般，或盈利欠惊喜，但又无坏消息冲击，令持股者找不到急于沽售的借口，持币者又没有买入的冲动，以至于人们渐渐将它淡忘。庄家在低位只做有耐性的筹码收集工作，等候机会拉升。

（3）潜伏底形成时间一般较长，至少需要一个月以上。事实上，长达半年至一年的潜伏底也不少见。在股价窄幅震荡时，如果成交量仍然低迷，不要过早介入。只有当成交量激增，股价上扬，摆脱底部时，方可吸纳。通常底部形成的时间越长，货源收集越多，未来上升阻力越小，升幅越大，至少量度升幅可测。

（4）在构筑潜伏底时，股价一般呈横向运行，成交量也保持稳定和稀疏状态。当股价波幅突然扩大并向上突破时，成交量需配合大增（最好能持续三日以上），这样方可视为有效突破信号，值得跟进买入。此外，股价在突破后的上升趋势中，成交量最好也维持在高水平。

（5）原先确认的潜伏底，在突破后又跌回平台区域甚至跌破前期的低价，有可能仅是下跌途中的整理，而非潜伏底，应止损出局。

3. 岛形底

岛形底又称双跳空。岛形底代表的是股价在向下跳空之后，股价在缺口下方盘整数日后，又再度向上跳空。从图形上看，缺口之下的价格图就像一个孤岛，所以又称为“岛形反转”。

4. 阶梯底

上升阶梯底是指价位横移一段时间，再急升，再横移一段时间，再急升，从而形成一个与阶梯相似的图形。上升阶梯底属于庄家有步骤地收集筹码，台阶级数因庄家不同而不同。

阶梯底形态的特征及操作策略如下。

（1）阶梯底形态表明庄家正在悄悄收集筹码，在横移阶段一路压价来进货。这种进货不可能一直不被人发觉。当有人察觉到庄家在收集时，也随之加入买家行列，于是庄家让股价呈直线式上升，以提高跟风者的买入成本。

（2）当价格急速上升之后，暂时消化一段时间，庄家一路接下获利回吐盘，价位不回落，出现横移走势。

（3）横移一段时间后，仍未吸够筹码，加上又有外部资金加入，使价位再次以直线式上升一级。如此反复，出现多个台阶。

总之，上升阶梯形是庄家系统收集，一步步吸纳，下跌阶梯形是庄家有秩序派发，一段段派发。在下跌横移一段时间后，卖盘始终庞大，使价格直线下滑，庄家又托住价格来沽售。如此反复，直至筹码沽清。显然，对于上升阶梯形，散户一经发现，不妨把握时机，早日跟进。相反，对于下跌阶梯形，还是早日脱身为妙。

5.V 形底

V形底，也称单尖底。在股价下跌过程中，出现重大利空或庄家刻意打压，使持股者信心尽失，疯狂抛售。股价也改变了原先的盘跌方式，出现连续跳空重挫。由于市场充满悲观气氛，接盘乏力，所以在急跌的过程中成交量都不大。当股价快速下跌到某一个价位时，几乎在毫无先兆的情况下，突然出现强劲买盘，在极大成交量的推升之下，价格向上快速翻扬。很快又回到崩跌前的价位，甚至超越过去。

V 形底的特征及操作策略如下。

（1）V 形底的安全系数远比不上 W 形底、头肩底。有时短期看起来像 V 形底，不久又回落，再一次测试底部，形态便转成 W 形底或头肩底了。

（2）V 形底大多出现在跌势末期，有时出现在涨势途中或者中段。整理原因是重大利空或庄家刻意打压所为。

（3）V 形底走势十分彪悍，上升的角度与下跌时一样陡峭，很快便涨回到起跌区，而且继续向上推升。但一般突破颈线之后，就会变成震荡趋紧的方式，因此不必过分追高，只要把握拉回时逢低买进的时机即可。V 形底的量度升幅为底部至颈线的等倍距离。

（4）V 形底去得快，来得急，经常让人措手不及。重点看成交量。敢于冒险的人，在盘中看到一路无量重挫的股票突然出现异常放大时，可以少量介入抢短线。比较保守安全的做法，就是当股价突破颈线位，再回抽测试颈线时是一个不错的买点。

（5）如果庄家套牢，刻意营造出 V 形底，通常会采用速战速决的策略。极力拉抬的目的只是求解套脱身，所以在高档一定会放出手中的大量筹码，上冲下洗，进行出货。届时，将对逢高追进的投资者造成更大的伤害，不可不谨慎。

二、双谷底

双谷底又可以分为W底、单肩底等。

1.W底

W底也称双脚底。股价结束一波多头行情后，反转下跌到了低点。在低档有人认为已具有投资价值，出手大量买进，股价因而获得支撑，止跌翻扬。股价向上反弹，距离低点出现了一段价差。这时低档买进者有些抱着短线心理，急待获利了结。原先套牢不卖者，此时也有部分人改变心意，少输为赢的想法油然而生。在这两种卖压打击之下，股价又被压了下去。

当股价回到前次低点附近，不但原先出手承接的人继续加码，还有更多的人也产生兴趣而加入买进行列，造成第二次涨升，并且价格超越前次反弹高点，展开另一波多头攻势。

标准的W底，两底应在同一水平上，但在股市形态分析中只讲形似而非相同。所以不论是右底比左底低还是右底比左底高，只要大致构成“W”形态，就可以称为W底。

W底的特征及操作策略如下。

（1）一般而言，W底两个低点形成的时间至少间隔一个月以上，半年、一年以上的也不少见。时间间隔短的形态可靠度低。W底的第二个低点在高于(或低于)第一个高点3%以内均认为正常。股价突破颈线后会有短暂回抽，在颈线附近受支撑会转向继续上升。

（2）W底有三次买入时机。一是在股价加速下跌时抢反弹；二是当股价反弹后下跌至前次低点附近时，即二次探底不破可分批建仓；三是放量突破颈线位或突破颈线位后明显缩量回抽成功时，是最佳加仓和买入时机。

（3）成交量在判断W底中具有重要作用，一是第二个底的成交量应比第一个底缩小，这表明下跌动力减弱，无法跌穿前一低点；二是突破后有时出现回抽，成交量也应较突破时的量能显著萎缩；三是第二个低点一般较第一个低点高些，少数情况也会稍稍跌破第一个低点，但很快又上升至第一个低点之上，仍视为W底。

（4）原先认为W底也有演化成下降三角形或下跌过程中箱形整理或者假突破的可能。其后再创新低，继续下跌，因此应有止损的准备。

（5）量度升幅：W底的最低点到颈线位的垂直距离，为突破后的最少量度升幅。

2. 单肩底

单肩底是头肩底的变异形态，它只有一个右肩或左肩，故得其名。该形态在我国内地股市中出现较为频繁，也易于辨认。

实盘中，经常出现无右肩或无左肩的单肩底。这是因为底部低点出现时间较短，庄家筹码并未完全吸够，继续打压吸筹。同时还有部分投资者看淡后市，认为股价仅是反弹，之后还会下跌，因此卖出股票。这就使多空双方力量达到暂时平衡，在股价图上构成一个平整的右肩或左肩，有时又把它称为建仓平台。

操作策略：短线投资者以右肩形成时进货为佳，底部进货当然最佳，但有可能在不是头肩底形态时遭套牢。中长线投资者以有效突破颈线时为加仓买进时机。

三、三谷底（多谷底）

三谷底又可分为头肩底、三重底、扇形底、盘形底、长方形、横向形等。

1. 头肩底

头肩底开始时很像W底，从第一个低点向上反弹之后，再度回抽测试支撑。当触及前期低点附近时，多头稍作抵抗，股价便应声跌破，再创新低点。不过，在这个最悲观的时刻，却出现了一股更强大的买盘力量，在股价形成另一个低点后，再度往上拉升，突破了前一次的点位，甚至上涨到上波反弹的高点附近。

这时持股者的心理开始出现分歧。经过剧烈震荡之后，股价还是宣告向下。一般散户历经数度惊魂，信心已经丧失殆尽，纷纷杀出。不料低档却冒出巨大的买盘，将筹码一一吃进。随后股价出现第三度强有力的挺升，并且顺利超越了前两次反弹的高点，从此股价告别底部，展开多头走势。

头肩底的理想形态：左肩与右肩高度相等，两个反弹高点也是一样。有时也有其他的变体，如左肩高（低）于右肩，第二个反弹高点高（低）于第一个反弹高点，只要其幅度不超过3%，仍然属于头肩底形态。

头肩底的特征及操作策略如下。

（1）头肩底有三次买入时机，在低点（右肩）出现，股价开始回升时为第一买点，突破颈线时为第二买点，突破颈线后回抽不破颈线时为第三买点。头部下跌时成交量较大，常常放量急跌，头部上升时成交量也较大。右肩形成时，成交量比头部上升过程中有所萎缩。股价突破颈线位时放量非常明显，如出现回抽时，又快速缩量。

（2）头肩底向上突破颈线位（连接两次反弹高点）时，常常同时向上突破一条重要的压力线，或同时向上突破30日均线，从而使头肩底形态更为可信。头肩底形态实际上是三重底形态演变而来的，只是其第二个低点即头部，比第一个和第三个低点更低而已。如果头肩底形态出现一个以上的左肩或右肩，属于复合头肩底。当其出现突破时，也是可靠的中长线买入时机。

（3）量度升幅是头部顶点至颈线位的垂直等倍距离，即为最小量度升幅。大多数头肩底形态的实际升幅，都远远超过理论升幅。

2. 三重底

三重底是W底的延伸形态，又是头肩底的变异形态，其形成过程基本相同。

三重底的特征及操作策略如下。

（1）低点差距。三重底的三个低点水平相近，但三个低点很少巧合地落在同一水平线上，始终会有一些差异。只要各低点的价格差距在3%以内，就可以接受。此外，三个低点的距离也无须一定相同，这一点区别于头肩底形态。

谷底特征：三个低点出现的时间并非要相等，其中一个多数呈微向上弯的圆底形态，反映股价为缓慢向上。通常第一个谷底低位的成交量会比后面两个谷底的成交量大，而第三个谷底附近的成交量应为三个谷底之中最小的，这样才合乎三底形态。

（2）突破原则。突破颈线当日以收市价为准。当日收市最好高于颈线达3%以上，利好信号才算有效。有时股价突破颈线时，会有短时间的回抽确认。只要下调贴近颈线，没有跌回颈线之下达3日（以收市价为准），后市仍旧看好。在突破颈线时，应入市买货，以量度升幅作为第一目标。如果是假突破，最后跌回颈线之下，应当机立断止损。

（3）量度升幅。三个低点中，股价最低位至颈线的垂直距离，再由突破点向上量度相同的垂直距离，即为最小量度升幅。

3．扇形底

扇形由三条自同一起点连成的下跌轨组成。当股价反复升破三条下跌轨，期间出现两次反抽回吐，即表示强势已成。扇形三线主要在中期下跌中形成，利好信号颇为强烈。见此扇形形成时，应把握时机买进。

扇形底的理论依据是：若股价突破一条有效的趋势线，已经可以提供可靠的买卖信号。若突破三条趋势线所组成的扇形三线，其准确度更高，买卖信号更有把握。

扇形底实际上是由两个小圆底组成，价格上先形成一个圆底，然后上升。不久又回落至前一圆底附近（或略高于前一圆底），然后再呈圆形底上行。

扇形的意义与圆底相同，只是其收集力度更强劲罢了。

在扇形走势中，第一个圆底已经表示主力正在努力收集筹码，等待上升。当第一个圆底完成之后，股价已准备急升，但庄家仍不想把股价过早拉升，所以将价位压低，再形成另一个小圆底。当然，形成第二个小圆底的另一个原因，就是利好消息正在酝酿，但仍未证实，于是形成整理走势，蓄势待发。对散户来说，出现扇形走势，明智的策略就是及时跟进。

4. 盘形底

盘形底由一连串小圆底组成，后一个平均交易价格要比前一个为高。第一个盘形的尾段股价，都要比开始时高出一些。盘形底的上升步伐稳健且缓慢，很有规律。每当股价升势转急时，便马上遭受沽压。但每次回吐压力都不太强，反映庄家有心压价。当成交量减少至某一低水平时，庄家又再次发动攻势，推动股价上升。股价就这样反复且有秩序地上升。

盘形底的特征及买卖策略如下。

（1）形成时间。一个盘形的形成周期往往数以月计，很少短于3周，太短的形态小心最终失败。在周线图发掘出的盘形利好信号特别可靠。

升势持续：当盘形走势确定后，股价升势将会一直持续，直至图表上出现其他见顶的转向形态，才会扭转升势。成交量在股价调整时应萎缩，反映庄家惜股如金。

（2）买卖策略。应趁每个圆形底部营造时买入，作中长线持有或波段操作。量度升幅：后一个圆形的涨幅至少高于前一个圆形的顶部。

5. 长方形

长方形又称为矩形或股票箱。长方形形态是由两条平行的水平趋势线构成的，股价在这两条平行的水平趋势线之间波动。当股价涨到上限时，就有强劲的卖压出现，使股价回跌；当股价跌到下限时，又有强劲的买盘托力出现，使股价上升，如此反复运行。

长方形的特征及操作策略如下。

（1）长方形向上突破是上涨信号，应买入。向下突破是出货信号，应卖出。

（2）长方形有时会出现假突破，不论价格向上或向下突破，只三两天又回到箱形内，形态仍然有效。一定要等价位明显摆脱原有形态，才可以相信是真突破，从而决定出或入。

（3）长方形若向上突破时，成交量一定要大幅增加，才可以相信这是一个确认信号，否则视为假突破。若向下突破，无须大成交量就可以确认。因为向下突破而无支撑的话，可能买家已放弃入货想法。沽家出货价格便节节下挫，成交量不增反减。总之，长方形向下突破，不论成交量是增是减，都应出货。

（4）长方形形态在时间规模上属中等规模，通常为 1 ~ 3 个月，形成时间比三角形形态稍长。

（5）最小量度升（跌）幅：量出长方形的垂直高度，从上边界线或下边界线向上或向下量出相等距离，该价位就是股价上升或下降时的目标价位。

6. 横向形

横向形，即股价走势呈一条横线运行。庄家为了避免提高收集成本，在同一价位悄悄收集筹码，所以形成一条横线形状。也可能是两派庄家对立，一方看好，一路进货；另一派看淡，一路沽货。恰好双方势均力敌，从而使股价在同一个极窄的幅度僵持，直至其他因素改变为止。

横向形的特征及操作策略如下。

（1）密切注视，不要走神。一旦突破，其升跌幅度惊人。横线向上突破，是一个极强烈的买入信号。反之，为卖出信号。横盘时间越久，突破的威力越大，升跌幅越大。横盘时间越短，升幅也越小。

（2）盘局打破之后，不论升跌，如果成交量大增，则表明升跌力量强大。

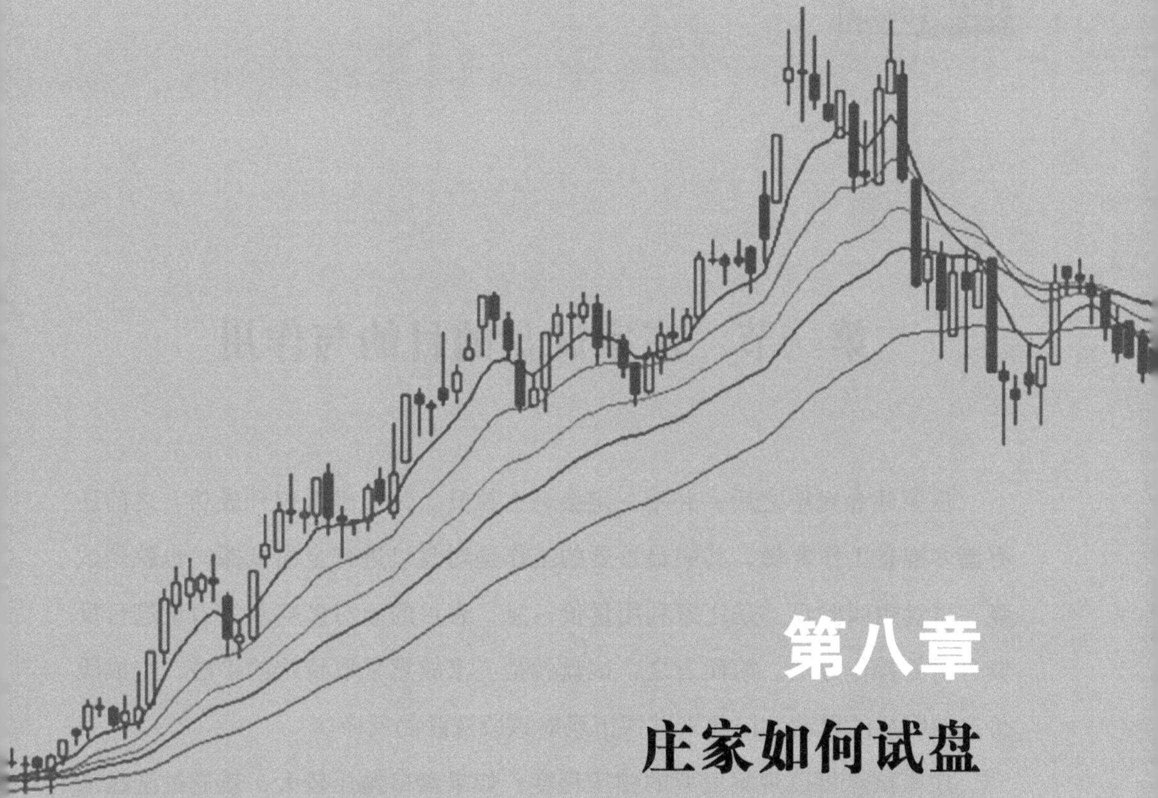

第八章

庄家如何试盘

第一节　庄家试盘的目的与作用
第二节　庄家试盘的方式
第三节　庄家试盘的技术特征
第四节　庄家试盘的 K 线形态

第一节　庄家试盘的目的与作用

庄家建仓完毕之后，并不一定会马上拉升。为了确保拉升成功，之前还有诸多准备工作要做，其中最重要的工作是对盘口进行全面试探，也就是试盘。试盘也叫验盘，是庄家利用量价信息，有目的地对多空双方力量进行反馈分析的操作方法。简而言之，试盘就是庄家故意采取特殊的手法，造成股价比较明显的异动，以此来试探市场对该股涨跌的反应。

庄家试盘可以观察股票的抛压程度，如果盘口抛压较大，就通过洗盘来清洗散户手中的浮动筹码。经过反复的试盘、洗盘，观察盘口反应，观察盘中筹码锁定的程度，外面浮筹的情况，测试市场对该股的追涨杀跌热情，据此调整或决定下一步和下一个阶段的操作策略，如决定运用何种方式拉升，是选择快速拉升、缓慢抬升还是震荡上扬等。庄家通过试盘和反馈来的第一手信息资料，经过认真的分析研究，给自己制定一个市场运作策略。这个策略正确与否，决定庄家坐庄的成败。

庄家完成初步的建仓动作之后，此时一般庄家持有的筹码基本上已经占流通盘的 45% ~ 50%，而其他的 50% ~ 55%在市场中。虽然庄家已经进行了一个漫长的吸货阶段，但其并不能肯定在此期间是否有其他庄家介入。集中的跟庄盘如果占流通盘 10% ~ 20%，就会给庄家造成不小的麻烦。经常两个庄家几乎同时介入，持仓比例都差不多，吸货阶段都十分吃力。

有时会出现这样的情况，一只股不错，但就是不涨，盘面表现为上下震荡，成交量时大时小。这类股票多半是几个庄家碰了头，彼此相互制约。例如在 2008 年 3 月，上海的某只股票只有 5000 万的流通盘，却有两个中线庄家同时介入。双方初步建仓之后，持仓量都达到了千万股以上，结果双方进入了进退两难的地步。

大庄家之间进行“合作”几乎不可能，所以该股上下震荡很久，不能顺利上攻，真可谓“食之无味，弃之可惜”。为了防止此类情况的出现，庄家通常会选择试盘这一过程。

需要注意的是，试盘这个过程并不一定发生在庄家建仓之后，在底部或顶部吸货或出货等各个阶段都有可能出现。在庄家洗盘、拉升、出货等阶段，通常都伴随着庄家的试盘。在进行下一步行动前，庄家经常要试盘，看看市场跟风是否踊跃，持股者心态如何。

试盘就是庄家在开市时通过主动下买单或卖单压低或拉高股价，以观测市场反应，测试盘中卖压程度及追涨意愿，再决定是拉升还是继续洗盘，或者护盘、出货。通过试盘，庄家认为时机成熟，将会进入下一个步骤的操作。

试盘在坐庄流程中是次要阶段，有的庄家无试盘过程。有的股票运作并不一定需要试盘，这就像用兵打仗一样，在敌我力量悬殊的情况下，比如敌方只有一个班，而我军有一个团或者一个师，那就不用大费周折，对方肯定不堪一击。

在股市中，如果庄家掌握流通盘绝大多数筹码，市场上只存在一定意义上的流通筹码的话，则试盘就失去了其真正的意义。试盘的主要目的是为了更好地掌握主动，利用技巧造市，尽可能有效地降低庄家的运作成本，从而起到火借风威的良好效果。

上面已经谈到，庄家试盘是为了避免出现不必要的麻烦，如其他庄家扰乱自己的操作策略等。

一、测试市场反应

庄家通过试盘来观察该股的卖压程度和持股心态。在大多数情况下，庄家一般采取在开盘的时候就抛出 3 万 ~ 5 万股筹码，对股票价格进行有意识地打压，然后观察以后几笔成交量和股票价格下跌幅度。

如果成交量和下跌幅度都比较大，可以判断大多数中小投资者不愿意持股，都害怕被套牢而抛售股票。在这种情况下，庄家一般会采取两种方法，一是趁此机会通过洗盘收集筹码；另一种就是采取护盘措施，也就是减少抛售；或者让散户换换手，使股票价格相对稳定。如果成交量和下跌幅度都很小，说明投资者对这只股票看好，不会轻易抛售手中的股票，庄家可以趁此机会大幅拉升股价。

庄家通过试盘观察散户的追高意愿。在这种情况下，庄家一般采取在开盘的时候就买入 3 万 ~ 5 万股筹码，有意识地拉抬股价，然后观察以后几笔成交量和股票价格上升幅度。如果成交量和上升幅度都比较大，说明大多数中小投资者看好这只股票，具有浓厚的追高意愿，市场人气旺盛，庄家可以放心地拉抬股价。如果出现相反的情况，庄家就会继续洗盘，一直到中小投资者认同这只股票，拉抬股票价格时出现量价齐升为止。

通过试盘，庄家可以观察中小投资者是否有追涨不杀跌或者杀跌不追涨的心理，从而制定自己的操作策略。这种方法也主要是通过抛售或者买入股票观察投资者的心态。如果出现大笔买单之后，投资者纷纷仿效，争相买入，股票价格出现量价并增的情况，而且全日股票价格始终在上一交易日价格之上运行，表明投资者宁愿追涨，也不愿意轻易抛售手中的股票，这时候庄家可以趁机大力拉抬股价。

如果出现大笔卖单之后，投资者纷纷仿效，争相卖出，股票出现价跌量增的情况，而且股票价格始终在前一交易日收盘价之下运行，表明投资者不愿追涨，而是想尽快脱手，抛售手中股票，套现出局。在这种情况下，庄家只有借势洗盘，通过调整进一步积蓄力量，还要想办法制造一些“利好消息”，才能够放心拉抬股价。

二、测试是否有其他庄家存在

如果同一只股票中另有庄家存在，将完全打乱自己的操作计划。如前面所说，甚至有可能形成鸡肋股票。因此庄家有必要通过试盘了解这只股票是否已经有其他庄家潜伏在里面，以免相互制约。

如果其他庄家已经潜伏在里面，则该股的筹码吐纳将体现出非散户持有的特点。在有其他庄家进入的情况下，新进来的庄家必须采取较为稳妥的办法，解决如何与其他庄家相处的问题，是抢庄、联庄、助庄、跟庄还是弃庄。

三、测试支撑位和阻力位

庄家通过试盘可以找出该股股价近期的支撑位和阻力位，以便确定以后补筹的价格区间。

在试盘阶段，庄家既要试探性地往上拉升股价，也要试探性地往下打压股价。当庄家试探性地将股价拉高后，如果在某一价位突然开始出现大量抛盘，表示这一价位是吸筹的上沿。

当庄家一点一点向下打压股价时，如果在低处的某一价位突然有很多承接盘出现，可以确定吸筹的下沿。因此庄家通过试盘，可以确定后期补筹的价格区间。

四、了解筹码分布情况

庄家通过试盘，可以了解该股筹码的分布情况和筹码的锁定程度。在试盘阶段，庄家会在风平浪静时出其不意地突然将该股股价作大幅度的拉升，然后再让其自然回落，以此来测试盘中筹码的抛压情况。表现在K线图表上，就是在风平浪静中突然出现一根长长的上影线，这叫向上试盘，目的是测试盘中抛压大小。

如果在拉升时有大量的抛盘涌出，说明在该价位以下，庄家可以展开打压清洗浮筹的动作。如果拉升时抛盘稀少，说明该股在该价位以下筹码锁定得比较稳。此时庄家建仓任务如果还没有全部完成的话，就必须考虑以更高的成本价格进行拉高，才能完成建仓任务。

在试盘过程中，庄家必须了解除自己手中之外的那部分筹码是集中于大户之手，还是分散在小散户手中。若集中在大户之手，则庄家继续与之周旋较劲，竭力破坏其持股计划，以免将来拉抬股价时遇到不测。在试盘价格范围内，庄家可以根据上档筹码抛压的轻重，下档买盘的支撑力度，明确其中可能有多少筹码会吐出，有多少筹码能够被自己吸纳，以便决定后续建仓的具体方法和措施。

庄家根据试盘的不同情况，会采取相应的策略。

第一种情况：试盘当日，庄家为了测试该日的卖压程度，利用开盘时抛出一笔筹码，将股价打压下来。如果随后出现下跌，超过庄家预期的幅度且成交量放大，说明今日卖压重，散户不因价跌而抢入筹码。如果庄家看好后市，已吸了一些筹码，则今日继续收集或洗盘，或者被动护盘，不适合拉抬。如果庄家不看好后市，可能先拉高，然后出脱手中的持股，到尾盘反手为空。

第二种情况：为测试散户持股意愿，庄家在开盘时先低价抛出一笔筹码，随后股价缓慢下滑，回档幅度也不深，且下跌缩量。这说明散户惜售，不愿追杀。如果庄家看淡后市，可拉高后再出货；如果看好后市，可以顺势拉抬，不必再往下洗盘了。因为此时浮筹已经比较少，自己抛出去的筹码不一定能以原价买得回来。

第三种情况：为了测试散户的追高意愿，庄家会采取小幅高开然后放量拉高的手法，随后观察有无跟风者买入。如果散户看好后市，踊跃购买，表现为价涨量增，说明市场买气良好。面对这种旺盛的人气和强烈的追涨意愿，庄家往往会因此决定拉抬，再往上做一波行情。如果跟风买入量很少，盘面表现为价升量缩，股价上升无力，则说明人气不足，庄家此时硬拉很费劲，而且担心资金方面有困难。因此若不看好后市，可能反手做空；而刚吸完计划筹码的庄家，可能只守不攻，或联络上市公司和传媒放出利好消息，或等待市场升温时搭顺风车。

第四种情况：庄家通过盘中价量关系分析，如果发现散户不杀跌而追涨，盘中价涨量增，价跌量缩，且全日维持在昨日收盘价之上，明显属强势盘。有鉴于此，庄家在后市中往往发起强力攻击，以急拉做收尾盘轧死短空，以刺激明日买气。如果庄家了解到散户急于出脱持股，追高意愿弱，盘面表现为价涨量缩、价跌量增的背离走势，且价位始终在昨日收市价以下波动，盘势极弱无疑。若是已有相当涨幅，且后市不看好，庄家或是制造利好掩护出货，或是先跑为快。若筹码未吸够，后市看好，庄家会打压进货。若后市不看好，庄家已吸够筹码，也只能采取守势，等待时机。

第二节　庄家试盘的方式

试盘的方法一般是庄家用几笔大买单把股价推高，看看市场的反应如何。庄家将大买单放在买二或买三上，推动股价上扬，此时看看有没有人在买一上抢货。如果无人理睬，就说明盘面较轻，但股性较差；如果有人抢盘，而且盘子较轻，就成功了一半。紧接着庄家在拉升到一定的价位时，忽然撤掉下面托盘的买单，让股价自然回落。之后，庄家再在卖一上下一个大卖单，这时股价轻易下挫，说明无其他庄家吃货。

在推升过程中，盘中有较大的抛压，这时庄家大多先将买盘托至阻力价位之前，然后忽然撤掉托盘买单，使股价下挫。如此往复，高点不断降低，该股的持有者会以为反弹即将结束。突然庄家会打出一个新高，之后股价又急转直下，眼看快要跌回原地，一些股民见状会卖出股票，于是集中的抛单就被拆散了。

比如，某大户的持股成本在 10 元左右（与庄家的成本相近），共 15 万股。庄家在 11 元左右开始试盘，连续几日股价从 11 元多下触到 10 元。有一天突然破位下行到 9.8 元，此时大户减磅 3 万股。紧接着主力又猛地拉起到 10.8 元，大户认为应该拿回筹码，于是买回 1 万股。而后股价又拉至 11.8 元，大户还未来得及高兴，股价又跌回 10 元。大户感到抛压太大，随即减磅 4 万股，至此，大户持仓是 15-3+1-4=9 万股的筹码，而且平均成本比过去高多了。这样在 11 元价位的抛盘就由 15 万股变成了零。

具体来说，庄家试盘的方式，往往会结合大势状况和其他一些基本面的变化情况来进行。

一、动荡市中的试盘方式

庄家完成建仓后，基本达到了计划建仓位，这时的试盘基本出现在股价相对较低的位置。在某一个行情较为平淡的交易日，庄家开始向上大幅拉升或者向下大幅打压股价，以测试盘内筹码稳定性和市场追涨杀跌的程度。在 K 线上出现一根大阳线或大阴线或上下影线较长的阴线或阳线，以此来观察筹码的锁定状况和市场对该股关注度和参与的热情。

如图 8-1，六国化工（600470）。完成底部建仓之后，在股价拉升前期

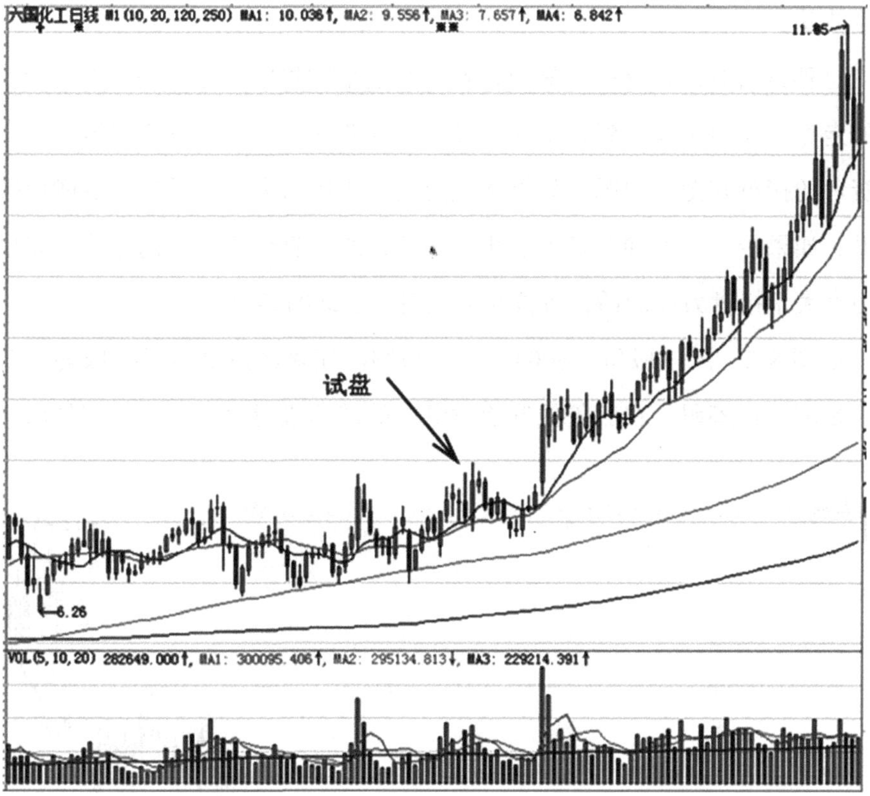

图 8-1

多次拉出阳线，以检验盘面筹码锁定情况，完成试盘。这时成交量大幅放大，放大的原因是庄家在盘中对倒形成。通过盘面信息反馈，显示庄家能控制局面，随后不久，庄家就开始了一波大幅度的拉升。

二、强势中的试盘方式

庄家经过底部耐心吸筹后，在日 K 线上先出现小阴小阳式盘升走势，股价有脱离底部的明显特征，成交量温和放大。此时，庄家将股价拉升到较高的位置后，采取了不参与的手法，以测试散户的接单或抛盘能力，听任股价随意波动。

这种试盘方式还有一个好处，就是在这个过程中，庄家完全不去干涉股价的走势，任中小投资者在里面主导股价的波动，庄家可以静静地观察中小投资者的接盘和抛盘情况。如果接盘力度大于抛盘力度的话，股价就会缓缓上升；如果接盘力度和抛盘力度相当的话，股价就会维持震荡走势；如果抛盘力度大于接盘力度的话，股价就会呈现出下跌的趋势。

如图 8-2，风帆股份（600482）走势图。庄家经过低位长期吸筹，获得了大量的廉价筹码。在股价拉升前对盘中的浮筹进行测试。庄家首先以一根

图 8–2

中阳线测试抛压的大小，第二天变向以一根中阴线吞噬前一天涨幅，使K线形态走势极度恶化，趁机测试抛压的大小。看到此时的抛压很小时，庄家操纵股价简单回调后迅速拉升，股价强势崛起。

三、弱势中的试盘方式

在弱势中试盘，庄家一般都喜欢借题发挥，也就是借助于大势的偏弱，趁机更加夸张地造成股价大跌，使得市场中持股者恐慌加剧，极大地动摇他们的持股信心。走势上表现为中长阴线、无量下跌、短期均线呈空头排列。

如图8-3，鹏欣资源（600490）走势图。图中可以看出，前期一直维持

图8–3

震荡下跌趋势，量能萎缩。在 2015 年 1 月 12 日和 13 日这两天，庄家利用一个涨停板和一根光头大阴线完成了筹码的收集。

此时摆在庄家面前的就是试盘、拉升。之后庄家拉出一根中阳线，以测试散户的抛压力度。盘中并没有引起多大的抛盘，随后的连续缩量十字星，更是抛压减弱的明证。庄家试盘成功。随后该股伴随着成交量的一路放大，开始了大幅拉升。

四、利用技术位的试盘方式

庄家建仓后，利用关键技术位，即阻力位（线）或支撑位（线）进行试盘。当向上或向下突破重要技术阻力位（线）或支撑位（线）时，看看盘内的变化情况，从而决定今后的操盘思路。

如图 8-4，龙元建设（600491）走势图。庄家通过在高点压力位的试盘，结果显示在关键点位抛盘并未出现放大的情况。庄家做一个短时间的横盘之后快速拉升股价，此后的上升空间广阔。

五、利用消息试盘

庄家在操作中往往利用消息的作用，以完成自己的试盘动作。这类消息包括市场消息和上市公司消息，也包括利多和利空消息。有时与消息的效果反向行动，使得绝大多数投资者云里雾里摸不着头脑，失去判断能力，从而导致操作失误。

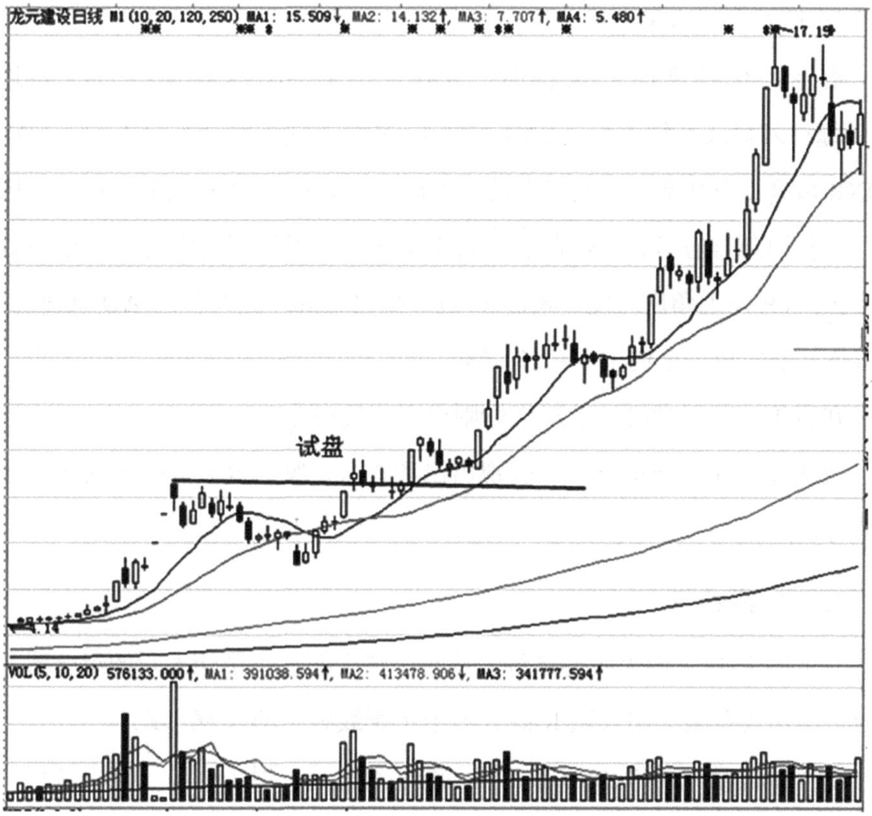

图 8–4

第三节 庄家试盘的技术特征

一、指标特征

均线：在均线系统中，5 日 MA 金叉 10 日 MA、30 日 MA，但大多数个股 30 日 MA 呈水平走势。

指标：在股价向上试盘时，MACD 中的 DIF 线与 MACD 线靠近，BAR 绿柱缩短或红柱增长；DMI 中的 + DI 金叉或即将金叉 -DI，但 ADX、ADXR 微升（力度不大）或基本沿水平运行；KDJ、W%R 快速到达强势区，不久重新回到常态区；RSI 在超卖区拐头向上，但滞留在常态区，很少进入强势区；VR 向上角度较陡，超过 80 度，很快回落；OBV、WVAD 急速上升，但多数不能完成一个向上的“N”形。

在股价向下试盘时，上述指标则出现相反态势。

成交量：在成交量方面，呈现出温和放大、突破放大、时大时小、量价背离等态势。

二、K 线特征

日 K 线出现大阳大阴的走势，或小阳伴大阴、小阴伴大阳的组合形式。有时甚至出现单根大阴大阳 K 线，或上下影线较长的 K 线形态。

这个阶段常见的 K 线形态有大阳线、红三兵、射击之星、跳空缺口、一字形、T 形等。

三、切线特征

庄家将股价向上（向下）突破或不突破某一个阻力位（线）或支撑位（线）、成交密集区（前期高点或低点）时，看看此时的市场反应情况，是追涨还是杀跌，并分析追杀的力量大小。

股价原先运行于一条上升（下降）趋势线之上（下），突然庄家刻意在某一天向下（向上）击穿该趋势线，通过市场反馈的信息来判断该趋势线的支撑（阻力）程度。

股价原先运行于因建仓形成的水平横线中，某日庄家脸一变向上（向下）

脱离这条水平横线，以观察市场的追涨杀跌情况。

四、形态特征分析

庄家的招式往往虚虚实实，有时欲涨先跌，有时以退为进，走势扑朔迷离，让投资者难辨真伪。目前两市中大量出现假突破形态，即庄家吸足筹码后先大幅冲高再回落，短线跟进者立刻被套。但只要你一割肉，该股却很快止跌回升，迅速展开主升段。这个假突破可称为庄家总攻前的实战演习。

若某只股票经过长期盘整，突然收出一根放量长阳线，技术上呈突破走势，按经典理论此时是最好的介入时机。技术派人士纷纷抢买之际，该股却很快（通常是第二天）冲高回落，重返平台盘整，让馋嘴的技术派买个最高价。此种走势通常为庄家大规模进攻前的一次演习，以此判断跟风盘的多少、市场抛压大小。

庄家如此折腾，其意图主要就是吓跑短线客。某股被市场一致看好，引发大量的短线客涌入，不符合庄家的长线运作计划。要让多头部队不敢贸然跟进，最好的方法是先诱敌深入，接着再迎头痛击，使其损兵折将，之后不敢再轻举妄动。

拉升前试盘，以此测试抛盘和跟风盘的大小，再决定拉升的高度。投资者对这种演习，最好等待回档时再买入。若不幸在假突破时买在了最高价，此时亦不必惊慌失措。既然庄家在演习，显示庄家的实力不菲，刚刚涨一天即回落，显然庄家难有获利空间，后市卷土重来的可能性非常大。

第四节　庄家试盘的 K 线形态

庄家试盘一般采取以下几种形式。

一、稚莺初啼

庄家经过长期的历史低位横盘吸筹后，筹码达到庄家预先部署的计划时，便开始了试盘的动作，用小部分资金向上买进股票。由于股价长期处于历史低位，散户投资者对此已形成了习惯性的思维定式，股价稍一上涨，浮码立即涌动。由于庄家还没有培养出跟风盘，所以在日 K 线上便留下长长的上影线。

如图 8-5，科达洁能（600499）走势图。在底部出现试盘行为，试盘中连续多次出现了长上影线，但这些并不能阻碍庄家做多的信心。股价在一根中阳线拉升后短暂回调，直接挑战前期巨阴线构成的压力位。股价再次回调清洗浮筹后，一路向上。

股价运行中呈现的影线，是由庄家不间断地拉高打低和高开低走、低开低走制造出来的，反映出庄家焦躁不安、急于拉升的意图，同时也从侧面反映了庄家做多的信心和决心。

在历史低位，庄家经过长期横盘吸筹后，常常在日 K 线上留下放量的长上影线，露出庄家试盘的痕迹，表明庄家蠢蠢欲动。随后股价稍做整理，清洗浮筹后，一波行情就会呼之欲出。

该 K 线形态往往预示着拉升之前，上档仍然存在一定的浮动筹码。对于

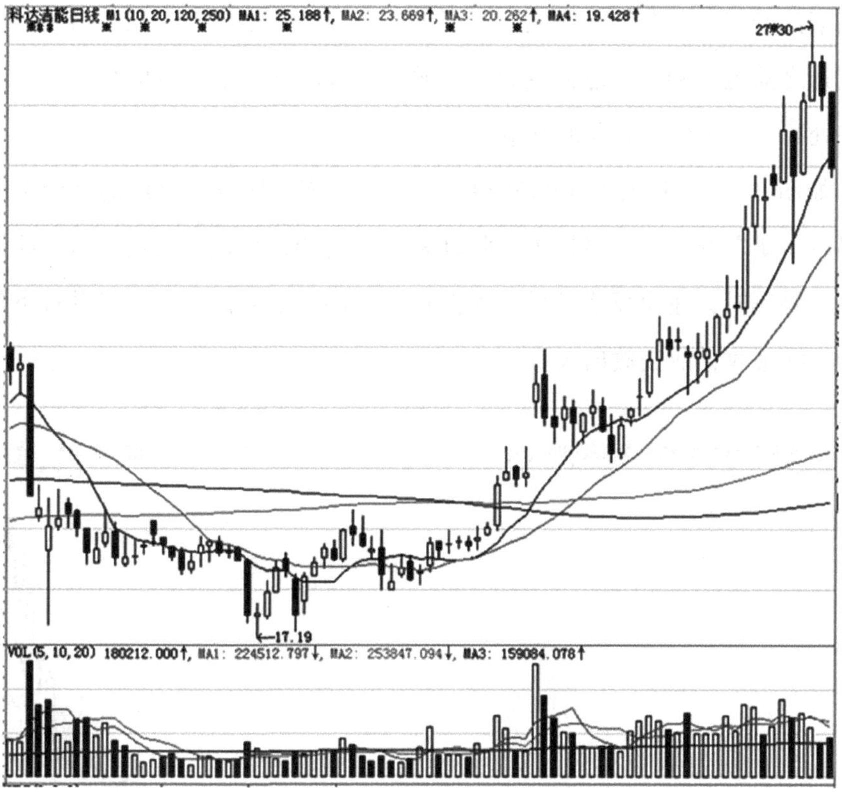

图 8–5

庄家来说，必须在随后的日子里彻底清洗这些浮动筹码，以免在日后的拉升过程中成为绊脚石，增加运作成本。

二、金针探底

此试盘方法和稚莺初啼完全相反。稚莺初啼是向上拉升，测试上档压力和抛盘。金针探底恰恰相反，是利用手中的筹码向下打压股价，测试下档的承接力和原投资者持有筹码的稳定性。

采用稚莺初啼的方法试盘，很容易引起投资者的注意和跟风。当日后展开拉升行情的时候，容易造成低位跟风盘过多，获利客竞相出逃的局面，造成庄家拉升被动。金针探底则回避了上述风险，采取向下打压的措施，反而在上升之前捡拾到一批恐慌性廉价筹码。这样既测试了筹码的稳定性，又捡到好处，岂不是两全其美的好事。

如图 8-6，大连友谊（000679）走势图。该股庄家在以前的平台上吸足筹码后，跳空低开，一路打压，此时 K 线形态出现巨阴形态后，散户纷纷抛出手中筹码时，庄家反手开始收集散户抛售的廉价筹码，当日以带长下影线的十字线报收，成交放出天量。

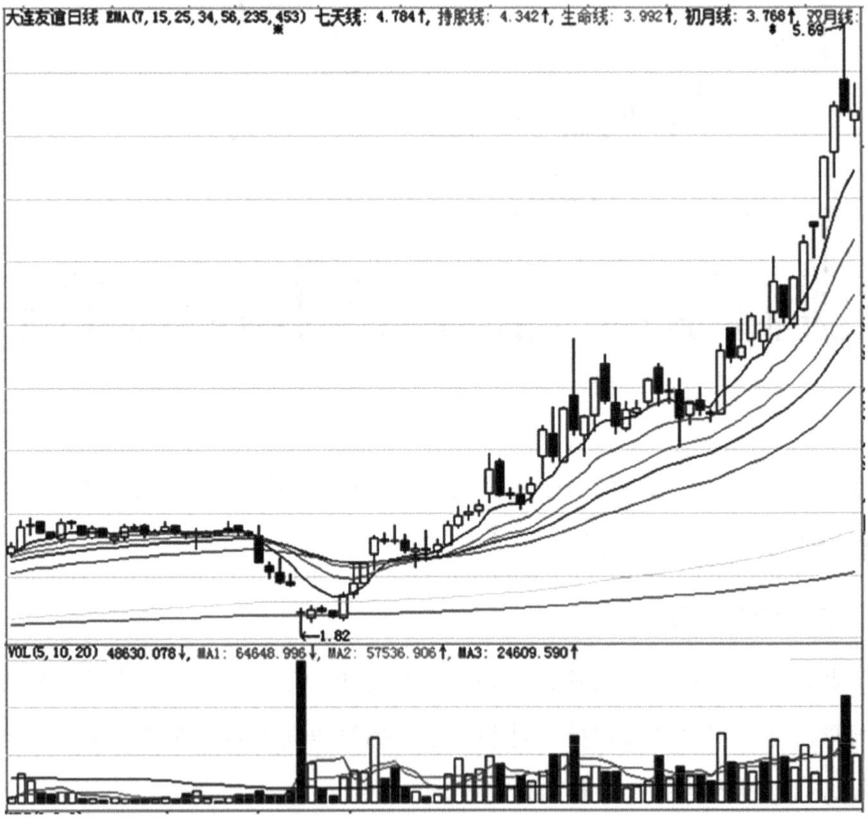

图 8–6

试盘以后，该股又经历 4 天的洗盘调整，庄家开始发动攻势。1 个半月时间，最高涨幅达到 130% 左右。

如图 8-7，万里扬（002434）走势图。该股在长时间的横盘之后，于 2013 年 8 月 14 日开始高开低走向下试盘。我们看到在庄家打压股价时并未出现抛盘，全天都是维持地量。经过此次近乎完美的试盘，庄家在以后的拉升中坚定而果决，股价短时间内升幅明显。

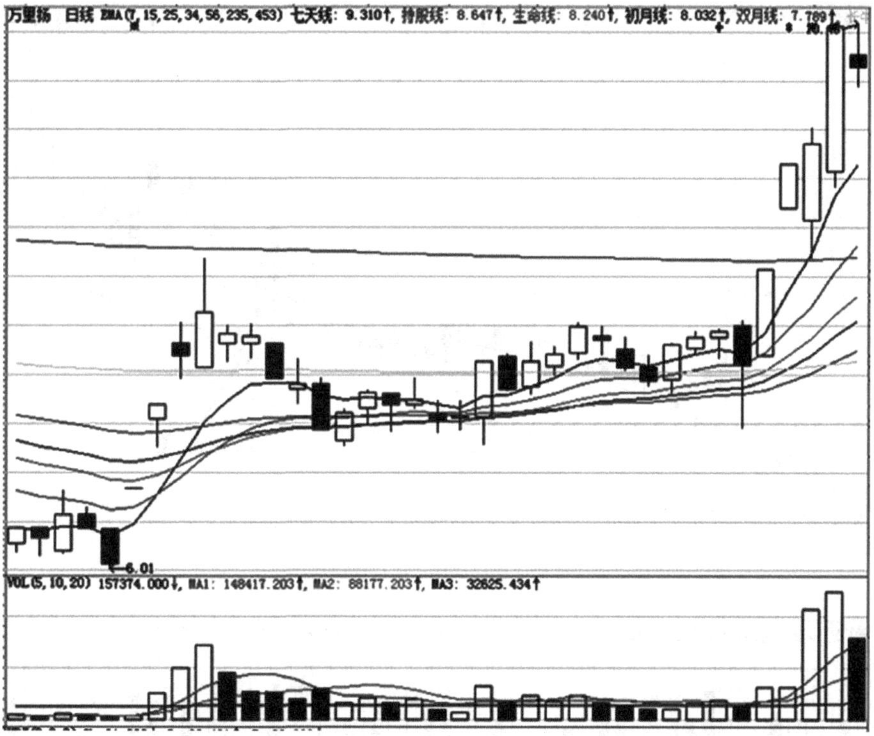

图 8–7

三、双针探底

该方法与金针探底大同小异。顾名思义，双针探底就是在间隔的一段时间内出现两次金针探底，并且量能都有效放出。双针探底的位置能够保持平行，更能证明原投资者持有筹码的稳定性和下档的踊跃承接力。双针探底比起金针探底给人的感觉更为牢固、稳健和踏实。

如图 8-8，万润股份（002643）走势图。股价突破前期一个平台后，有两次下探确认突破有效的过程，此过程形成一个双针探底形态。突破平台有效，股价随后步入上升期。

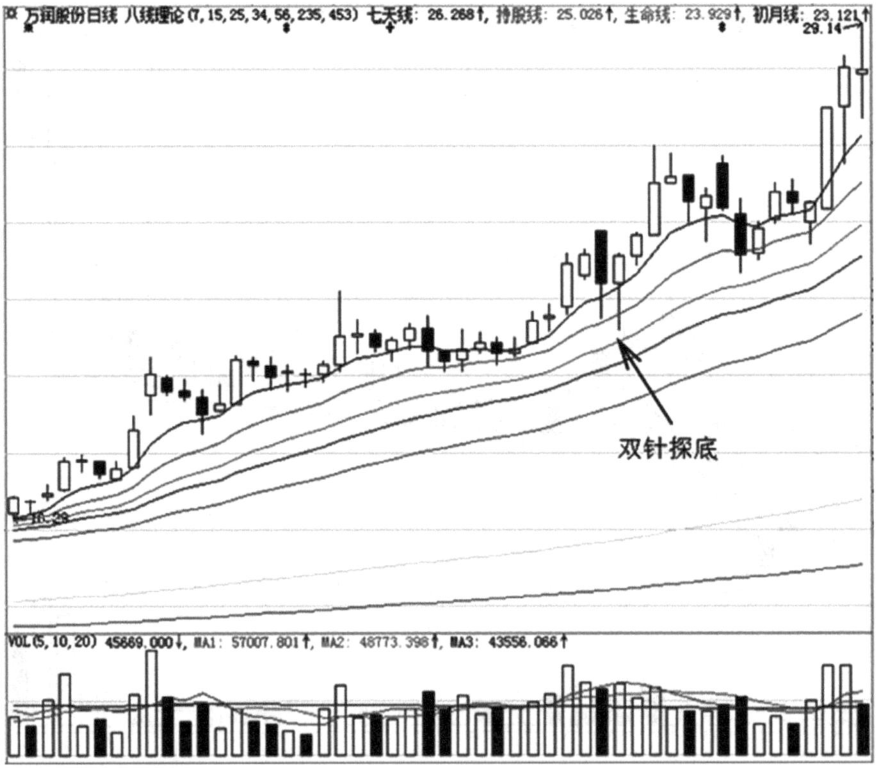

图 8–8

四、多针探底

庄家吸足筹码后，在股价处于历史低位或相对低位，为了测试筹码的稳定性和下档的承接力而采取多次控盘打压，在一段时间内的日 K 线图上形成了多次金针探底的形态。

如图 8-9，棒杰股份（002634）走势图。

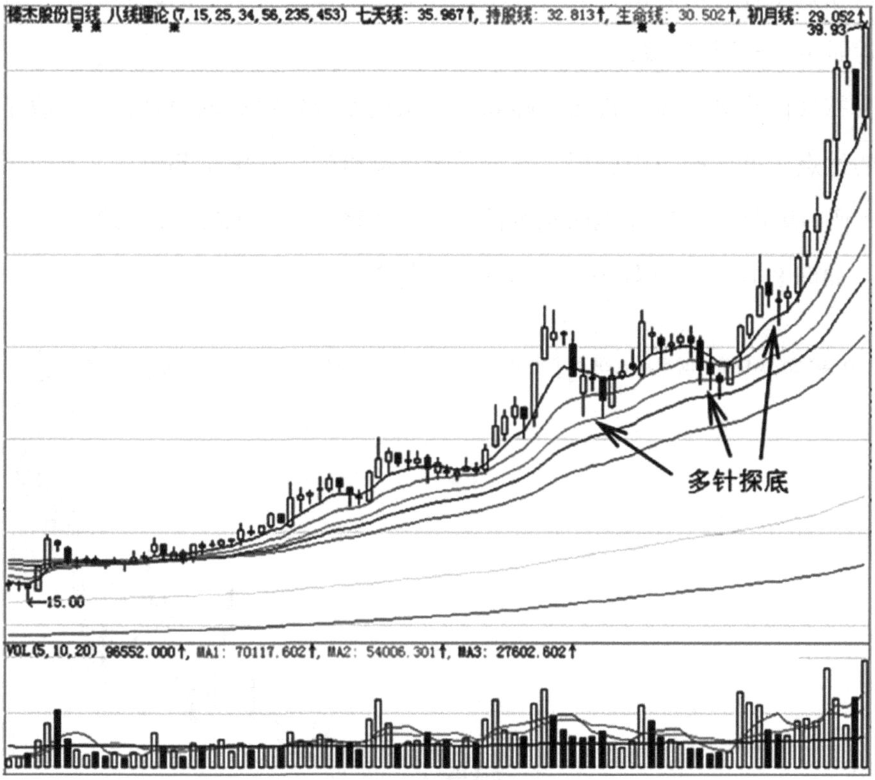

图 8-9

股价经过前期的长时间吸筹，此时庄家已完成筹码的收集。因为在吸筹过程中带来了大量的浮筹，庄家迫切需要打压股价，测试抛盘的大小，于是在 K 线形态上就出现了多处金针探底形态。当庄家发现量能减少，浮筹已不多时，就迅速拉升股价，股价走势亮眼。

五、探底阳线

稚莺初啼的试盘方法容易吸引短线跟风盘，造成短线获利客众多，制约庄家拉升，提高庄家运作成本。采取金针探底和双针探底，又极易遭遇其他机构和猎庄者突然袭击，造成打压过程中庄家筹码流失。因此新的试盘方法应运而生——探底阳线。

探底阳线既回避了稚莺初啼和金针探底及双针探底的短处，又吸收了它们的优点，可谓扬长而避短。既顺手牵羊捡拾恐慌性廉价筹码，又不至于流失筹码，吸引跟风盘，还能顺利测试到筹码的稳定性和承接力，可谓一石三鸟。

如图 8-10，中科英华（600110）走势图。

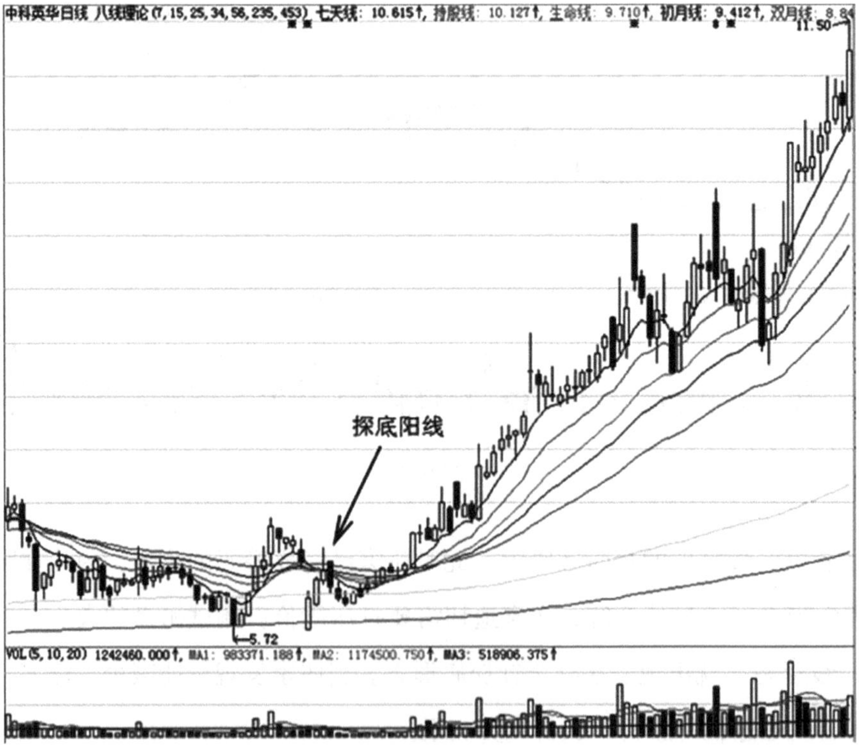

图 8-10

该股经过前一阶段的上涨，出现一段回调走势。在回调过程的后期，我们看到股价出现一个短期底部，随后出现连阳的走势，庄家在此吸筹明显。但短时间的调整和吸筹并未达到庄家的预定目标，浮筹还在，筹码不足，借二次探底打压吸筹成为庄家的选择。

股价以跳空低开的方式，给散户造成重大恐慌，纷纷抛出筹码。庄家却趁机吸筹，收出一根探底阳线。连续的低开高走既测试了浮筹，又为庄家获得了廉价筹码，可谓一举多得。

六、二阳开泰

所谓二阳开泰，就是探底阳线的翻版，和双针探底有异曲同工之妙，即在相对低位出现两次或多次历史低位平行阳线。

如图 8-11，五粮液（000858）的走势图。该股走出金针探底的走势，探到最低点后开始见底回升。后期该股低开，形成探底低开阳线，与前段时间的金针探底形成呼应。

之后该股再次跳低开盘，与昨日阳线形成低位并列双阳，和金针探底、探底阳线形成首尾呼应。一个金针探底，外加一个二阳开泰，庄家试盘的意图是不是很明显呀？如果买到这样的股票，不想赚钱真的很难。

七、高开阴线

由于有的散户抱定亏本不卖的理念，采取金针探底、双针探底、多针探底或低开阳线无效，迫使庄家必须往上做。而稚鹰初啼的方法反而会增加其观望的态度，所以只好采取高开阴线的方法进行试盘，以测试这种处于犹豫和彷徨边缘的散户的态度。这种试盘的方法包含有换手洗盘的味道。

如图 8-12，天成控股（600112）走势图。

从图中我们看到，股价在拉升前连续进行高开阴线测试浮筹。高开阴线

五粮液日线 EMA(7,15,25,34,56,235,453) 七天线: 1.983↑, 持股线: 1.889↑, 生命线: 1.844↑, 初月线: 1.817↑, 双月线: 1.762↑
2.32
双阳开泰
金针探底
0.94
VOL(5,10,20) 183185.469↓, MA1: 334560.875↑, MA2: 193681.375↑, MA3: 119163.367↑

图 8-11

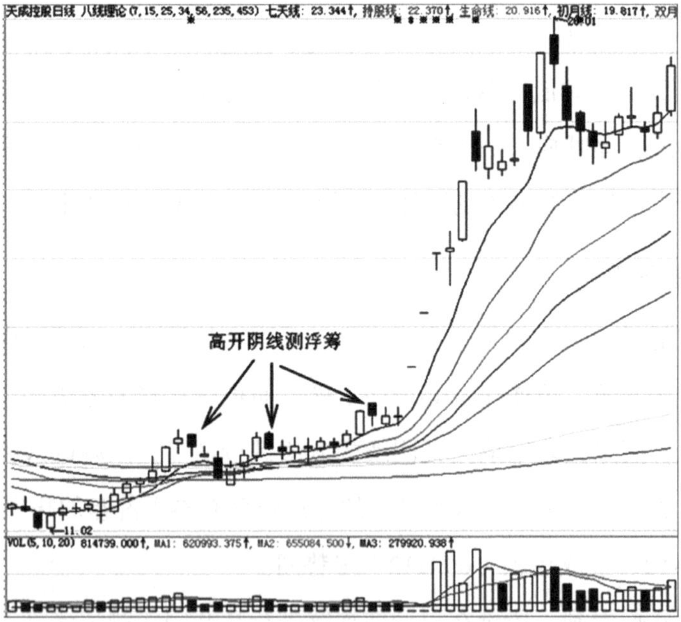
天成控股日线 八线理论(7,15,25,34,56,235,453) 七天线: 23.344↑, 持股线: 22.370↑, 生命线: 20.916↑, 初月线: 19.817↑, 双月
高开阴线测浮筹
11.02
VOL(5,10,20) 614739.000↑, MA1: 620993.375↑, MA2: 655084.500↓, MA3: 279920.938↑

图 8-12

在 K 线组合上形成了乌云盖顶形态，是卖出形态。庄家正是利用这一点，通过做坏 K 线形态，迫使散户交出手中筹码。庄家多次吸筹后，浮筹减少，庄家的拉升也就近在眼前了。

八、实力庄家的最后一踹

该方法和低开阳线的区别在于时间和空间。从时间跨度上来说，最后一踹的方法要比低开阳线的时间跨度长得多，可能是几天甚至十几天。从空间上来说，也要大于低开阳线，可能是下跌百分之十几，甚至有的达到 30%。从庄家的魄力上来看，也明显大于其他试盘方法。

这种试盘方法，资金实力较小和无魄力者无法使用，否则会弄巧成拙，只有具备通吃筹码魄力的庄家方可采用。此方法包含最后一次诱骗筹码的含义。

这种试盘方法在大黑马股中常见，并且也很能迷惑局外人。但凡经历过这种试盘方法并测试过关的投资者，绝大多数会成为庄家的铁杆追随者。此方法是技术派人士的天敌，因为绝大多数技术派人士往往会在最后一踹中，抱着宁舍三池不愿亡国的态度止损离场而痛失好局，这种方法可谓阴险毒辣。

大名鼎鼎的亿安科技正是通过此法演绎了一个神话。庄家在收集不少筹码后，于 1999 年 12 月利用个股利空，居然连跌三个跌停，跌破长达几个月的收集平台，散户蜂拥而逃，庄家则一一笑纳。随后庄家一路吃进，又将股价拉回 8 ~ 9 元的平台位置。整理十几日后，庄家开始发动长达两年的上涨行情，股价涨幅高达十几倍，创造了股市上第一个百元神话！

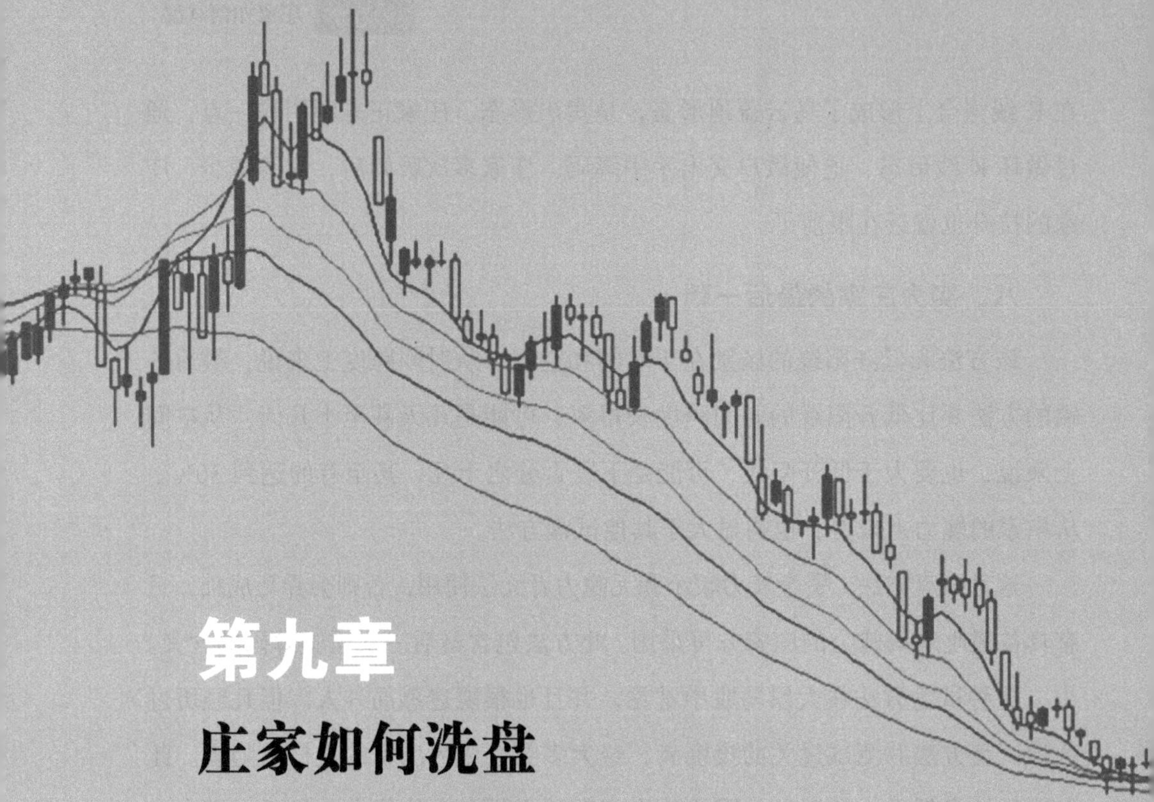

第九章

庄家如何洗盘

第一节　庄家洗盘的目的和作用
第二节　庄家洗盘常用手法
第三节　庄家洗盘的盘面特征
第四节　庄家洗盘的技术特征
第五节　从成交量判断洗盘还是出货
第六节　如何判断洗盘结束
第七节　散户如何应对洗盘

第一节　庄家洗盘的目的和作用

洗盘是主力操纵股市、故意压低股价的一种手段，是庄家为拉高股价获利出货，先有意制造卖压，迫使低价买进者卖出股票，以减轻拉升压力的一种做市手法。

股市中投资者都想自己手中的股票一买就涨，一卖就跌，但往往事与愿违。很多投资者都曾经拿到过黑马股票，本来可以大赚一笔，却都因为走势太可怕而斩仓离场。让人可惜的是，你刚刚斩仓，股价就飞一样涨起来，似乎主力就差你手中这点股票，你不抛它就不涨。这种痛苦的过程相信人人都经历过，而且大都不止一次。

其实这种现象并不是偶然的，因为就算庄家吸饱了筹码，也不可能一味地盲目拉高股价。股价无回档地大幅上升，会使得短线客无惊无险地大赚庄家的钱。这在逻辑上是不成立的，也是投下了巨资的庄家无法容忍的，于是股市中就有了庄家洗盘行为。

事实上，无论庄家控盘手段多么高明，资金量多么大，也不能通吃整只股票的流通盘，只能控制部分流通盘或大部分流通筹码，而市场上仍然保留着一定数量的流通股份。这一定数量流通股份的持有者，随着股价的逐步上涨已经渐次获利。这些获利筹码就犹如没有排除引信的炸弹揣在庄家怀中，时刻威胁着庄家的安全，很大程度上制约和牵制着庄家再次做高股价。

这些小资金投资者资金较小，持有流通筹码的份额较少，和控盘庄家的大资金持有者持有的流通筹码份额比较起来，有着船小好掉头的巨大优势。这些筹码的存在，势必造成庄家做高股价后在高位派发获利筹码的难度。

正因为这样，庄家如果一味地盲目拉升，必然遭到沉重的抛压和获利回吐，那样庄家会得不偿失。庄家建满仓之后，按照事先的计划，要使股价扬升去赚钱，拉升前和拉升中总离不开洗盘。

控盘庄家往往在股价有一定涨幅或是取得阶段性胜利后，或获利筹码涌动时，恰当地利用大势或者个股利空传闻控制股价，破坏原来的走势，使价格进入箱体震荡或平台整理。或向下打压股价，通过股价走势上的不确定性，破坏小资金持有者对市场正确的感知能力，极力渲染和极度虚幻地放大资金持有者的恐慌情绪，进一步虚幻地深化资金持有者对后市错误的感知能力。

利用这些散户投资者对后市股价走势的不确定性，促使获利的小资金持有者和散户投资者中的不坚定份子交出筹码，也有利于看好后市的新多或新的增量资金入驻，充分换手，从而进一步提高和垫高除庄家以外投资者的投资成本，为日后再次做高股价打下牢固的基础。

依此类推，周而复始。经过几轮涨升与洗盘后，其他投资者的投资成本会越提越高，最终形成中小投资者和小资金持有者在高位自然而然地毫无意识地帮助庄家锁仓，从而沦为庄家出货时的掩护部队。

从表面上来看，洗盘出现在拉升和再拉升的过程当中。但从实质上来说，洗盘是庄家利用心理战来逐步提高除了庄家以外的流通份额持有者的投资成本。

前面已经谈到，洗盘的主要目的在于垫高投资者的平均持股成本，把短线跟风客赶下车去，以减轻进一步拉升股价的压力。同时，在高抛低吸中，庄家也可以赚取可观的差价，以弥补拉升阶段付出的较高成本。

具体来说，庄家洗盘主要是为了达到以下目的。

一、锁定筹码

当庄家通过吃货阶段收集到一定筹码后，通过计算，可以了解自己账户内控制某只股票流通量的比例。一只股票约20%的流通股由于各种原因处于冬眠状态，锁定性强，无论股价如何变化，都很难进行交易，这部分筹码对庄家无任何威胁。

但是我们知道，股市买卖是自主的，在庄家收集筹码的过程中，总有一些投资者自觉或不自觉地买入庄家收集的股票。在庄家完成收集阶段后，计算其掌握的流通筹码，如果只控制流通量的30%左右，则说明约有50%流通量控制在市场手中。这50%浮动筹码对庄家未来拉高股价会造成重大威胁。庄家要想拉高股价，必须考虑对约50%浮动筹码的锁定问题。

解决这些筹码的锁定问题只有两个办法，一是在不增加成本的情况下继续增持筹码，二是在不增持筹码的情况下，通过震荡让市场自行锁定筹码。这样洗盘就成为拉升股价成功的关键。

通过洗盘，庄家进一步控制筹码，或让获利又易动摇者出局，让看好者进场。由于后者入场成本高，不会轻易抛掉，这就减轻了今后拉抬时获利盘回吐的压力。经过几天拉抬洗盘之后，大多数散户持股成本都已抬高，因而不会轻易割肉，而庄家成本与股价相比已相当低，这就使得庄家有时即使采取跳水方式派发也不致亏本，而散户此时则是卖与不卖迟迟下不了决心，从而为庄家赢得派发时间。

二、降低庄家持股成本

庄家如采取从上往下的洗盘方式，还可获得高抛低吸的好处，能够进一步摊低庄家持股成本，同时也可抽出资金用于下一步拉抬。另外，庄家这样做还可以迷惑散户，使其弄不清主力的持仓成本，以及主力今后的出货位置。

一些“高抛低吸”的短线投机者往往“高吸低抛”，本想坐轿，谁知却成了抬轿的。如果这些投机者反手追涨，则会推高股价，减轻庄家拉升的负担。

再者，洗盘和出货在形式上有类似之处，使不精明的散户搞不清洗盘与出货的区别，错把出货当回调，当成补仓时机，致使持股者都不出场，让庄家成功出逃。因此，洗盘也有烟幕弹的功能，可以掩护庄家到时顺利出货。

三、坚定散户持股信心

坚定散户持股的信心，让被洗出场者后悔，让抱股不动者尝到甜头。今后在庄家出货时，散户也可能认为还是洗盘，持股不动，使庄家出货有更宽敞的通道。

第二节　庄家洗盘常用手法

洗盘是为了震出信心不足的散户筹码。庄家必然会制造出疲弱的盘面假象，甚至凶狠的跳水式打压，让人产生一切都完了的错觉，诱使人们在惊恐中抛出手中筹码。

庄家为了达到洗盘的目的，又不被跟风者看出破绽，就会采取不同的洗盘方式。根据市场背景的不同和运作项目基本面的差异，以及各种客观条件的变化，庄家有以下几种洗盘方式。

一、打压洗盘法

打压式洗盘是指庄家大幅拉高后，利用市场积累的较多获利盘，投资者有很强的获利回吐欲望的时候，猛然反手打压，使股价大幅下跌，把胆小的获利者恐吓出场。

打压式洗盘可分为两种情况。

一是压盘逼空，这是典型的超短线洗盘方式。庄家在某个价位挂出大量的卖盘，但并不主动成交。等到市场注意，散户产生恐慌之时，抢先成交而以较低的价格挂单卖出，庄家预先在低位挂单接货，暗中买盘成交。一旦目标达到，股价当日冲高。在分时图和 K 线图上，此法的技术特征不明显。

二是打压震仓。庄家临时多翻空，大量卖盘向下倒货，在图形上形成跌势行情，破坏技术图形，使市场错误地认为主力出货，丧失信心。持股者争先抛出手中股票，庄家顿时空翻多，顺势买入。

此法持续时间不长，一般只有几天的工夫，在日线组合上出现短期空头陷阱形态。甚至只维持半天时间的都有，而且往往配合运用对倒的方法保证手中筹码没有流失。

一般来讲，采取打压震仓的庄家实力雄厚，有力量控盘，否则既无较多筹码打压，在散户恐慌时也无资金在下档接盘，反而会使局面变得不可收拾。

采取打压式洗盘的通常多是投机性股票，在经过奋力拉抬之后的调整时借势打压。如果是绩优股，庄家一般不采取这种打压方式。因为这类股票看好的人多，打压砸出去的筹码不易捡回来。

操作上，庄家先行拉高之后，反手实施打压，也就是以凶狠向下的方式往下砸盘，做出一根长长的阴线，让人相信后市无戏。然而这种跌势并不继续下去，一般在低位停留的时间（或天数）不会太长，往往在一周内甚至第二天跌势就停止了。更有甚者，股价刚出现一个跌停，紧接着便是一个涨停，让前边抛股者追悔莫及。

这种洗盘方法适用于流通盘较小的绩差类个股。由于购买小盘绩差类个股的散户投资者和小资金持有者，绝大多数是抱着投机心理入市的，所以这类个股的稳定性就要差一些。这些散户投资者和小资金持有者常常一脚门里，一脚门外，时刻准备逃跑。而看好该股的新多头，由于此类个股基本面较差，大多都不愿意追高买入，常常等待逢低吸纳的良机。

鉴于持筹者不稳定的心态和新多头的意愿，作为控盘庄家，往往利用散户对个股运作方向的不确定性，控盘打压股价，促进和激化股价快速下跌，充分营造市场环境转换所形成的空头氛围，强化散户投资者和小资金持有者的悲观情绪，诱发持有筹码的不稳定性。同时也激发持筹者在实际操作过程中的卖出冲动，无法掌控自己正常的投资心理，使这种悲观情绪达到白热化程度。庄家通过控盘快速打压，采用心理诱导战术，促进市场筹码快速转换，达到洗盘的目的。

打压洗盘方法的好处在于“快”和“狠”，实施时间较短，而洗盘效果较好。

如图 9-1，海南高速（000886）2014 年 9 月至 2015 年 4 月的走势图。

该股在前期逐步建仓，到 2015 年 1 月建仓初步完成。建仓过程中也出现了大量的盈利浮筹，此时庄家就需要对这些浮筹进行清洗。打压式洗盘成为庄家的选择，短期迅速击穿均线系统，破坏股票形态，使散户对股价后期运行不再看好，抛出手中筹码。随后庄家利用短暂的试盘，测试浮筹，拉升随之展开。

又如图 9-2，山大华特（000915）在 2015 年 1 月至 2015 年 4 月的走势图。

该股在快速拉升后，积累了大量的盈利筹码，对庄家的继续拉升造成很大的不确定性，所以需要对筹码进行清洗。这时就在 K 线形态上看到了连续出现的大阴线。可以想见当时对散户形成的震慑，会让多少散户乖乖地交出筹码。

图中还可以看到的另一个方面是庄家在进行洗盘。庄家在洗盘的时候，

海南高速日线 EMA(7,15,25,34,56,235,453) 七天线: 6.921↑, 持股线: 6.692↑, 生命线: 6.419↑, 初月线: 6.211↑, 双月线: 5.
7.29
打压式洗盘
试盘
3.98
VOL(5,10,20) 558183.000↓, MA1: 475874.813↑, MA2: 611377.875↓, MA3: 278483.188↑

图 9-1

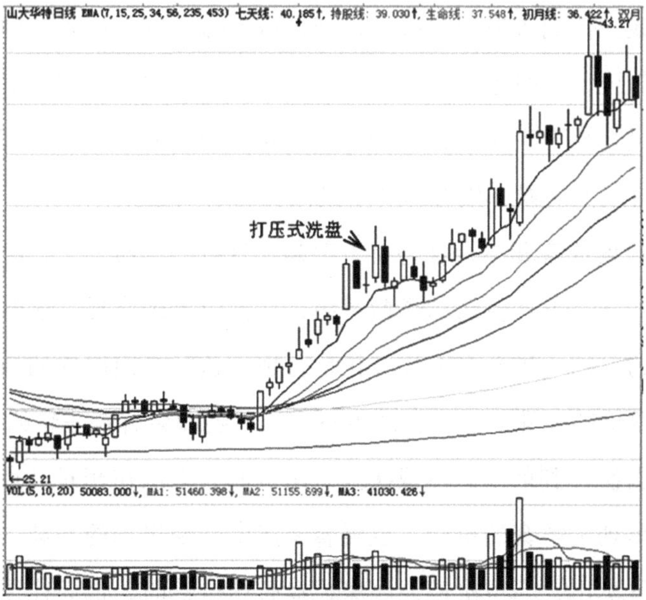
山大华特日线 EMA(7,15,25,34,56,235,453) 七天线: 40.185↑, 持股线: 39.030↑, 生命线: 37.548↑, 初月线: 36.422↑, 双月
43.27
打压式洗盘
25.21
VOL(5,10,20) 50083.000↓, MA1: 51460.398↓, MA2: 51155.699↓, MA3: 41030.426↓

图 9-2

股价都是保持在短期均线上，说明庄家并不是在出货，同时也不会让散户在更低的价位拿到筹码，对以后的拉升造成影响。

二、震荡洗盘法

震荡式洗盘是指庄家利用股价的大幅震荡，赶走胆小及缺乏耐心的散户，以此来实现其洗盘目的。也就是以大幅震荡的方式高出低进，迫使散户因害怕而抛出手中股票，改由另一批看好后市的人接过股票。反复多次升跌，使盘中的浮动筹码减少，K 线图表现为阴阳夹杂出现，市势飘忽不定。

利用打压洗盘容易丧失手中的廉价筹码，而采取横盘洗盘的方法，要花费很长的时间。震荡洗盘则是把拉升、横盘、打压揉合贯穿到一起，像打太极拳一样把它们组合起来，取长补短。

散户投资者和小资金持有者看到股价上涨的时候往往追涨买入，这时候由于他们的心理准备不够充分，在他们的心目中买入的理由就是股价涨了，买进就能赚钱。他们买进后，股价也许稍微上涨一点，或者立即进入横盘或遭庄家控盘打压，这时他们买入的理由随即消失。由于买在相对高点或者次高点，心理很容易失去平衡，股价稍有风吹草动，就会引起心理恐慌。尤其当庄家控盘打压的时候，极容易产生割肉卖出的冲动。

很多散户投资者和小资金持有者都是在这种心理压力下，经过主力的心理诱导战术，克制不住自己的恐慌情绪，在低位割肉出局。这时庄家已经初步达到洗盘的目的，进而向上展开拉抬行情。这时割肉出局的散户看到股票刚一卖出，股价就上涨，心里会产生不平衡，随即会有新一轮的买入冲动。

当股价再次走到前期高点或次高点附近时，上次在相对高点买入的套牢盘好不容易熬到了解套的机会，也极容易产生套现出局的冲动。如有意志坚强的多头不肯卖出，当再次遭遇庄家控盘打压股价时，他们往往会痛惜自己没有把握解套的大好机会。后来又反手买进的投资者更是迷惑，自己怎么卖出是错了，买进也不对，左一耳光，右一巴掌，两面挨打。

这种洗盘方式兼有打压式洗盘和平台式洗盘方法的优点，一方面考验散户的胆量，另一方面考验散户的耐心。庄家采用这种反复震荡洗盘的方法，不断诱导散户投资者和小资金持有人追涨杀跌，踏高撵低，进一步提高他们的投资成本。

和横盘整理洗盘比较起来，震荡洗盘的好处在于节约了时间，和打压洗盘比较起来又回避了丧失廉价筹码的风险，可谓中庸之道。

震荡式洗盘表现如下。

◆ 价格波幅比平台整理大，但比打压洗盘小。

◆ 一日之内价格振幅大，或表现为中等十字 K 线，或是实体较长的阴线或阳线。

◆ 经常出现阴阳 K 线相间，隔日收盘反差大的特征。

震荡洗盘从表现的形态来看，往往可分为以下四大类。

1. 三角形形态

当股价上升到某一位置区域时，股价在庄家的打压下或者获利回吐的压力下，开始震荡回调。股价下调到一定幅度后，卖盘的抛压逐步被买盘所消化，股价止跌回升。但是在股价回升到前期高点或者未到前期高点时，再次遇到庄家的抛压或者获利回吐的压力，股价二次回探。

在第二次股价回调的时候，由于庄家的护盘行为或者在新增资金的介入下，股价在达到或未达到前期低点的时候，出现第三次回升。这样股价高低点之间的波动幅度逐渐收敛，震荡区域也越来越小，促使买进和卖出的价差越来越小。上档的卖压和下档的买力逐步逼近，在形态内进行低吸高抛的短线客也逐渐无利可图。

该形态至少由两个高点和两个低点组成。把该形态的两个高点互相连接后形成一条直线，把该形态的两个低点也互相连接形成一条直线，这两条边线最终交汇于一处，形成一个三角形形态。

根据这些三角形中的高点与高点、低点与低点出现的价位不同，又可细分为对称三角形、上升三角形。

（1）对称三角形。

当股价上升到一定幅度或到达敏感价位区域，亦或市场背景有所转换的时候，庄家抛出一部分筹码，或者市场上的获利盘兑现了一批筹码，造成股价下跌。当股价跌到一定位置，或者卖方力量逐渐被买方力量消化，或新增资金入驻后，股价止跌转升。但新增资金好像对前景有点犹豫，或者说庄家拉升后感觉浮动筹码清洗得不够，需要再次清洗获利筹码，在股价还没有上升到前期高点附近的时候，在庄家的打压下，或者获利盘的抛压下，股价再次掉头向下。

在股价还没有达到前期低点的时候，股价在庄家的维护下或者逢低介入资金的推动下，再次勾头向上运行。这样股价后来几次上涨和几次下跌，均未达到前期的高点和低点，因此股价运行的高点一次比一次低，股价下跌达到的低点却一次比一次高，高低点之间的波动幅度逐渐收敛，震荡区域越来越小，促使买进和卖出的价位越来越近。

把股价的几个高点连接起来延伸为一条直线，同样把股价的几个低点连接起来也延伸为一条直线，这两条直线最终会交汇到一起，形成对称三角形。

对称三角形代表的意义，是买卖双方在某一价值区域内力量暂时达到平衡状态。即获利盘和不看好后市的空头急于抛售手中的筹码，在股价尚未运行到前期高点附近时就抢先抛售。新的逢低介入资金和看好后市的多头急于买进筹码，在股价还没有回落到前期低点的时候就先行买进。这样平衡的结果，使股价高点逐步下移，而股价的低点也渐渐抬高，反映出买卖双方势均力敌。

要点提示：由于此形态为庄家震荡洗盘形态，所以在该形态内的量价关系应该符合震荡洗盘的量价要点，包括价涨量增、价跌量缩。从整个形态来看，成交量应该随着股价震荡幅度的收敛逐步萎缩，从而预示着浮动筹码越来越少，场内筹码日趋稳定。

（2）上升三角形。

股价上升到一定幅度或到达敏感价位区域，亦或市场背景有所转换的时候，庄家在某一水平区域打压股价的升势，抛出一部分筹码，或者市场上的获利盘兑现了一批筹码，造成股价下跌。

当股价下跌告一段落时，多头开始买进或者庄家开始护盘，股价逐渐回升。当回升到前期高点附近时，庄家再次打压股价，股价再次回落。由于多头买进士气正盛，股价尚未回到前期低点即告弹升。这种情形一直持续，令股价随着一条水平阻力线波动，而波动幅度逐渐收窄。

把每次波动的高点连接形成一条水平阻力线，而每次震荡的低点连接形成一条向上倾斜的直线。两条直线最终交汇于一处，就形成了一个上升三角形。

上升三角形代表的意义，是买卖双方在特定的价值区域内较量的结果，买方略占上风。看淡后市的空头也并不急于出货，只在某一特定区域内减磅操作，也可能是庄家故意在某一价格区域内刻意压制股价，促进筹码换手。随着股价震荡幅度收窄，使市场筹码持有者的投资成本逐渐升高，渐趋一致。

要点提示：在上升三角形形态内，伴随着股价的震荡和筹码逐步换手，成交量也逐步递减，表示经历洗盘和换手后，盘面浮筹日趋稳定。在股价形成突破时，往往伴随着较大的成交量，预示着新一轮的升势即将展开。

需要注意的是，在庄家运作的三角形整理形态即将结束的时候，如果市场背景依然没有转换，或运作的项目利好公布因故需要延迟，亦或发现浮动筹码清洗并不充分等这样或那样的情况，主力会重新修正三角形的整体形态。比如在第一次高点和第一次低点的波动范围之内，重新创造高点和低点，从而扩大和延长三角形的整理形态，在维护多头信心的同时，又延长了作战的时间跨度。

2. 箱型整理

箱型整理亦叫长方形或矩形整理形态，就是股价上行到某个区域内，出现多空完全平衡的状态。也就是说，当股价上行到某个价位附近时，即遭到庄家的打压，强制股价回调；当下行到不远的另一个价位时，即遭到庄家护盘或新多头吸纳。这样反反复复震荡，把上档形成的高点连接起来形成一条水平阻力线，把下档低点也连接起来形成一条水平支撑线。两条直线形成平行的通道，不上倾，也不下移，而是水平发展，形成长方形走势或箱体走势。市场筹码在箱体或长方形价格区域内震荡换手。

这种洗盘方法适合于牛皮市、盘整市中的洗盘方式。

箱体整理代表的意义是：股价在股票箱体内上下波动，由于散户投资者和小资金持有人在庄家的心理战术诱导下失去了对市场正确的感知能力，见到股价上涨即追涨买入，买入后股价反而下跌；看到股价下跌即割肉出局，但卖出后股价却又拐头向上。这样不断追涨杀跌，就垫高了其他投资者的持仓成本，促使信心不坚定分子出局观望，使筹码在股票箱内充分换手，同时也逐步培养起一批新铁杆追随分子。

3. 旗型整理

顾名思义，旗型整理的图形就像一面挂在旗杆顶上的旗帜。由于其倾斜的方向不同，又可分为上升旗型和下降旗型，也经常被人们称作平行四边形。

这种情况大多数是在股价上升到相当的幅度后，庄家开始控盘打压股价，使股价下滑。下跌到一定幅度，庄家开始护盘或者新多入驻，股价又开始上行。由于股价已经有一定的涨幅，往往出现跟风盘不太踊跃的现象。当上行高度高于或低于前期高点时，股价再度回落，如此反复。

把股价的高点和高点连接以后，形成一条向上或向下的直线。把低点和低点连接后，也形成一条向上或向下的直线。两条直线保持平行，形成向上或向下倾斜的箱体。这种整理洗盘形态如果出现在上升途中，一般预示着涨升行情进入了中后期。如果出现在下跌途中，经常暗示下跌行情才刚刚开始。

通常而言，在热点轮动的个股中，能够“拉旗杆，画旗面”的强庄股有望再拉旗杆飙升。根据旗形研判并捕捉强庄股的中线底，立足主流趋势逢低吸纳，趁回档建仓介入，突破时加仓跟进，方是投资者“追涨不追高”，把握庄股主升浪的正确投资理念。

如图 9-3，大族激光（002008）的走势图。

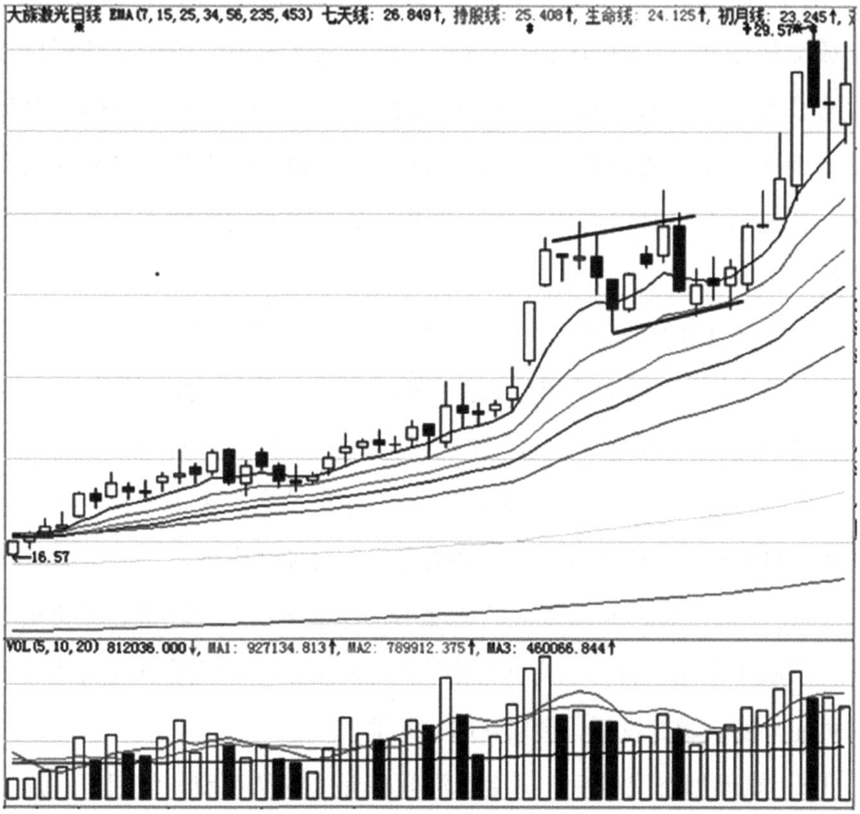

图 9–3

该股自2015年3月31日连续拉升三天，股价单边上扬。后经多个交易日缩量洗盘整理构成旗面。又经回抽洗盘，股价再次起跳，再拉旗杆，完成股价最低量度升幅。

上升旗形走势的形态通常在急速而又大幅的市场波动中形成旗杆，而后股价形成一个向下倾斜的长方形，构成旗面。经过旗形整理，股价在旗形末端突然上升，新多头全力加盟，成交量亦大增，而且升势几乎形成一条直线，这就是旗形走势。

旗形走势具体特点如下。

（1）强庄股上升拉旗杆后，一般对应的旗形整理时间大约为5 ~ 11天，成交量递减。在短暂快速洗盘时，由于人气未散，股价往往可以维持在强势横盘水平。股价应在不超过三周（一般5 ~ 11天）内向上突破，成交量则必须在形成形态期间不断地减少，突破再拉旗杆则必须伴随有序放量。这是形态、时间与成交量的关系，是观察和判断形态真伪的两大重要方法。

（2）从坐庄的角度看，旗形也可视为是对上升角度的调整。一般来说，庄家第一波拉旗杆，势必会以较大斜度的攻击形态出击。由于股价上升过猛，而且偏离45度上升基准角过远，出现回档休整也是极为必要的。

（3）从跟庄意义上来看，旗形可视为庄家洗盘换手进而择机拉抬股价的过程，自然可逢低吸纳建仓，并在放量突破时加仓跟进。

（4）一般来说，旗形回落的速度不快，幅度也十分轻微，成交量不断减少，反映出市场沽售力量在回落中不断地减轻。一旦旗形休整完毕之后，股价可能再度放量拉旗杆，形成新的上升浪。

（5）旗形形态突破后，其上升涨幅目标大约从突破颈线起算，加上形态前涨幅的旗杆价差。这与波浪理论的“波的等长原理”相吻合。

4. 空中加油形态

即股价运行一定涨幅后，庄家利用手中的筹码在中位控盘作图，一方面清洗获利筹码，使筹码充分换手；另一方面为重新吸引多头买气和跟风盘，庄家往往在震荡中画出漂亮的双底形态、头肩底形态和三重底形态。

洗盘有别于出货最显著的标志是，在洗盘的各种形态内，伴随着股价走低或横盘，成交量逐步递减，表示经历洗盘后，盘面浮码日趋稳定。真实的量价关系，往往是检验庄家洗盘和出货的试金石。从成交量上的辨别和伴随着股价的涨跌，往往能更真实地反映出庄家的意图。

三、横盘筑平台

在拉升过程中突然停止做多，使缺乏耐心者出局，一般持续时间相对较长。此类洗盘方法适用于大盘绩优白马类个股。

具备投资价值的个股大家都虎视眈眈地盯着，作为庄家，绝对不能采用打压的形式洗盘。因为这类个股业绩优良，发展前景好，散户投资者和小资金持有者的持股心态稳定。如果采用打压洗盘，散户投资者和小资金持有者不但不会抛售原有的筹码，反而还会采用逢低买进的方法摊平和降低持仓成本。其他虎视眈眈的场外投资机构，也会抢走打压筹码。这样很容易造成庄家的打压筹码流失，形成“肉包子打狗有去无回”的局面。

采用横向整理洗盘的庄家中，实力较弱的，往往保持一定幅度的震荡。在震荡中不断以低吸高抛赚取差价，以摊低成本，维持日常的开支。实力较强的庄家，往往将股价振幅控制在很窄的范围内，使其走势极其沉闷。

这种横向整理洗盘的方法，主要侧重于通过长期的牛皮沉闷走势来打击和消磨散户投资者和小资金持有者的投资热情，考验他们的毅力。由于散户极想盈利，又怕煮熟的鸭子飞掉，所以股价在横盘时，就会加剧散户的焦虑心理。横盘时间越长，这种焦虑感就越强烈，从而动摇了散户持股的信念。

渐渐地，那些意志不坚定、无耐心者最终放弃继续持股的念头。这正中庄家下怀，庄家再拉升时就轻松多了。

有时候，庄家会利用平台破位进行洗盘。这是庄家利用平台收集筹码完毕，借利空或大盘下调造成向下破位。破位大多是大幅下挫，引诱缺乏耐心和不谙此理的投资者抛出手中股票。这种洗盘方式往往伴随主力最后一次吸筹，复合因素较多。有些庄家在平台吸不到筹码，便会利用手中筹码向下砸盘，一方面洗盘，另一方面达到吸货的目的。

这种洗盘方法是所有洗盘方法里耗时最长的一种。一般大盘绩优股的中级洗盘，往往要耗时 3 ~ 6 个月，有时甚至一年不等。在漫长的等待中，面对大盘的跌宕起伏和其他个股的纷纷上窜，绝大多数投资者都会按捺不住寂寞与孤单，纷纷换股操作，选择追涨杀跌的操作方法。等股价突破平台快速上扬时，他们往往会快速杀回，追涨买进，从而起到促进他们买高卖低，提高投资成本的目的。

也有极小部分的散户投资者和小资金持有者，经历了长期的煎熬，享受到胜利的喜悦后，更加坚定了持股的信心。庄家经过多次拉升、横盘、洗盘，如此反复的心理诱导下，人们越发坚定持股的信心，最终导致坐电梯，为庄家出货贡献出微薄之力。

横盘整理的形态在 K 线上通常表现为一条横线或者长期整理平台，从成交量上来看，在平台整理的过程中，成交量呈递减的状态。也就是说，在平台上没有或很少有成交量放出，成交清淡，成交价格也极度不活跃。

为什么会出现这种情况呢？其内在的机理就是：当股价上升到敏感价位或浮码涌动，亦或市场背景转换的时候，庄家适时抛出一部分筹码，打压住股价的升势。另外用一部分资金顶住获利抛盘，强制股价形成平台整理的格局。在这个阶段内，成交量稍显活跃。一旦平台整理格局形成，成交量应迅速地萎缩下来。

庄家一般应让散户投资者和小资金持有者所持筹码在平台内充分自由换手，只是在大势不好、股价下滑的情况下，出面维护住股价。由于庄家活动极少，此阶段内的成交量应该是清淡的。

成交量迅速减少，也进一步说明场内的浮动筹码经过充分换手后日趋稳定。随着新增资金的陆续入场，成交量也逐步呈放大状态，股价开始缓缓上扬。此阶段的成交量和第一阶段强制股价进入平台时的成交量遥相呼应，形成漂亮的圆弧底形态，预示着股价即将突破平台，形成新一轮的升势。

四、边拉边洗

边拉边洗式洗盘是庄家在股价涨升中吸筹，同时进行洗盘所采用的一种方式。边拉边洗表现为每日股价上升 5% ~ 10%之后回档，日线图上交叉出现 T 字 K 线或下影较长的十字 K 线，或带上影的 K 线，说明股价每日拉升在盘中有洗盘动作。

这种洗盘方式可以节约时间，能够把胆小者洗出场外，但每日收市价上移可以坚定多头的信心，便于加快炒作周期。如果庄家不想长期炒作（比如对后市大盘走势不放心），则可能选择此种炒作方式，在利好出现继续拉高时，也可能采取此种洗盘方式。

洗盘整理一般是在股价的 10 日均线上并远离 10 日均线时开始的。庄家的目的是要将已获利的散户投资者驱赶出局，另换一批新的跟庄散户，从而抬高散户的持股成本，减轻进一步拉抬时获利回吐盘的压力。

洗盘时，成交量总体上应有一个缩量到缓慢放大的过程。洗盘初期一般成交量大。到中间，浮码洗净，成交量因惜售萎缩。到后期，庄家补仓和拉抬，价格上移，成交量放大。

洗盘完毕向上突破时，一般都伴随巨大的成交量。对于边拉边洗式洗盘，拉升时不一定有很大的成交量变化，因为在洗盘过程中成交量已经很大。

在拉高过程中伴随着回档，将不坚定者震出，这种洗盘方式最显著的标志是在日 K 线上没有标志，这也是区别于其他洗盘方法的一个显著特征。这种洗盘方法往往受客观条件制约，常常出现在单边上扬的行情中，庄家把拉升和洗盘融为一体。

这种洗盘方法就是庄家每次都推高股价，然后就撒手不管，任凭散户自由换手，不管股价涨跌，次日或者隔天再次推高股价。庄家只管寻找机会推升股价，散户只管自由换手，这是边拉边洗的一大景观。虽然在日 K 线上找不到庄家明显洗盘的痕迹，但是庄家采取的是化整为零、少吃多餐的策略，常常使散户在盘中换手。

庄家采用这种洗盘方式时，一般在股价拉升到一定价位后，会在相对高位抛出一小部分筹码，在相对低位则无大抛单。如有大抛单，则在大抛单出来后股价立即转跌为升，或放量止跌。庄家洗盘后的股价上升更加轻灵，只需少量买盘即可将股价推高。

在股市中，影响股价涨跌波动的因素很多。比如宏观上的、微观上的、行业内的、政治因素、经济政策，甚至包括自然灾害以及企业产品的供需变化等，都会逐步反映到股价上来。具体到个股方面，诸如技术面、消息面、基本面以及市场环境等，存在很多的不确定因素影响股价涨跌。而市场参与者众多，成分极为复杂，也从另一个方面促进了股价涨跌，股价波动方向因此呈现出无序的状态。

坐庄的含义就是：主流资金的持有者通过种种手段，防范和化解种种不利因素，有效地利用市场环境，从而改变和调控股价涨跌的不稳定性，甚至积极地引导股价、控制股价，化被动为主动，使之能够按照自己的预期发展方向前进，引导和控制股价走势，从而极大地降低庄家的投资风险，使风险趋于最小化，利润最大化。

五、跌停式洗盘

庄家需要洗盘时，往往借助利空消息，使股价一开盘就出现跌停，引起全场恐慌，动摇胆小及意志不坚定者的持股信心，让其赶快出逃，庄家便可以很好地达到洗盘目的。这是一种手法比较凶悍的洗盘方式。

第三节　庄家洗盘的盘面特征

无论庄家采用什么方式洗盘，都是人为操纵价格变化。表面上，洗盘给投资者以庄家出货的迹象，但实质上庄家洗盘有其明显特征。

庄家洗盘时的盘口特征主要有以下几点。

◆ 股价在庄家打压下快速走低，但在下方获得支撑，缓缓盘升。

◆ 下跌时成交量无法持续放大，在重要支撑位会缩量盘稳。相反，反弹时仍有明显的吸筹迹象，上升途中成交缓缓放大。

◆ 股价虽然暂时下跌较多，但很快被多方拉回，且股价始终维持在10日均线之上。即使跌破，也并不引起大幅下跌，而是在均线下缩量盘稳，并迅速返回均线之上。

◆ 整个洗盘过程中几乎没有利好传闻，偶尔还有坏消息。一般人持股心态不稳，并对后市持怀疑态度。

◆ 盘面浮码越来越少，成交量呈递减趋势。最终向上突破并放出大成交量，表明洗盘完成，新的升势就在眼前。

◆ 洗盘之始升幅都不大，洗盘之中跌幅都不深，一般不跌破庄家的吃货成本。

◆ 下跌时，庄家多会与大势或技术配合，如跌破上升通道或重要支撑位（线）等。

◆ 洗盘之始就做出一种顶，造成下跌的假象，下跌之尾还常见诱空动作。

◆ 洗盘末期都有缩量和庄家惜售现象。

◆ 有推盘要求的庄家多有复合洗盘动作，或诱空充分吃货动作，或按大势赋予的时间不同，洗盘时的盘口现象也不同。如果时间充足，可能在日线上产生不同的形态；如果时间紧迫，可能在分时走势图上产生不同的形态。

在庄家洗盘阶段，总要刻意让盘口显示这是弱势股、后市无大戏的假象。既然洗盘是为了吓出信心不足的散户筹码，所以庄家必然会制造出疲弱的盘面假象，甚至凶狠地跳水式打压。但在关键的技术位，庄家往往会护盘。这是因为庄家要让另一批看好后市的人进来，以达到垫高市场平均持股成本的目的。

具体地说，洗盘时有以下几种盘面现象。

◆ 大幅震荡，阴线阳线夹杂排列，大方向不明。

◆ 成交量有递减趋势。

◆ 常常出现带上下影线的十字星。

◆ 股价一般维持在庄家持股成本区域之上，可关注 10 日均线。非短线客则可关注 30 日均线。

◆ K 线组合显示为三角形整理、矩形整理等形态。

当然这些不是绝对的，需要我们平时认真观察。

一般来说，庄家洗盘时，股价变化取决于庄家吃货的数量，但最低不能跌破吃货的平均成本，否则就有出货的可能。因为庄家通过吃货已控制了部分筹码，股票的市场流通量减少，除非有基本面利空或庄家人为打低，否则股价不可能有大幅下跌。

洗盘的时间周期一般在 5 天左右，长一些的在 10 至 20 个交易日，短期的一两天。也有可能当天开盘就推高 5% 以上，而后回落洗盘。尾市再一次把价格推高到上午开盘推至的最高点附近，第二天接着拉升。

那么投资者应该怎样积极地应对洗盘行情呢？关键是保持一个良好的心态。尤其当股票从底部刚刚拉起，市场心态大多还停留在空头思维之中，切不可因一些短期震荡便被洗盘出局。应该以不变应万变的心态坚定持股，未达目标不轻易做空。

对于一些大幅下跌的打压洗盘方式，则可根据成交量来判断。没有出现太大的成交量，不可轻易出局。

第四节 庄家洗盘的技术特征

一、指标特征

1. 均线

洗盘时股价多数在 10 日均线之上，并在远离 10 日均线时开始。这意味着一些跟庄者已有短期利润，应该让他们出场，换进新的跟庄者，从而抬高散户持股成本，避免未来获利盘的回吐压力。

在均线系统上，10 日、30 日和 60 日均线维持多头排列。即使股价跌穿 10 日均线，也会在其附近徘徊，不会跌得太深，一般不破 30 日均线。即使破了，也很快会拉回来，以免将来拉抬时遇到强大的解套盘压力。

一般横盘式调整触及 10 日均线即结束，展开升势。期限长的调整会跌破 10 日均线，但一般不等 10 日均线向下触及 30 日均线即应结束洗盘。其道理是庄家不会让 10 天内进场的散户都套牢，否则到拉抬时会遇到大的解套盘压力，达不到四两拨千斤的功效。

2. 指标

DMI 指标中的 + DI 死叉 -DI，ADX、ADXR 回落呈盘整走势。MACD 指标走平或形成死叉，BAR 红柱缩短或消失，绿柱出现或增长。KDJ、W%R 等指标死叉后，从强势区进入弱势区整理，有时在底部出现“背离”走势。RSI 指标进入弱势区域。BOLL、MIK 等指标围绕或下穿中轴。PSY、BRAR、CR、VR 等指标向下回落，在低位盘整，人气低迷。TRIX、DMA、LONG 等指标的快线向其平均线靠近，但一般平均线趋势仍然向上。

3. 成交量

洗盘时，成交量总体上从量大到量缩再到缓慢放大的过程，基本呈“大、小、大”的走势规律。

洗盘初期，要洗出胆小和不耐烦者，故成交量大；到中期，浮筹洗净，成交量因惜售萎缩；到后期，庄家补仓和拉抬，价格上移，成交量放大。洗盘完毕，向上突破时，一般都伴随巨大的成交量。

对于边拉边洗式洗盘，拉升时不一定有很大的成交量变化，因为在洗盘当中成交量已经很大；对台阶式、打压式洗盘方式而言，最后向上突破时需要相对较大的成交量。

二、K 线特征

日 K 线组合形态变化多端，阳线、阴线经常交替产生，屡现空头陷阱，而且盘中动作难以把握。

概括起来，主要有以下几种特征。

◆ 大幅震荡，多空拉锯，阴线、阳线夹杂排列，市势不定。

◆ 常常出现带上下影线的十字星。

◆ 股价一般维持在庄家持股成本区域之上。若投资者无法判断，可以关注 10 日均线。非短线客则可关注 20 日或 30 日均线。

按 K 线组合理论分析，这一阶段常见的 K 线组合有十字星、长十字、穿头破脚、下跌三部曲、三只乌鸦、大阴线、平顶、乌云盖顶、吊颈线、黄昏十字、垂死十字、射击之星、下肩带裂口等。

三、波浪特征

洗盘阶段在波浪理论中一般属于第 2 浪或第 4 浪。

第 2 浪是对第 1 浪升幅的调整。股价经过长时间的 a、b、c 浪调整，虽有 1 浪的小幅上升，但人们还没有从熊市的思维中转变过来，一遇到 2 浪调整，常常会恐慌杀出。调整的幅度一般较大，成交量逐渐萎缩。常呈现下列三种情形。

◆ 调整的幅度通常是第 1 浪的 0.382、0.5、0.618 倍。

◆ 第 2 浪多以 a、b、c 三浪运行。

◆ 若第 1 浪以 5 波的形态上升，则第 2 浪很可能回吐到上述第 4 小浪的位置。另外，第 2 浪调整的形态直接决定后市的强弱。

第 4 浪和第 2 浪调整有很强的互换性。如第 2 浪以简单形态出现，第 4 浪调整就以复杂形态出现，反之亦然。时间也是这样，若第 2 浪调整时间过长，则第 4 浪时间就比较短。第 4 浪跌幅通常是第 3 浪升幅的 0.382 倍，且第 4 浪的底必定高于第 1 浪的顶部。

四、切线特征

在上升型洗盘中，形成一条向上的趋势线；在下降型洗盘中，形成一条向下的趋势线；在水平型洗盘中，形成一条横向的趋势线。

在洗盘时，庄家一般以趋势线的下限线为极限。有时凶悍的庄家洗盘力度较大，往往刻意跌破重要的支撑位（线），以制造更大的恐慌气氛，使跟风者失去持股信心。然后在某一天突然放出巨量上行，散户不敢追高而全线踏空。

五、形态特征

洗盘阶段经常出现的典型形态有横向形、三角形、旗形、楔形、箱形、V 形、W 形、圆形、扇形等。

在洗盘阶段，常常出现独立的“N”形态，这里仅就该形态作一介绍：“N”形形成过程中，股价在上升趋势中不断攀升，连续创出新的高点，成交量也随之增加。此时，先期低位持仓者开始沽货套利，股价回落，形成一个顶端，成交量逐步减少。

当股价下跌至某一点位（支撑位或线）时企稳，股价重新向上，成交量逐步增大，成功突破前期高点，形成一个“N”形。我们对于一浪高于一浪的 N 形波，称其为上升潮。一个上升潮包含“上升—下跌—上升”。当股价向上超越 N 形波的转折高点时，为一个完整的向上 N 形，为短期买入信号。一个大的 N 形波可以包括许多小的 N 形波。

“N”形的特征及操作策略如下。

◆ “N”的两次上行角度越接近，上行力度越大。如果第二次上行角度较陡，短期爆发力越强，但往往持续时间较短；如果第二次上行角度较缓，则力度较弱，涨幅相对较小，但往往持续时间较长，走势较为坚挺。

◆ 在突破前期高点时，必须有大成交量的配合（与前期成交量相当），才能视为有效突破信号。当股价向上突破颈线时，一般以收市价超过前一个高点达 3%以上，“N”形获得成功确认。

◆ 当股价成功向上突破后，有时可能产生短暂的反抽。以收市价计，只要不跌破颈线 3 日以上，仍可视为反抽的范畴，后市应作乐观买货准备。

◆ “N”形形成的时间长短尚无标准，一两日有之，几周也有之。实盘中，形成时间短的，短期爆发力很强；形成时间长的，后市升幅较大，利多信号更为明显。

◆ 量度升幅：测出第一次回调低点至颈线间的垂直距离，再从突破颈线点向上量出等距离，即为最少量度升幅。一般情况下，实际升幅比量度出来的大得多。

◆ 买卖策略：当股价突破颈线或回抽颈线成功时，持股者坚定做多，持币者第一时间入场。

第五节 从成交量判断洗盘还是出货

前面我们讨论过庄家建仓时的成交量特征，总的来说，就是极度萎缩之后放大。虽然技术分析指标多达上百种，但最基本的要素就是价格与成交量，其他指标无非就是这两个指标的变异或延伸。洗盘时成交量的显著特征就是，随着洗盘时间的推移而逐渐缩小。

在建仓阶段，由于庄家大幅吸筹，使股票在成交量明显放大的推动下变得活跃起来，出现价升量增的态势。短线获利盘逐渐增多，市场上出现大量浮筹，给庄家拉升造成了障碍。为了扫除这些障碍，庄家不得不采取洗盘措施。

在洗盘初期，庄家故意制造利空消息或破坏图形走势，让心态浮躁者尽快出局。由于利空消息来得突然，或者图形走势突然变坏，经验不足而又怕套牢的投资者会很快撤离。他们抛出的筹码，大部分被庄家在低位接走。走了胆小的，留下的是胆子大的，或者是一些死猪不怕开水烫的持股者，他们始终抱着股票不放，所以在庄家洗盘后期成交量越来越小。当庄家结束洗盘开始拉升股价时，成交量又会明显放大。

量价关系的基本原理是：量是因，价是果；量在先，价在后。也就是说，成交量是股价变动的内在动力。由此人们总结出了多种量价关系规则，用于指导具体的投资。在实际中，人们发现根据量价关系来指导股票买卖时，常常出现失误，尤其是根据成交量判断庄家出货与洗盘方面，失误率更高。不是错把洗盘当出货，过早卖出，就是误将出货当洗盘，该出不出，结果痛失出货良机。

在实际投资中，该如何根据成交量的变化，正确判断庄家的进出方向，或者说如何根据成交量的变化，准确判断庄家是在出货还是洗盘呢？

一般说来，当庄家尚未准备拉抬股价时，股价的表现往往很沉闷，成交量的变化也很小。此时研究成交量没有实际意义，也不好断定庄家的意图。一旦庄家放量拉升股价时，庄家的行踪就会暴露。我们把这种股票称为强势股，此时研究成交量的变化就具有非常重要的实际意义。此时如果能够准确地捕捉到庄家的洗盘迹象，并果断介入，往往能在较短的时间内获取非常理想的收益。实践证明，根据成交量变化的特征，可以对强势股庄家是不是在洗盘作出一个较为准确的判断。

由于庄家的积极介入，原本沉闷的股票在成交量的明显放大推动下变得活跃起来，出现了价升量增的态势。之后庄家为了给大幅拉升扫平障碍，不得不将短线获利盘强行洗去，这一洗盘行为在K线图上表现为阴阳相间的横盘震荡。同时，由于庄家的目的是要一般投资者出局，因此股价的K线形态往往呈现出明显的“头部形态”。

在庄家洗盘阶段，K线组合往往是大阴不断，并且收阴的次数多，且每次收阴时都伴有巨大的成交量，好像庄家正在大肆出货。其实仔细观察一下就会发现，当出现以上巨量大阴时，股价很少跌破10日均线，短期均线对股价构成强大支撑，庄家低位回补的迹象一目了然。

庄家洗盘时，作为研判成交量变化的主要指标 OBV、均量线，也会出现一些明显的特征，主要表现为：当出现大阴巨量时，股价的 5 日、10 日均量线始终保持向上运行，说明庄家一直在增仓，股票交投活跃，后市看好。另外，成交量的量化指标 OBV 在股价高位震荡期间始终保持向上，即使瞬间回落，也会迅速拉起，并能够创出近期新高。这说明单从量能的角度看，股价已具备上涨的条件。

如果一只股票经过一波上涨之后，它的成交量变化出现以上特征，那就说明该股主力洗盘的可能极大，后市看好，会出现较好的涨幅。

第六节 如何判断洗盘结束

实际操作中，投资者经常遇到的一个棘手问题，就是不知道如何区别洗盘与出货，结果不是将洗盘误认为是出货而过早出局，错失获利良机，就是将出货误认为是洗盘而持股不动，错失出货良机而遭套牢之苦。那么如何把握洗盘与出货的区别，并在洗盘结束点及时跟进，从而跑赢大势呢？经过研究发现，“上下背离买入法”在捕捉洗盘结束点方面有十分准确的作用。

所谓“上下背离买入法”，其含义是：“上”指的是上方的移动平均线，“下”指的是下方的 MACD。“上下背离买入”是指在股价上涨过程中出现了横盘或下跌，此时，5 日移动平均线与 MACD（其参数为 8、13、9）的运动方向产生了背离。

一种情况是在股价暂时下跌过程中，5 日移动平均线同时下行，接近 10 日移动平均线或已经与 10 日移动平均线发生“死叉”，而 MACD 却拒绝下滑，DIF 数值不减反增。

另一种情况是在股价暂时横盘期间，MACD 同时下滑甚至出现“死叉”，而 5 日移动平均线却拒绝下行，不跌反涨。

当出现以上情况时，说明市场主力正在洗盘，没有出货。股价的下跌或横盘只是暂时的，其后的行情往往是上涨而不是下跌。这一阶段投资者应以买入或持股为主。

这里需要说明的是，“上下背离买入法”的使用有着严格的要求，并不是所有符合“上下背离”的股票都能上涨。一个较为成功的“上下背离买入点”在符合以上要求的同时，还必须满足以下条件。

◆ “上下背离”发生在上升三浪起点效果最好。也就是说，出现这种情况时股价刚刚上涨，上涨幅度有限，还没有进行过主升浪拉升。

◆ “上下背离”发生时，股价刚刚上穿 30 日移动平均线，30 日移动平均线开始走平或刚刚翘头向上，说明股价已止跌企稳。

◆ “上下背离”发生时，MACD 已经运行在 0 轴之上，表明市场处于强势之中。如果符合 MACD 连续两次翻红，效果更佳。

◆ “上下背离”发生时，如果出现的是第一种背离，当日成交量大于 5 日平均量时，可考虑介入。如果出现的是第二种背离，当 DIF 由跌变涨的那一天，可考虑介入。

第七节 散户如何应对洗盘

不少散户在实际操作中可能经常追涨杀跌，被庄家洗盘洗掉，事后看见股价上涨而懊悔不已。要想在股市中投资获利，务必熟知庄家的洗盘技巧，识破庄家的洗盘方法。

洗盘大致有下面几种常见方法。

一、高开杀低法

一般是在股价高档无量时采用这种洗盘方法。当低档接手盘强劲之时，投资者可以看到，股价一到高档（或开盘即涨停），即有大手笔的卖盘抛出，而且这些抛盘几乎是快杀到跌停才甘心。但是股价往往并不跌停，或者在跌停价位不断涌出大笔买单。

此时缺乏信心的持股者会在恐慌的气氛之下，把自己手中的筹码卖出，庄家则会统统吃进。等到没有人愿意再低价卖出，卖压不那么大时，庄家再一档一档向上拉升。如果拉了一两档压力都不大，庄家可能会急速拉到涨停，然后再封住涨停。

当投资者看到某股低位大量成交时，应该敢于买进，相信必会有收获的。

二、跌停挂单法

跌停挂单法即庄家一开盘就以跌停挂出，把股价封死在跌停板上。散户看到跌停打不开时，害怕第二天会再来个跌停，于是也以跌停的价格挂单卖出。待以跌停形式挂单卖出的投资者数量到达一定程度且不再增加时，庄家就会迅速将自己的跌停挂单取消，一下将散户的跌停抛单通通吃光，然后往上拉抬股价。其拉抬的意愿视吃进的筹码多寡而定。

通常庄家一定要拥有大量筹码，才会展开这种行动。如果筹码不够多，则第二天可能还会如法炮制。投资者此时也应该低价买进才是。

三、在固定价位区域洗盘法

这种洗盘法的特征是，股价几乎不怎么动，但成交量却在不断放大。比如某股涨停是 11 元，跌停是 9 元，庄家会在 10 元处以超大量的买单挂入。这样的结果导致一整天股价都“静止”在 10 元价位区域。

只要股价久盘不动，大部分持股者就会不耐烦，从而抛出自己的筹码。不管再多的卖单，都会全部以 10 元落入庄家的手中，直到量大到庄家满意为止。其后的涨幅就由庄家来决定，散户只有追高或抢高买入的份儿了。

四、上冲下洗法

出现这种情况，是庄家利用开高走低、拉高、打压再拉高的手法，将筹码集中在自己的手上，因此称为上冲下洗法。

这种方法是综合开高走低法和跌停挂单法形成的，会造成特别大的成交量。当股价一会儿高一会儿低，而成交量却在不断放大时，投资者应该设法在低价位挂单买进股票。

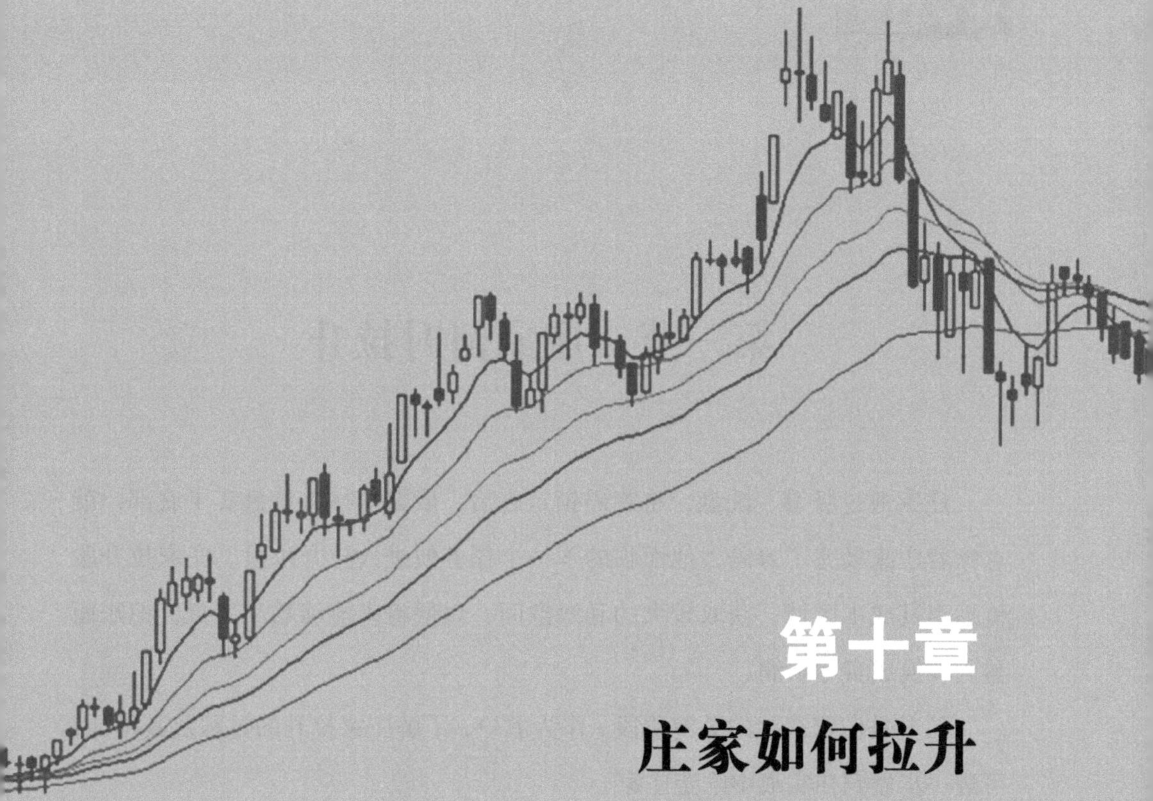

第十章
庄家如何拉升

第一节　庄家何时拉升
第二节　庄家拉升的步骤
第三节　庄家拉升的周期和幅度
第四节　庄家拉升股价的方式
第五节　庄家拉升时的盘面特征
第六节　庄家拉升时的技术特征

第一节 庄家何时拉升

庄家通过吸筹、洗盘，将筹码锁定之后，股票价格一旦盘实了底部，就意味着庄家吸完了筹码，他面临的下一个任务便进入拉升阶段。庄家拉升股价远离其成本区域，获取较大的利润空间，以便将来能够顺利出货，把账面盈利转换成实际利润。

拉升是庄家获胜的关键阶段。作为散户，了解庄家拉升的过程及其特征，可进一步做到在实战中吃定庄家。

庄家坐庄经历了建仓前对该上市公司的调研阶段，在二级市场组织操盘手分散建仓阶段，以及建仓后的洗盘震仓阶段。庄家费尽心机，为的就是一朝时机成熟，将股价拉升到一个庄家满意的高度，然后说服公众投资者进场高位接棒，以实现庄家低吸高抛的利润。

庄家拉升股价，除了获利的考虑外，还必须考虑以下因素。

◆ 在建仓、盘整、洗盘过程中，庄家投入了大量的资金，如果不主动拉升股价，完成出货任务，将会大大增加坐庄成本。

◆ 随着庄家操盘过程延长，庄家的意图和某些商业秘密泄露的可能性也越来越大，这将为庄家坐庄获利带来许多不必要的麻烦和损失。主动拉升股价，可以在很大程度上避免这些麻烦和损失。

◆ 主动拉升股价，可以提升股票的形象，积聚市场人气，吸引投资者参与，为日后出货打下良好基础。

庄家拉升阶段操作的好坏，关系到派货阶段的难易。一般来说，庄家会选择合适的时机开始拉升。如果庄家选择的时机合适，技巧得法，就可以事半功倍，不用花费太大资金，就能将股价轻松拉抬上去。如果时机选择不当，可能费了九牛二虎之力，也未必能将股价拉上去，或者付出较大的代价。明智的庄家善于借势而为，往往能收到四两拨千斤的效果。

庄家的拉升，也是讲究“天时、地利、人和”。选择合适的拉升时机十分重要。而对于公众投资者来说，手中持有的个股进入拉升阶段，就如庄家每天给自己发红包一样，实在是妙不可言。

一般来说，庄家会在以下条件具备时，才会展开拉升动作。

一是筹码已经吃饱，这是庄家拉升的必要条件。庄家完成初步建仓之后，必须在自己预定要进的筹码都进足的情况下才可能拉抬，否则庄家没有低价筹码，到时赚不到钱。这也就是为什么有些庄股在其他股票已经开始升途的时候，它却仍旧牛皮盘整的原因。细心的看盘者会发现盘中有明显的打压吸筹痕迹，明白拉升还未到火候。对于庄家手中以外的筹码，庄家会通过试盘来测试其稳定程度，决定是否拉升。

二是大势行情上升之时，这是大多数庄家都非常喜欢的一个时机。这个时候，市场人气旺盛，场外资金进场也比较积极。庄家在这个时候借机拉高，可以吸引大量散户资金进入，引起场外资金的高度关注，很多场外资金也会被吸引过来。这时只要稍加点火，用少量资金就可以成功拉高股价。

对于实力雄厚的庄家，由于它锁定的个股流通筹码在 6 成以上，因而拉高容易，难的是这么多筹码到时怎么派发。这类庄家喜欢选择大势即将飙升之前拉高，这样一方面因为热点少，大幅飙升会把散户资金吸引到这只股票上来。另外，可以留较多时间在将来大势狂升之中悄悄派发手中筹码。

对于资金实力差，掌握筹码少（2至3成）的庄家来说，一是没有力量硬拉，二是在外的筹码多，硬拉不一定成功，因此这类庄家大多选择大势拉升时借势推高股价。由于他们掌握的筹码少，因而出脱持股也不是难事，这是他们选择这个时机拉高的原因之一。

庄家逆势而为，虽然也有一些成功的例子，但成功的概率比较小，拉升过程也非常困难。因此在大势较弱的情况下，庄家主动拉升股价的情况极少。这也是大家通常提倡弱势中不介入个股的主要原因。

三是重大利好发布之时。消息包括个股业绩、分红时间、收购兼并、经营方针、国内外大事、国家有关政策等，包括市场面和公司基本面两方面的利好。这也是政策市、消息市的重要特征。

利好消息发布的时候，也是庄家拉高的好时机。哪怕大势正是盘整甚至下跌，仍然可以成功地拉高股价。如2007年底的创投板块，在大势不断下泻甚至是狂跌的情况下，由于有个股利好，股价大幅狂升数倍，最终走出一波完全独立于大势的行情。

对于收购题材的炒作，几乎全靠"消息"配合。所以消息发布的时候，就是它们疯狂拉高的最佳也是唯一时机。作为庄家，哪怕大势再狂泻，也要不惜一切地拉高。成熟的庄家，会想方设法地把利好消息分成几个内容，分多次发布，把一个题材反复地进行炒作，从而使其股价多次上下震荡。也就是说，庄家要刻意创造多次拉高的机会。

四是借助热点板块效应。在我国股市中，一直以来都有板块联动的规律，尤其是在大势向好时，板块联动的效果表现得特别明显。如果庄家操控的股票跟市场热点相关，那么庄家的拉升动作就具有很好的隐蔽性。

五是分红、除权、除息日。这是庄家拉升出货最常见、最基本也是最有效的方法。很多投资者亏损，就是栽在这个陷阱里。这种题材每年都有，庄家不能不用。有红可分，说明公司经营尚可。若有增资配股，说明公司尚有发展余地。公众作为一个个普通人，都有从众心理，这在信息经济学看来也是合乎理性的。庄家借机拉高，散户自然认为既然大家（通过价格涨升推测）看好，必有理由，那就是该公司业绩蒸蒸日上，于是认同这一新价。

总之，拉高要有一个说服散户，让他们认同的理由。即使这一理由冷静分析起来可能很勉强，但只要经过夸张造势，小事成大事，经过多次重复，谎言就会变成真理。借消息炒作的诡计从来如此。

六是在低迷市、微跌市或牛皮市时。此时人气散淡，成交萎缩，多数人都是持币观望。若哪只个股庄家敢脱颖而出，使股价拔地而起，甚至逆势放量上扬，市场往往称之为“黑马”、“强庄”股，跟风资金最容易冲动追涨。

如图 10-1，金健米业（600127）2008 年的走势图。

2008年初的行情处在大盘暴跌之中，大多数股票泥沙俱下，市场满目疮痍。金健米业在完成一段时期的缩量整理之后，开始放量拉升。该股的炒作过程多种手段综合运用，借助农业股整体板块的炒作，同时大力鼓吹题材，如“菜籽油题材外加种子农业股”“受益菜籽油一个月爆涨 28%”及“国际粮价上涨”等。该股在市场十分低迷的时候，将股价步步推高，令投资者纷纷入场。

庄家拉升有几个基本原则。

一是拉升速度要快，有时整个升幅只有几根大阳线就告完成。快速拉升可以产生“暴利”效应，能更好地吸引场外资金介入，同时又能使股价迅速脱离庄家成本区域。

二是拉升要准备好理由。庄家拉高股价的目的是让市场接受其股价的变化，最终说服散户投资者在拉高后的价位上接走庄家的筹码。所以庄家通常都喜欢借助某些利好消息来拉高，甚至编造出某些消息来说服市场，从而使自己的拉升行为变得更加容易。

图 10-1

第二节　庄家拉升的步骤

庄家拉升股价不是盲目地拉高，而是有一定目标的。这个目标点位一般是根据股市对该股的价位所能够接受的预期来制定的。目标过低，庄家盈利有限；目标过高，不被市场认同，庄家无法顺利出局。例如 2008 年 4 月沪市某只强庄股，庄家由于将股价拉升至太高价位，市场认同者寥寥无几，庄家最后只能自拉自唱，苦苦支撑。

一般来说，庄股从行情启动到高点的涨幅至少在50%以上，大多可达100%，甚至更高。聪明的庄家不会等自己将股价拉到最高点再出货，而是在上涨过程的2/3处就开始出货了。这也正是股民疯狂追进的时候，此时庄家既能出货，还能让股价继续保持上涨势头。

在整个拉升过程中，庄家每天都会密切关注股民跟进量的增减变化情况，通过复盘计算出来并记录在案。由于趋势的作用，股价的连续拉升本身就可以激励市场，吸引股民跟进。开始拉升时，庄家吃进量占的比例大，可占70%，后来到40%，再后来到10%，达到“四两拨千斤”的效果。

之后庄家就可以反手出货了。出货开始也是小量，保持趋势，然后逐渐增大，最后拼命往外抛。如果这一切都是在大行情的掩护下进行的，庄家的成功就更有保证了。

庄家在拉高过程中，每天还必须做另一个工作，就是计算股民跟进时的成交量扣除庄家自有部分后的价位重心（也即股民的平均成本）。有时候为了修复图形，庄家还会在大量出货后再拉高一下，以蒙骗股民。但庄家一定是算好了点位，刚好涨到重心线附近就停住了，决不会让这个重心线所代表的大部分股民有挣钱出来的机会，这一点许多股民恐怕都有体会。

庄家拉升股价是需要一个过程的，很少一步到位。具体来说，庄家拉升分以下几个步骤。

一、拉离建仓成本区

这是第一次拉升，形成上升第一波。在K线图上表现为股价从长期潜伏底部突起，在周K线上形成旗杆，呈现价增量升之势。周成交量一般可以达到前5周平均成交量的5倍以上。

由于股价长期低迷，股性呆滞，最初的几个小时内往往跟风盘较少，反而会引出不少抛盘，庄家会连续买入，吃掉所有的抛盘。由于庄家对第一波的目标高度往往是根据市场随机而定的，所以在此阶段拉升的准确高度很难预料。有时为了放大成交量或吸引市场的注意，或者显示实力，庄家经常会进行大手笔对敲。

当股价涨幅达到20%左右时，各种有关该股的利好消息便会纷纷登台亮相，同时股价不断攀升，仿佛告诉投资者利多传闻句句为真。其实消息出笼的时机是受控的，有专门发消息的人员，这些人就是那些消息灵通人士，主要是和庄家圈子有联系的人。

消息是庄家的一个重要筹码，合理地利用消息，能够减轻自己的操盘压力。一些有长远打算的庄家此时会培养自己的代言人，选择那些有一定群众基础而又能够广泛扩散消息的人，这些人可能是被蒙在鼓里的，但也可能是心甘情愿的。庄家会花代价为这些人树立信誉，给他们提供一些准确消息并有市场走势配合，保证这些人的权威性，即说涨一定涨，说回调绝对有差价。

虽然庄家有意培育的跟庄赚钱示范效应是一个明显的圈套，但如果散户能够有辨别地把握这种机会，也不失为一种夹缝中求生存的道路。此外，在此段跟庄过程中，还要根据庄家组成的不同，分别加以区分。

独庄很简单，计划怎么做就怎么做，只要没有意外情况，一般都能达到拉升目标，常常还会超额完成任务。脱离成本区的目标价位是从底部上升25%～35%，此时庄家的持仓量增加了，最多时可能达流通股数的60%以上。

多庄股的情况相对复杂一些，各个庄家轮番炒作，但短期升幅一般不大，并有出现庄家变盘的可能。有时也可能在启动阶段连续出现天量，股价以很陡的角度上升。这可能是多个庄家在抢夺筹码，以后会逐步发展成为独庄股，最后庄家的成本价很高，经常成为恶庄或强庄。

二、洗盘震仓

经过一段拉升之后，有些跟风的人小有利润，随时有抛出的可能。为了防止跟风的人利润太大，在关键价位向外抛，使庄家变得被动，庄家就必须把短线客洗掉。另外，庄家还会进行震仓。

震仓与洗盘是两回事，洗盘是洗获利盘，震仓是把不坚定的持股分子震出去。所以洗盘常在刚摆脱底部之后进行，而震仓则常在股价上涨一段时间之后进行。

震仓主要的特点是在跌的时候速度快，让想出的人只能在低位出。震仓的量常常比较大，有的图形还很难看，市场上的分析多半是主力要出货了。如果你真正掌握了主力的成本，分析一下主力的利润，就可以坚定持股信心。

三、再次启动

庄家吸足筹码，人气鼎沸，大势看涨之时，是庄家再次启动拉升股价的最佳时机。此时庄家会根据持仓情况，选择一个合适的拉升速度。一般来说，仓位重的拉升速度较快，走势陡，仓位轻则较为平坦。此段拉升庄家均会留出以后的出货空间。

由于庄家掌握着大量的筹码，即便成不了第一大股东控制整个公司，但要搞出点名堂还是易如反掌的。再加上庄家同上市公司之间往往有许多内在的连带利益关系，所以此时两者之间的关系空前紧密。当上市公司公布利好公告之时，往往也是庄家出货前最后的一轮炒作。

不看大盘炒个股，及时介入强势股，这些操作策略正是庄家所期望的，也大大增强了庄家的炒作激情。当股价越炒越高，欲罢不能之时，庄家已经悄悄地出局了。

在此阶段中，庄家的操作一般较为轻松，因为随着股价的再次启动，成千上万的资金像流水一样进入了庄家的口袋。如果此时基本面发生突变，或出现更具吸引力的股票，容易使跟风者的资金流动发生转向，从而导致庄股失宠成为冷门股。此时庄家为了出货，就不得不另出高招，进行生产自救。

四、末期拉高

末期拉高的目的是为了出货，这个拉高最主要的特点是涨幅不大。如果涨幅过大，出货的人会比较多。涨幅不大，多数人就心有幻想。如果涨幅比较大，那么它的成交量一定是非常小的，显示筹码锁定在主力手中，拉高成本不大。但涨幅大了之后，向下的杀跌空间就会比较大，也容易出货。所以涨幅不大，或者涨幅大但成交量少，这是末期拉高的主要特征。

如图 10-2，该股 2015 年 3 月至 4 月初高位横盘，上涨乏力。我们看到股价在横盘后有一个假突破的走势。借助无量尾盘拉高，想在形态上给人一种明显的突破印象，吸引买盘追进。但这是庄家的骗线行为，拉升并不是一个连续的行为，第二天股价迅速回落。在以后的一段时间里，股价继续横盘出货。当庄家完成出货后，股价一蹶不振，一路向下。

判断庄家是在末期拉高还是在中期拉高，关键看涨幅，其次看量。如果在高位拉高没量，基本可以放心。如果拉高的时候幅度很小但成交量很大，这就是出货的征兆。

图 10-2

第三节 庄家拉升的周期和幅度

在庄家的拉升阶段，有两个重要的关键因素：拉升的周期和幅度。

一、拉升周期

庄家拉升的周期，也就是庄家拉升股价花的时间长短。相对于建仓阶段、出货阶段来说，拉升阶段的时间周期最短，拉升幅度的大小以及时间的长短，体现出庄家的实力与操盘风格。同时拉高是庄家获利的关键，在庄家的操作中具有决定性意义。

一般短线行情在 1 ～ 2 周左右，中级行情 1 个月左右，长庄股在 3 个月左右，个别大牛股的升势可能超过一年以上。

从另外一个角度来看，底部横盘结束以后的拉升时间一般在 10 ～ 30 天。以震荡方式上行的个股，拉升的时间约两个月。为出货而快速拉升，中途没有震荡或震荡幅度小、时间较短的，需要 20 天左右。途中有震荡且幅度大、时间长的，需要 2 个月左右。拉升时间通常与拉升性质、拉升方式、上涨速度有关。

二、拉升幅度

庄家的拉升幅度是指庄家拉升目标股的空间。这里所指的拉升，是指股价经过底部的充分换手并洗盘，且脱离底部庄家成本区域，又进行过多次充分整理后，股价向顶部区域快速挺进，是股票上涨最为疯狂的阶段（收益最高，挣钱最快，特别适合短线高手操作）。拉升空间就是庄家拉升股价所达到的幅度。

股票拉升的幅度取决于目标股的炒作题材、市场人气、股价定位、技术形态、庄家成本、筹码分布、股本大小、庄家获利的目标等各种因素。其中庄家的意志和实力是最具有决定性的。股价拉升的幅度最少也要达到 30%，否则的话庄家就没有获利空间。一般情况下是 50% 以上，超过 100% 的也较为常见。流通盘较大、基本面较差又无可以看好理由的，幅度相对小一些。

股票拉升幅度也可以参考股票的最低价确定。从底部最低价算起，可以按涨幅的 80%、100%、150% 或者 200% 以上，分别确定拉升可能达到的价位。

如图 10-3，国电电力（600795）走势图。

该股股价从 2014 年 9 月的 2.27 元经过 7 个月的上涨，走到 2015 年 4 月的 4.94 元。股价到达高点随后下调。股价在这波行情中走出了翻倍行情，

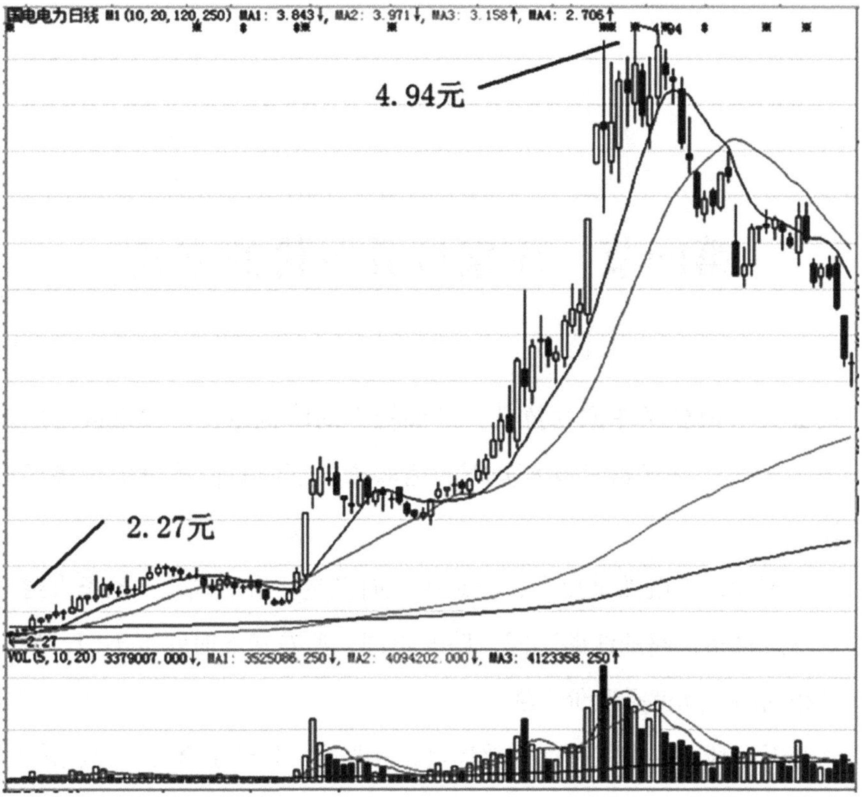

图 10-3

涨幅高达 106.46%。

庄家拉升阶段的幅度，与庄家出货阶段的计划密切相关。有时候庄家在拉升阶段，还需要拉出一定的出货空间。

第四节　庄家拉升股价的方式

前面几节谈到了庄家的拉升目的和拉升的时机条件。如果谈到庄家的拉升方式，那就仅仅属于技术分析的范畴了。下面我们从股价走势形态上来论述。

大家都知道，既然是拉升，就是股价向上走。俗话说，“条条大道通罗马”。不过每条道路的线路不同，路况不同，所花费的时间也不同，最终目的却是相同的，那就是股价上涨。

在拉升阶段，由于庄家已有效控盘，只要用少量资金就可以让股价上升。在此阶段，庄家成功的关键有两点：一是时间上要快，使市场无法及时反应；二是空间上要大，要为以后的出货或计算市值保留尽量大的股价差距。

在拉升手法上既要凶狠，又要灵活。凶狠是指利用大成交量大幅拉高股价；灵活是利用开市和收市机会，特别是收市前短时间拉升股价，使投资者无法追涨。次日开市封住涨停，吸引投资者追高。当然，具体拉升手法在时间和空间上可随庄家自己掌握。

目前，市场中常见的拉升方式大致有以下几种。

一、快速式拉升

这是一种逼空式拉升，指庄家在短时间内快速大幅拉升股价，股价走势很陡，直线一般地上升。此类庄家一般资金实力十分雄厚，在低位收集了大量筹码，操作手法极其凶狠，常常连续拉大阳线或涨停板，制造井喷式行情。这样既可以节省资金，缩短拉升时间，又可以打开上升空间。

这种方式多出现在小盘股或部分中盘股，通常具备投资价值或有诱人的利好题材作为支持，市场基础良好，投资者追涨意识十分强烈。庄家并不在乎剩余筹码的威胁，如果你中途下马，立即就会后悔。在此类 K 线图上，经常会跳空高开形成突破缺口，短期内一般不会回补缺口，这类股票一般都会成为市场中的黑马。

比较起来，短线庄家多喜欢采取一鼓作气的火箭式拉升。短线庄家拉高的关键是借势（借大势反弹之势，借大势上升之势，借利好发布之势，借补涨之势），必须乘势推高，否则过了这村就没有这个店了。再说短庄所持筹码不多，他洗不起盘，同时拉高后出货也容易。中线庄家有时也采用这种方式。

这种方式拉高既要借助特大利好，又必须发生在市场乐观气氛之中，否则投资者不会盲目追高。短线庄和中线庄采取这种急拉方式，要说有什么区别的话，就是中线庄家在拉高过程中有大幅度的洗盘，也就是所谓怎么上去的就怎么下来。由于升得急，洗盘中跌势也穷凶极恶。整个升势中，庄家会较多地利用缺口制造升势。

如图 10-4，宁波海运（600798）走势图。

该股在 2015 年 3 月 13 日以一根中阳线开启拉升波段的序幕。此后股价单边上涨，仅用月余的时间，就走出一波翻番行情。

对于这类股票，投资者应密切关注，及早介入待涨。否则一旦庄家发力，再想低价买进就不容易了。

这种方法的拉升，一般都是目标股刚好处于市场的热点板块，并且大势也十分火爆的时候。在拉升的过程中，庄家可以保持一段时间内股价不出现

图 10–4

明显的回调。从操作效果上来说，就是只要抛出就接不回来，或者说要以更高的价格买回。这就意味着随着庄家的逼空，市场上投资者的成本越来越高，当然庄家的成本就会越来越低。

逼空型拉升的极端形式是火箭式拉升，连续地拉涨停，如图 10-5 鹏博士（600804）。

二、盘整式拉升

这是指庄家采用流动法在买入股票时将价位拉高，然后将手中筹码进行

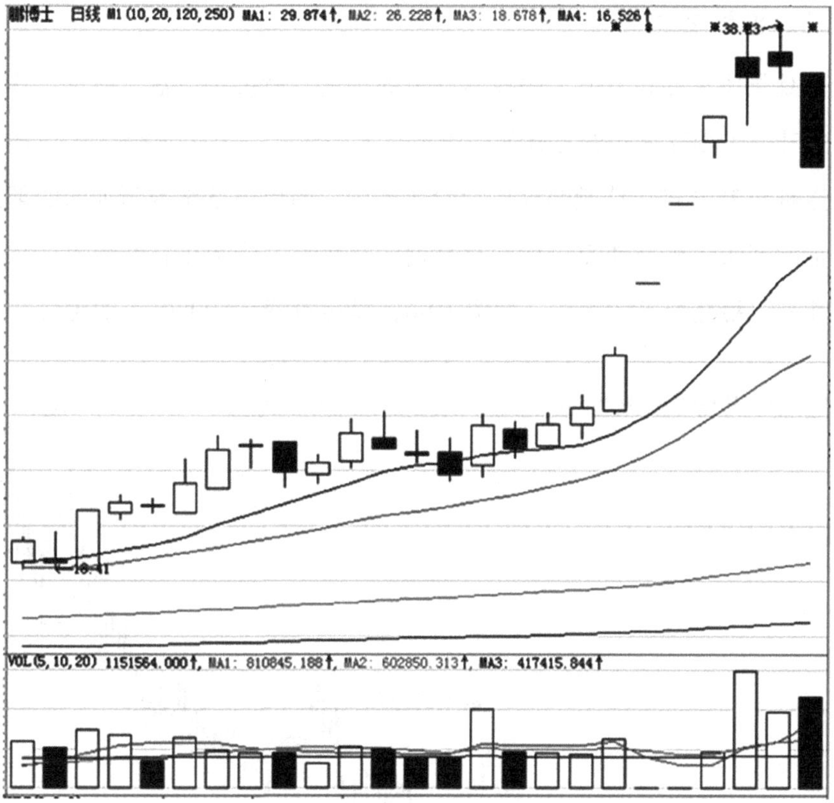

图 10-5

部分套现，再利用套现资金将股价推高，如此不断进行买卖。

这样做的好处，一是可以用高价卖出获得的现金用于随后的拉抬，花小钱办大事。另一方面又可大幅降低手中持股成本，收到一箭双雕的效果。经验丰富的老庄家多采取这种方式。

这种拉升类似于波浪式方法，但形态上不如其规范好看。其主要是拉升一段距离便调整一段时间，有非常明显的边拉边洗的味道。通过这种方式，庄家可以不断地降低持仓成本，调整筹码持有结构，同时也降低了跟风者的盈利幅度，提高了散户的持仓成本。

三、波浪式拉升

这是指庄家在拉升时，每拉高一定的幅度，就洗一下盘，股价走势呈波浪形上升。采用这种拉升方式的庄家要么实力较强，要么所持股票盘子小。

这种拉升方式的洗盘幅度比台阶式要大，因此留下来或新加入的都是意志坚定的多头。此类庄家一般志存高远，有耐心，多为中长线庄家，故采取循序渐进、稳扎稳打的手法。如图 10-6，悦达投资（600805）的走势。

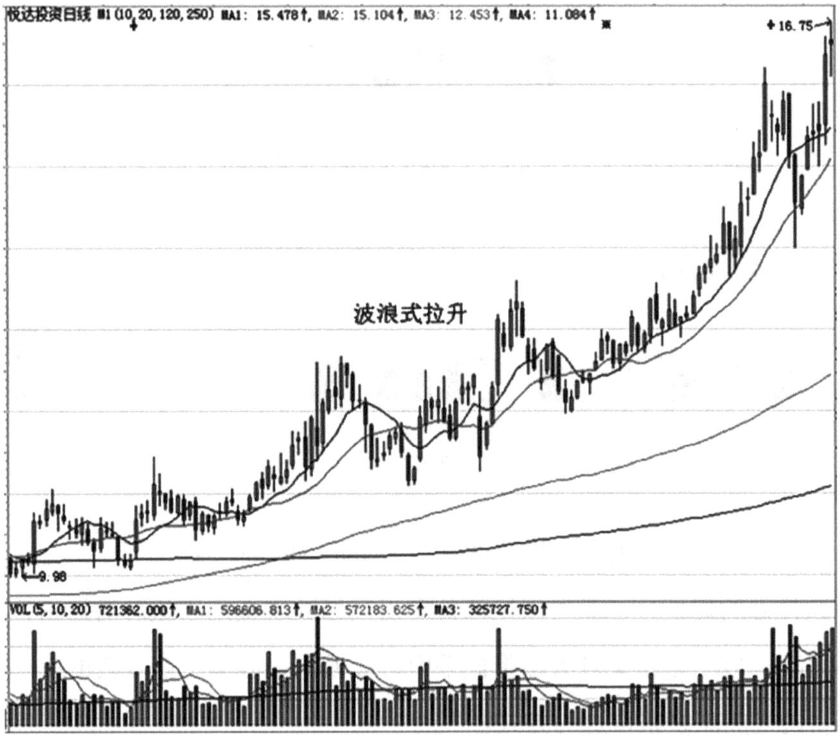

图 10-6

从图中可以看出，该股的走势呈波浪形上涨走势，其特点是股价有起有伏，一波又一波，状似浪涌，但股价低点和高点在不断地抬高，所谓一浪高过一浪。

需要注意的是，不同的庄家和不同的操盘手，以及不同的大势条件和股价不同的涨幅条件下，其波浪的幅度和波长会产生很大的差异。

四、台阶式拉升

这种方式是指庄家先逐步收集筹码，然后利用利好消息或市场某日良好的气氛拉高一个台阶，而后横盘整理一段时间，再拉高一个台阶。这种方式多发生在大盘股或部分中盘股，庄家实力有限。由于庄家不可能像其他庄家那样把绝大部分筹码吃进，只能吃进一两成货，因此只能采用稳扎稳打、循序渐进的方式。

这种方式的庄家是以“稳”取胜的，调整中向下回落幅度有限，庄家一般不会凶狠砸盘。因为一旦产生恐慌性抛售，庄家顶不住市场汹涌的抛盘。保持股价相对稳定，可以使投资者安安心心地继续持股，而想进货者也可以借调整时介入。

这种拉升的方法是股价拉高一定距离后，便横盘整理一段时间，使得一批没有耐心的持股者出局，随后又拉高一段距离，然后又横盘整理。如此多次反复，不断地把股价推高。走势上的日 K 线呈现一种阶梯的形状。

五、高举高打式拉升

高举高打式拉升，庄家以凶狠的手法边拉边洗，或连拉几根阳线。其中有些带长上下影线，表明拉中洗盘，或猛拉几根巨阳或涨停板，然后洗盘整理后再上攻。

这种拉抬方式多发生在中小盘股，庄家实力强，控盘好。这些股票通常是盘子小，控盘程度高，或有令人振奋的题材，因为只有这样才具备较大上升空间。这类长庄操作的板块会持续成为市场热点。

庄家为了配合炒作，都会绞尽脑汁地编造美丽的花环——题材，并且媒体也会在相当一段时间内持续地为这类题材摇旗呐喊。这种拉高方式中间常有一次大规模洗盘，下跌的幅度取决于庄家的操盘风格。

六、对敲式拉升

这是最为凶猛也最危险的行为，行为本身有明显操纵市场的违法行为。庄家凭借手中已经拥有的大量筹码和对等的现金，进行多账户自买自卖，股价迅速直线式上升，而庄家实际的持仓成本并没有增加，造成价升量增的虚假现象，恶意诱导投资者买入股票。当股价上涨到一定水平时，庄家就会大量卖出，造成大量跟庄的散户被套牢。

“拉”的本质是诱，成交与否并不重要，关键在于诱使他人买入。通常是在第二或第三卖盘挂相对较大的抛单，以此为诱饵，使有意者跨越第一卖盘，直上第二卖盘，从而使价位上升一个价档。此做法充分利用买盘人气较旺的便利，进货者不计成本买进，股价“自动”上扬。庄家会在仓位较重的时候抛出一定的筹码。

与“拉”相对应的还有“推”的方式，此种挂单属于无意成交类买单。具体做法为，在第三、第二甚至第一买盘（根据买方人气而定，人气鼎盛时挂第一买盘）挂中大单，使有意买入者迫不得已将买盘挂在第一买盘，甚至抛盘价位才能成交。

拉升利用对倒的手法来大幅度拉抬股价。庄家利用较大的手笔大量对倒，制造该股票被市场看好的假象，提升股民的期望值，减少日后该股票在高位盘整时的抛盘压力（散户跟他抢着出货）。

这个时期散户投资者往往有买不到的感觉，需要高报许多价位才能成交。从盘口看，小手笔的买单往往不容易成交，而每笔成交量明显有节奏放大。强势股的买卖盘均有3位数以上，股价涨得轻快，不会有向下掉的感觉，下边的买盘跟进很快。

这时的每笔成交会有所减少，这是因为对倒拉抬股价，庄家不可能像吸筹时再投入更多资金。加上散户跟风者众多，所以虽现出“价量齐升”，但“每笔成交”会有所减少。

第五节　庄家拉升时的盘面特征

不管庄家采取何种方式拉升，在其运作的过程中，总是会留下一些较为明显的痕迹。一般来说，在庄家拉升阶段，盘面上常会出现以下特征。

（1）经常在中高价区连拉阳线。进入主升段之后，为了给将来出货制造出更大的空间，庄家会大幅拉升股价。日 K 线表现为连续收出阳线，这样可以使持股者更加看好后市，坚定持股信念，等庄家出货时仍然不产生怀疑。另外，连拉阳线，股价大幅上涨，容易聚敛人气，这样庄家在高位派发时就会变得容易。

（2）向上进攻时，庄家经常在买一、买二、买三和卖一、卖二、卖三位置上同时挂出大单子，成交量大幅放大，把买卖价位不断上移。个别个股在分时图上沿 45 度角上涨。

（3）从分时图上看，开市后不久或收市前几分钟会出现拉升现象。若在开市后 30 分钟内即拉升涨停，有利于庄家以较少的资金达到拉升的目的。由于此时离底部区域不远，一旦庄家拉升涨停，会吸引场外短线资金介入，降低庄家拉升成本。尾市拉升一般刻意的成分居多，其目的是为了显示庄家的实力，吸引散户注意力和跟风盘，或者为了做 K 线图，以维持良好的技术形态。

（4）经常跳空高开形成上攻缺口，且短线不予回补。股价进入主升段后，由于看好的人越来越多，愿意出比前一日收盘价更高的价格买入，这样就会造成股价向上跳空开盘，且在买盘推动下往高走，股价走势图上留下上攻缺口。

这些上攻缺口短期内不予回补，这是因为持股者绝大部分是中长线投资者，此时股价涨势正旺，他们是不会轻易卖出手中股票的。有一小部分刚介入的短线跟风者，由于持股成本高，几乎没有或者很少有盈利，所以短期内也不会轻易卖出股票。再者，庄家拉升目标还没达到，也不会大量派发。即使出货，也只是很少部分，用它们来吸引跟风者上钩。

（5）强调快速、具有爆发性的拉升。在个股启动初期，经常出现连续轧空的走势。同时随着行情的展开，成交量连续放大，构成突破初期的另一个盘口现象。对这一类庄家来说，时间比资金更重要。同时快速拉升容易产生暴利效应，能够更好地起到诱惑跟风盘的作用。

（6）个股行情一旦启动，其走势明显独立于大盘或者板块，而且多发生在大势较好的时候。此时大盘表现好，能够吸引场外资金介入，有一定的人气支撑。一旦这类个股走强于大盘，将吸引更多的散户跟风。

（7）当庄家企图大幅度拉升股价的时候，会通过媒介或者“庄托”放出题材，散布各种利好消息，并联系大户助庄，制造成交量放大的表象，吸引跟风盘买入。

（8）短线庄家拉升，最关键的是借势，而且很多拉升现象发生在尾盘，同时手法简单，以狠、快为主。庄家拉升的速度有时候快得让追风盘不断撤单买入还难以追进，直到庄家认为股价达到理想价格的时候，才会让追风盘买入。

（9）中长线庄家拉升，由于坐庄时间周期比较长，往往会高度控盘。其目标利润定得也比较高，而且手中掌握的筹码比较集中，其拉升时的盘口通常独立于大势。中长线庄家拉升时的操作手法不温不火，碎步拉升，一轮拉升需要较长时间。这一类庄家操作到后期，涨幅越来越大，上升角度越来越陡，成交量也越来越大。这类股票要么在高位慢慢横盘出货，要么就是等待除权，等到股价相对便宜时再出货。

（10）实力强大的庄家，会在买一、买二、买三放巨额买单，封死股价下跌空间。散户要想买入，只能买高价的卖单，这样无形之中帮助庄家拉升了股价。

（11）经常在通过前期某一阻力位（区）时会进行震荡整理以消化该阻力位的压力，而且突破之后加速上扬。前期阻力位（区）对庄家拉升来说是不得不考虑的地方，因为许多股民容易受习惯性思维左右，把前期阻力位（区）看得很重要。他们会认为，既然以前股价到了此处会受阻回落，大概这次也不会改写历史，所以在股价接近阻力位（区）时随时准备了结出局。如果是这样的话，就可能导致庄家的拉升半途而废，不得不付出沉重代价。

为避免股价拉升到前期阻力位时引发大量抛盘，庄家通常会采取震荡整理的措施，以消化该阻力位的压力。一旦阻力被充分消化，在庄家的拉抬下，股价会放量突破阻力位（区）并加速上扬。

第六节 庄家拉升时的技术特征

一、技术指标特征

主要技术指标处于强势区，具有良好的技术形态，日K线连续飘红收阳。如图10-7，证通电子（002197）拉升阶段的走势。

从图上看，在庄家拉升时，多种形态指标都出现明显看好信号，K线组合涨停、连阳形态。量能方面，股价上涨时放大量。MACD金叉，呈现白龙

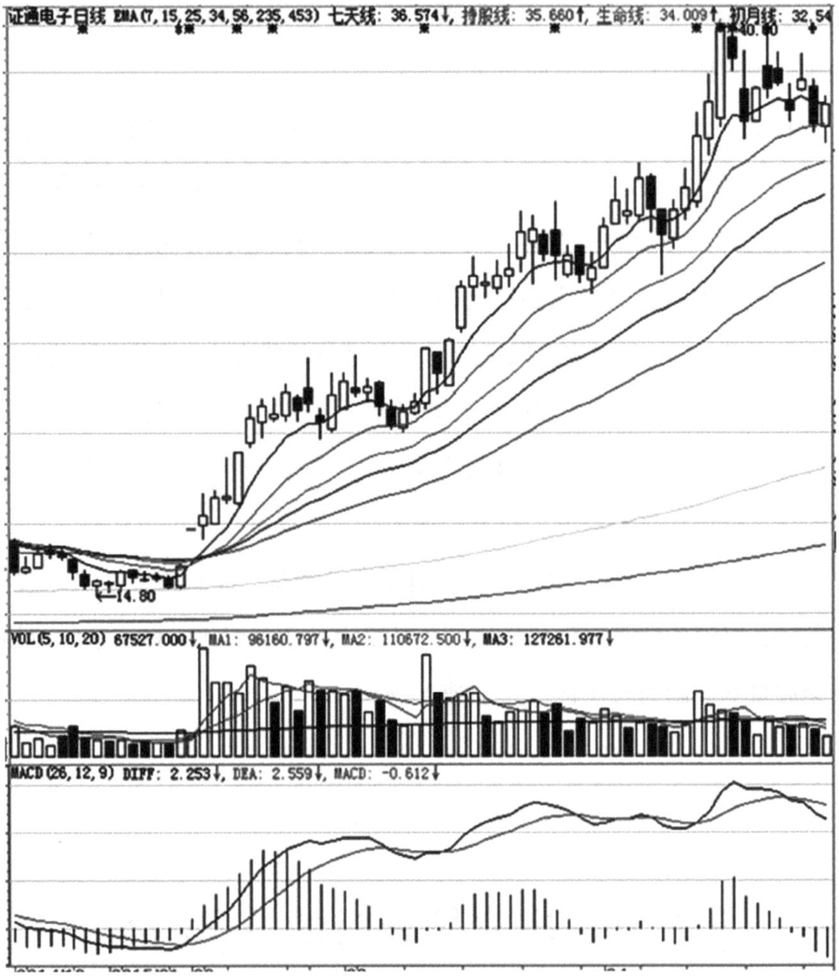

图 10–7

出水形态，看好后市行情。

二、均价线系统特征

均价线系统在拉升时呈典型的多头排列，5 日、10 日均线上升角度陡峭，一般都大于 45 度。收盘价在 3 日均价线上运行，股价是短期大黑马，收盘价站在 5 日均线之上，股价是大牛股。5 日、10 日、30 日、60 日均线呈多头有序排列，股价向上运行。这段行情多为主升浪，短中期升幅可观。

三、成交量系统特征

成交量稳步持续放大，呈现价升量增、价跌量缩的特点，价量配合良好。在这段时期内，成交整体保持活跃，市场投资者积极参与，人气旺盛。

四、K 线系统特征

在拉升阶段，庄家经常在中高价区连拉中大阳 K 线，阳 K 线的数量多于阴 K 线数量，阳 K 线的涨幅实体大于阴 K 线的跌幅实体。日 K 线经常连续收阳，股价时常跳空高开，并且不轻易回补缺口。日 K 线形态中常出现红三兵、上升三部曲等。

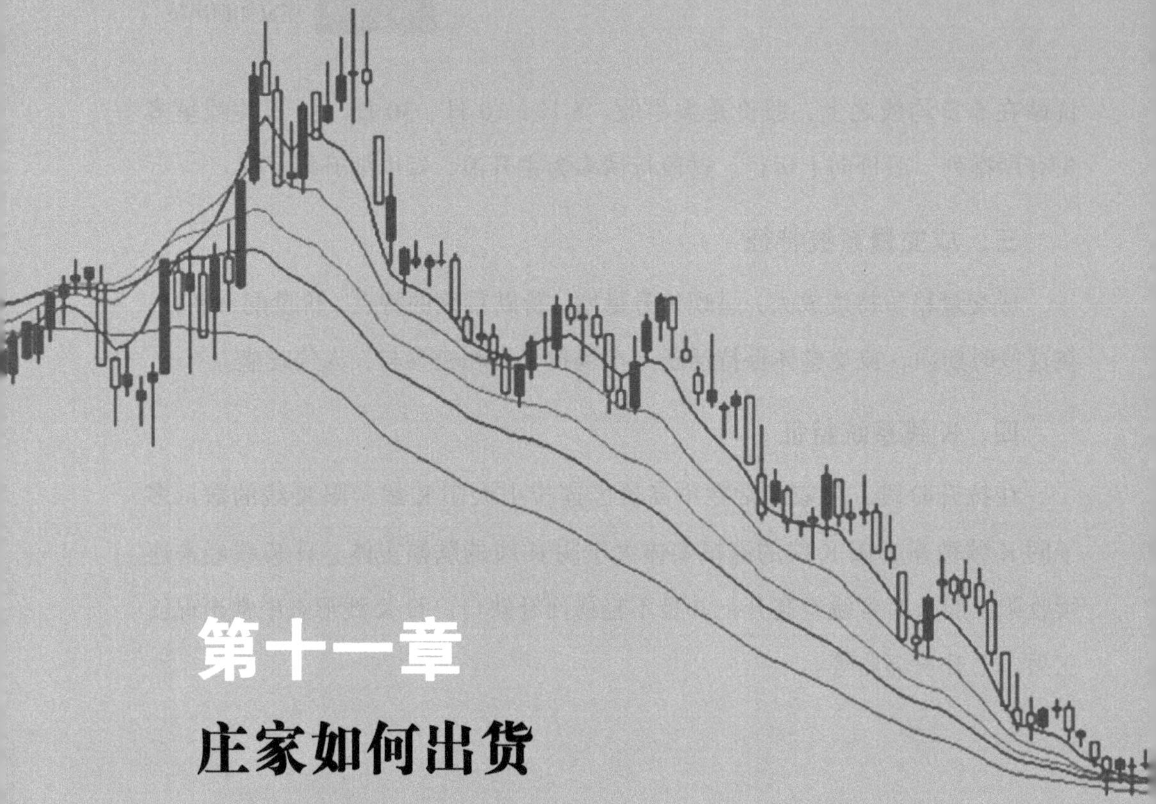

第十一章

庄家如何出货

第一节　庄家何时出货

第二节　庄家出货的前兆

第三节　庄家出货的方式

第四节　庄家出货的盘面特征

第一节 庄家何时出货

庄家完成了建仓、整理、试盘、洗盘、拉高等几个阶段，工作已经完成一大半了，只差最重要的一个环节——出货。

前面谈到过，庄家在操作某一只股票时，有三个环节不可少：建仓、拉高、出货，这是基本的坐庄三部曲。在这三个环节中，其中派发出货最为关键。如果说庄家吸筹、洗盘和拉升都是手段的话，那么派发手中筹码便是目的了。庄家只有成功出货，才能说某只股票真正坐庄成功了。能不能将账面利润转化为实际盈利，关键就在这个最后环节。说白了，前面吸筹、洗盘、拉升等环节的最终结果要由出货来决定。无论吸筹多么充分，洗盘多么彻底，拉升多么高，如果最后不能顺利出货，则前功尽弃。

笔者在这几年的实战中，就发现很多庄家坐庄因为最后一个环节操作不成功，最后无法顺利出货。在这种情况下，不要说赚钱，不赔或者少赔就算很不错了。有些庄家被套后，只好由短庄变长庄，长期靠对倒维持股价，债台一步步升高，简直是度日如年。

为达到顺利出货的目的，庄家在这一环节必定使出浑身解数，不择手段。对于散户来讲，如何赶在庄家出货之前将账面利润放进自己的口袋里，将决定散户与庄家的对决是成功还是失败。因此，出货成功与否也是散户“吃定庄家”的关键所在。

一、庄家出货的时机

庄家出货需要选择一个最佳时机。从大的方面讲，宏观经济转淡，政策面要求股市调整，最好的出货时机应当在宏观经济运行至高峰而有回落迹象之前，此时股市经过了漫长的上涨，渐近牛市尾声。而目标股的题材也已经完全被挖掘，股价已经涨到了尽头。市场心态达到了最佳时期，市场人气高涨，这是庄家出货的最佳时机。

大盘处于强势的时候，这是众多庄家首选的出货时机。此时人气旺盛，人们追高意愿强烈，正好为庄家利用。许多庄家在大盘下跌的时候勉强支撑，一旦发现大盘走好，就顺势拉高，在大盘见顶之前伺机出货。

另外一种是利好盛传之时，聪明的庄家往往会借助于利好消息满天飞的时候往外派发筹码，因为散户爱盲目追风，听说某只股票有利好，就会争先恐后跑来抢筹码。其实这些信息庄家早就知道了，有些说不定就是庄家故意捏造的。庄家就是要利用它来引诱散户上当，让散户接最后的一棒。

一般情况下，庄家在盘面上不会告诉你他们在集中出货，放量的个股走势反而不好辨析，是持筹不稳、换庄还是集中派发？相反，倒是稀少的换手率可以告诉你庄家正在锁仓，他们不想抛售筹码。成交量的计算是从庄家的成本区之上而且经过反复涨跌之后开始向上长升之日算起。另外，庄家持筹量较高的股票一般不会深跌，原理很简单，因为庄家在里面，过度下跌会给自己制造麻烦。

二、庄家出货前的部署

成功的庄家不打无准备之仗。为了日后顺利出货，庄家提前就做了大量准备工作。具体来说，出货前庄家一般会作如下部署。

（1）通过多次拉抬和洗盘形成市场坚定的多头信念，形成所有抛股的人都后悔，回调进场和持股不动的股民都赚钱这样的事实。当所有人对此都深信不疑时，持股者不愿抛，持币者纷纷进场，当市场把出货当洗盘回调时，庄家也就找到了出货的良机。

庄家的高明之处在于将大众情绪的调控与自己的炒作阶段巧妙协调起来。在吸筹阶段让散户看空，主要利用传媒唱空，以便吸到廉价筹码。在拉抬和洗盘初期，让散户对升势半信半疑。由于每次洗盘结束都是向上突破，到中后期，散户多头情绪越来越明显和强烈，升不愿抛，跌当成吸纳的好时机。此时养多成功，庄家出货没有人与他争跑道，同时他抛出的筹码尽数为多头承接，账面利润就会顺利套现。

（2）发布利好，诱使股民追高，庄家乘势出脱手中筹码。例如，白云山股票上市时标明每股利润 3 角多，因而股价不振，始终在 10 元左右徘徊。随着大势逐渐向好，白云山连破 13 元、15 元技术关口。人们对此感到困惑，但不久公司即宣布税后利润调高到 1 元 1 股，股价跳空直冲 18 元关口。散户听此特大利好，奋勇追入，庄家乘机把筹码派发给散户。

（3）用少量资金进行轮炒，造成黑马狂奔局面，一方面调动人气，另一方面吸引股民注意力，从而把大笔资金神不知鬼不觉地悄悄撤出。

（4）利用技术走势设置多头陷阱。股民一般都知道，重要阻力关口一破即变为支撑，因而冲破阻力位就成为相信技术分析的广大股民的操盘准则。庄家就会制造这种假突破，诱使散户进场，庄家乘机派发。

2007 年 10 月，庄家为了诱使股民勇敢地高位追货，故意用一定量资金一举攻克沪市 6000 点心理关口，最高点站上了 6100 点关口。就在股民蜂拥入市，纷纷高看到 8000 点时，庄家趁势派发，逃之夭夭。

当然股价在前期运行中多次击穿均线，并迅速回升，也坚定了散户的追涨热情。当出现 6000 点以上的回调时，人们的思维定式告诉自己，这是一个难得的低吸良机。当散户再次蜂拥买进时，庄家却利用散户的无私抬轿从容撤退。

时分四季，势有高低，但亘古的真理却不会改变。本轮行情会是怎样的？我们拭目以待！

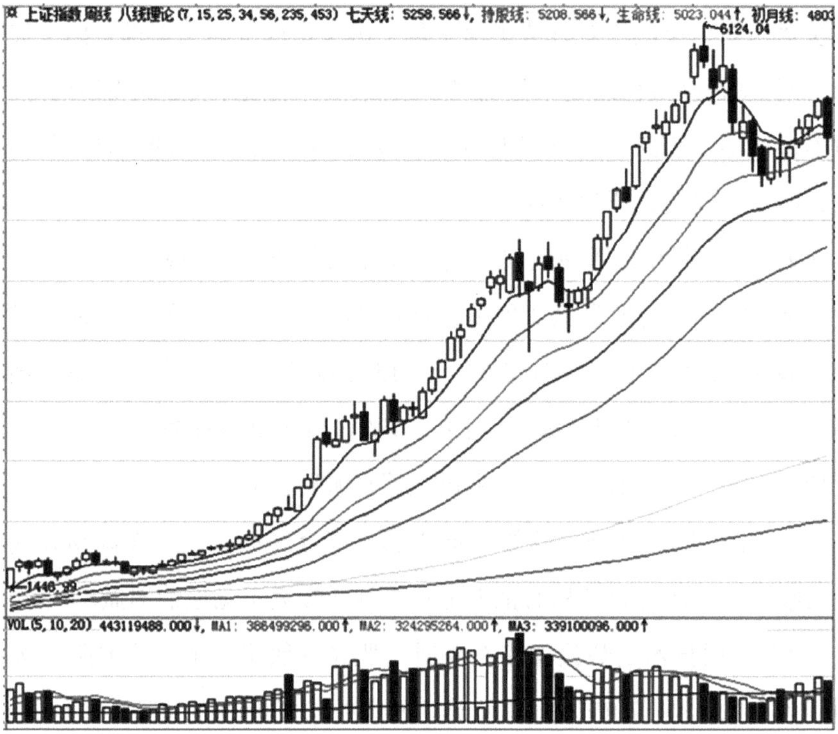

图 11-1

（5）与上市公司及股评、媒体勾结，相互配合炒作。在出货时上市公司利好连连，股评、媒体大捧特捧，让中小散户利令智昏，净做傻事，争抢庄家抛出的筹码。

我们再看，仍然是2007年的案例，什么股票这里就不讲了。这不是特例，只是典型。

某只股票从2007年4月的8元多涨到6月的28元，报纸几乎没有任何宣传。到股价接近29元的时候，开始有消息说某项目竣工。到30元的时候，有公司老总的访谈录刊载。到33元附近的时候，出来了整版的宣传报告，甚至拿出某家会计师事务所的评估报告，告诉大家该公司未来的业绩如何如何好，让人看了忍不住眼红。

可是没多久，该股却走上了下坡路。原因是前期的宣传全是庄家为出货作的障眼法，目的是为了掩护出货。

市场的监管在进步，但庄家与散户的博弈不会消除，投资者们当以史为鉴。

三、庄家出货的时间和空间

庄家出货需要一定的时间和空间，而且所需时间的长短和空间的大小，还要受到诸如持筹数量、大势好坏、操盘手法等多种因素的制约。

一般来说，庄家出货最低需要半个月到三个月的时间，高位震荡出货的时间有时会长达一年以上。以快速拉升并且快速下跌的方式出货，大约需要一个月左右的时间。从出货空间方面来讲，最小幅度也应该在20%以上。累计上涨幅度越大的股票，其需要的出货空间也就越大。有时上涨数倍的股票，为了出货的需要，还会上下波动30%～50%。这就是大家经常看到在高位抛出股票，股价还会继续上涨的原因和道理。

庄家拉升时都有一定的目标点位，实际上，这个目标点位就是庄家的出货点。

庄家设定出货点位主要根据三方面因素，一是庄家持股成本和持股量；二是跟风盘力量大小；三是历史成交量分布情况。

1. 庄家持股成本和持股量

这是决定拉升点位的最基本因素。庄家的拉升点位可以这样算出：

目标点位 = 持股成本 ×（1+ 持股量占全部流通盘的百分比 ×2）

例如，如果庄家的持股成本是 10 元，持股比例是 40%，那么它的最低拉升目标应该是 10×（1+40% ×2）=18 元。

同样，如果持股比例是 50%，其最低目标可以算出是 20 元。

为什么庄家的拉升目标与持股比例相关呢，这是因为持股比例越大，出货需要的时间也越长，必须用更高的点位来维持。为什么要乘“2”呢？“2”其实是一个市场“信心系数”，并非固定就是 2。如果这只股票的市场形象好，持股人的信心足，则“信心系数”也可以提高到 3，甚至更多。

在最近几年的实战中，庄家的实际拉升点位往往高于按照这个公式算出的最低目标，但我们选 2，因为在正常情况下，庄家的利润是全部拉升幅度的 50%。如果低于 2，庄家可能就没有多少利润了。

2. 跟风盘力量大小

这是决定庄家实际拉升目标的最关键因素。最低目标并不是最终目标，一次行情的最终目标究竟在哪里？有时候庄家也不能事先确定，这是因为他还要看市场上跟风盘的情况。

一般来说，庄家在拉升过程中，一直在测试跟风盘的力量大小，并且希望力量越往上越大。如果跟风盘比较理想，庄家就能够在数天之内将大部分筹码顺利脱手。此时的日 K 线为带长上影线的阴线，放巨量，头部特征明显。

庄家把股价拉到目标点位后，如果跟风盘很轻，换句话说，市场对这只股票的上涨反应冷淡，那么庄家就不好办了。他要么让股价重新跌回来蓄势，要么继续上拉，以便引起市场足够的注意。

3. 历史成交量分布情况

庄家在制定目标点位时，必须考虑历史成交量分布情况。尤其是在低位吸足了货后向上拉的过程中，高位明摆着有大量的历史套牢盘时，庄家就需要认真对待。

如果庄家志存高远，又财大气粗，肯定是要破历史高位的，那么庄家就要考虑如何化解那一大堆套牢盘的问题。有效的方法是在这个区域来一次震仓。如果庄家的财力不够，也不想打持久战，那么他的拉升目标绝不会定在套牢盘价位之上。

第二节 庄家出货的前兆

散户要想获利，必须在庄家出货之前提前逃离。庄家出货讲究的是出其不意，就是趁广大中小散户失去警觉的时候肆意抛股兑现。散户要想胜利逃顶，避免高位套牢，必须加强内功修炼，识破庄家的出货伎俩。

庄家出货是不可能做到神不知鬼不觉的，有些异常现象庄家是无法掩盖的。庄家出货的前兆有以下几点。

（1）庄家的目标价位已经达到。投资者可以根据股价涨幅进行大致推断。一般情况下，庄家拉升的目标价位一到，该股就处于非常危险的境地了，庄家何时出逃只是时间问题。

（2）股价严重高估。目标股的股价涨幅过大，有时甚至达到十几倍、几十倍，严重脱离了其真实的内在价值。

（3）利好消息频传。利用利好消息掩护出货，是庄家经常采取的一种出货手段。正面消息增多，报刊、电视台、广播电台陆陆续续登出或播出有关该股的种种利好消息，这时候就需要警觉是不是庄家要出货了。

（4）该涨时不涨。如果某只股票在基本面、形态、技术等方面都看涨的情况下却不涨，就值得怀疑了。特别是股价有了一定升幅之后出现这种现象，庄家出货的可能性极大。还有的是公布了预期的利好消息，基本面看涨，但股价就是不涨，这也是出货的前兆。

（5）放量不涨。股价有了一定的升幅后，涨势趋缓，看似蓄积力量准备继续上攻。某一天该股成交量突然放大，好像要向上突破。谁知股价没有涨，甚至有所下跌，出现价量背离的现象。这其实也是庄家出货的征兆。

当股价升到庄家出货的目标点位后（目标点位的测算方法前面已经介绍过），散户就应当提高警惕。如果发现有以上提到的征兆，一旦股价跌破关键价格的时候，不管成交量是不是放大，都应该考虑出货。因为对很多庄家来说，出货早期是不需要成交量的。

第三节　庄家出货的方式

一个完整的利益博弈手段应该是低买 + 高卖 = 收益。庄家出货，简单来说就是一个“高卖”过程。但市场中谁都不傻，要想让散户在高位接盘，庄家的手段也要层出不穷。由于庄家及庄股自身因素，及其所处的外部环境等众多方面存在着差异，因此不同的庄家采用的出货方式也是各不相同。

一、高位横盘出货

庄家将股价拉到高位后，最常见的做法就是高位横盘出货。简单来说，就是庄家将股价拉升至目标价位，然后在高位做平台整理，做出仍有进一步上涨的迹象，却暗中出掉手中筹码。

这种出货方式比较适合于业绩优良的大盘股，适用于有业绩支撑，可以在高位站稳的股票。因为业绩优良的大盘股，往往给投资者形成一种安全、稳定的错觉。投资者不知道股价经过日积月累的上涨，被人为拉高的股价早已消化了个股基本面上的一切优势。

横盘出货是一种最简单的出货方法，基本上不需要什么操盘技巧。庄家完成拉抬后，股价站稳在高位。随着时间的推移，市场会慢慢接受这个价格。庄家不必刻意制造买盘，就可以保持股价稳定，达到从容出货的目的。在横盘出货时，反正每天总会有不少人进场交易，庄家来一个给一个，耐心抛售自己手里的筹码，日积月累，就会慢慢把货出完。

此类个股在以往的长期上涨过程中，由于一直采用阶段横盘洗盘的方法，曾经给坚定的持股者不少甜头，更增加了他们坚定持股的信心。在以往横盘洗盘的过程中，有些投资者由于缺乏耐心，以至于低卖高买。“吃一堑，长一智”，这些投资者在庄家不断洗盘的过程中吸取了教训，因此面对庄家的此次横盘整理，也会信心十足地加入多头队伍。这些投资者被潜移默化地培养成一种思维定式，以至于在庄家高位横盘出货的过程中进一步加仓操作，无形之中帮助庄家在高位锁仓，为庄家顺利出货立下汗马功劳。这种横盘出货的方式，多以股价最终选择向下突破而演变为历史性的巨大头部。

有些庄家借 BOLL 线等指标形态良好之际向上诱多，吸引跟风盘追高，然后乘机派发，能派发多少是多少。一旦股价下沉，庄家还会用少量资金“托盘”。当股价回到平台区域时，庄家又会故伎重演，在平台附近悄悄地继续出货。

如图 11-2，晋西车轴（600495）在 2014 年 7 月至 2015 年 2 月的走势图。

该股庄家完成建仓之后，便展开了大力度的拉升。连续的上涨为庄家带来了极大的账面收益。庄家推高股价的目的并非为散户“谋福利”，因此高

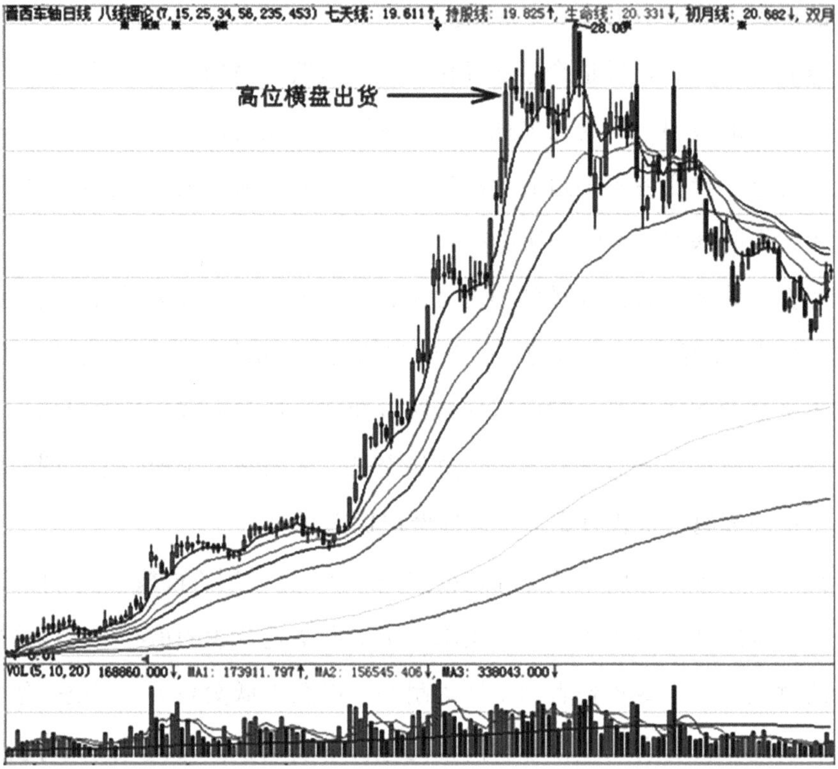

图 11–2

位横盘也就是庄家的出货时机。

出货时机一般选在大势未见顶之时，时值大势仍有上升空间，投资者抱股不放，买气大于卖气，庄家可以顺利地在平台价位出脱手中大部分筹码，从而轻松实现坐庄收益。出货的前提是大势必须向好，且出货时间较为充裕。投资者如发现个股股价在一个相对较高价位长期徘徊，则应留意出货的可能。

如图 11-3，烽火通信（600498）2012 年 12 月至 2013 年 11 月的走势图。

该股在上涨过程中，量价配合始终保持着非常完美的态势。每当成交量放大的时候，股价都会出现上涨。成交量萎缩的时候，股价便会出现调整。

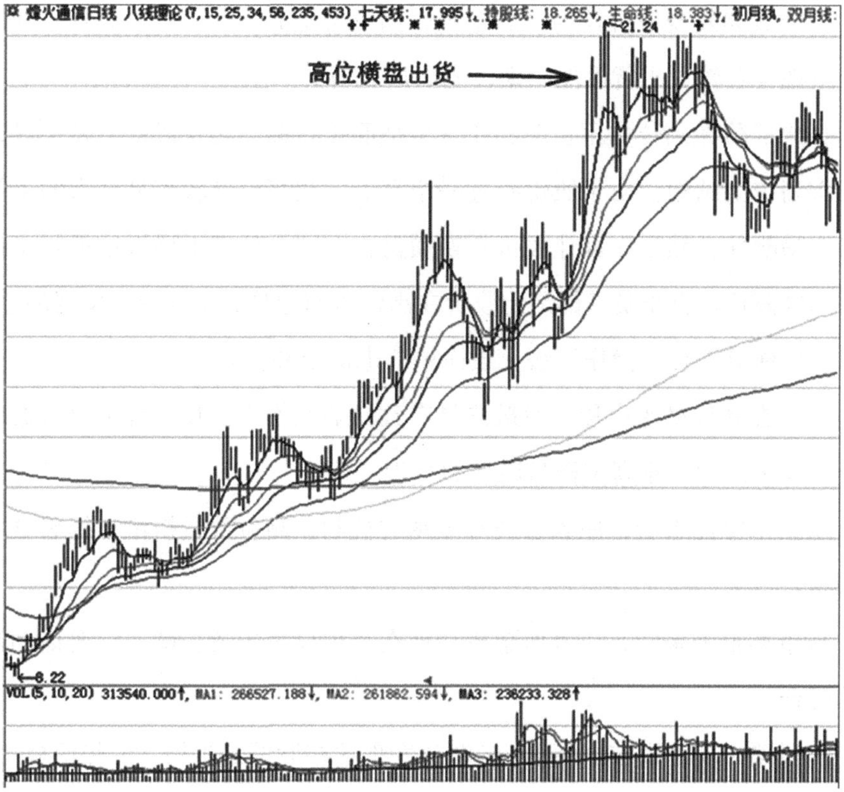

图 11-3

虽然股价曾出现了短线下跌走势，但从图上可以看到，大的上升趋势没有被破坏，并且量价配合得非常有规律。这种技术特征可以支持股价不断地上涨。

股价上涨到高位之后，虽然横盘走势的强势特征比较明显，但是价量关系却暴露了庄家此时出货的真相。前面曾经介绍过，个股展开横盘震荡的初期，因为有个换手的过程，成交量会大些。如果庄家在此没有出货的打算，量能很快会萎缩下来。可是该股横盘过程中，一是量没有快速萎缩下来，二是横盘当中曾出现过两次放量向上突破，却都在随后的两个交易日将股价迅速打回原形。后来的走势也证实了庄家利用横盘震荡和不断地向上诱多出货的真实目的。

投资者如发现股价拉高之后出现长期平台走势，就应有所警觉。如通过成交量观察有较大出货可能，则以先出局观望为好。

如果股价在高位站不住时，庄家会把股价拉高，再让股价下跌一段，然后在次高位上站稳。由于股价有过一个高点，次高位比较容易被人们接受，价格容易稳住。然后庄家让股价长期横盘，在这个位置上慢慢地把货出掉。高位和次高位横盘出货，都是让股价在高位重新定位，带有价值发现的色彩，所以利用横盘出货，操作手法上最简单，也最温和。

庄家在高位横盘出货，对散户具有致命的杀伤力。投资者可以根据以下几点特征来识别庄家高位横盘出货的行为。

从技术特征来看，庄家已经有可观的盈利；高位放量横盘，筹码分布高位密集。

从市场氛围来看，庄家要想成功地在高位横盘出货，就一定要借助基本面的配合。

当股票出现上述技术特征，同时还发现这些股票是市场上的热门概念股，并仍在大肆制造想象空间时，就可以认定庄家正在离场了。

二、拉高出货法

这种出货手段的基本表现是在大势到顶之时，利用大盘人气高涨，群情激昂，买气最盛的时机，庄家会采用这种出货方法。出货时，庄家主要利用个股利好传闻吸引买家，在上档每隔几个价位放上几笔大的卖单。然后趁人气鼎盛时，率先快速小批量买进，以此来刺激多头人气和买气，引诱跟风盘去抢上档的卖单。在股价快速上涨过程中，庄家不知不觉地将筹码转换到中小投资者手中。

庄家利用对股价的大幅拉升，增加出货空间，利用投资者追涨行为将筹码大批量在短时间内派发，然后利用反弹继续拉高派发。采用这种手法时，一般正值大势见顶，成交活跃之时，此时不派，更待何时。

由于派发前有一个拉高过程，且具备拉高空间的条件，所以庄家获利丰厚。但正是由于庄家必须在派发前先进行拉高，也增加了庄家出货的风险，有可能使庄家在拉高时吃进许多高价筹码，从而增加拉升成本。所以庄家往往利用每日开市后几分钟将股价高开并拉高，吸引散户追涨，借机出货。

如图 11-4，置信电气（600517）在 2014 年 6 月—2015 年 2 月的 K 线走势图。庄家经过连续多日的接连推高股价，于 2014 年 12 月 9 日将股价推高至 15 元高位，然后采用高开手法，当日拉高出货，日 K 线出现高开低走大

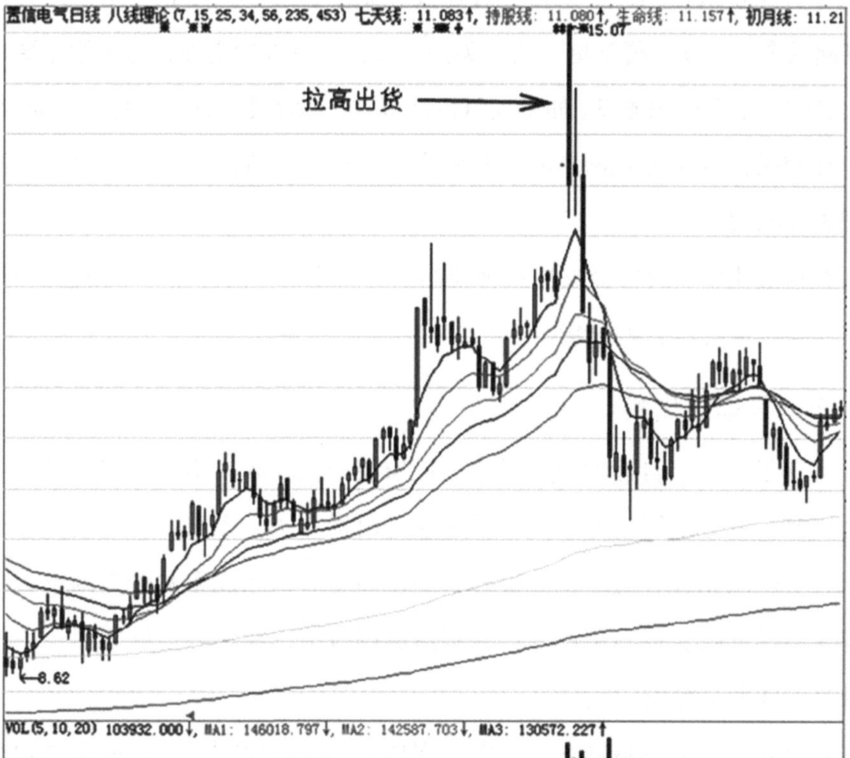

图 11-4

阴线，成交量明显放大，庄家通过数日派发，成功完成拉高出货的目的。这种出货形成单日反转，将追高者高位套牢，且无解套机会。

这种出货方式适合于短线操作场合；中小盘股，出货量不太大；行情火爆之时，杀低者少，追高者众多。

拉高出货有一个较普遍的共性，就是庄家往往在大盘刚刚止跌后不久，就开始有计划地拉高出货。这是因为这类股票筹码比较集中，只要庄家自己不抛售手中的筹码，股价受到的上行压力并不会很大。另外，只要大盘不跌，就不会有过多影响拉高的因素。

在大盘止跌初期，市场投资者还没有太多的投资思路和头绪，此时能异军突起的个股，就会得到更广泛的关注。大盘一旦真的走强，这类股票更可以借大势的力量大面积派发。如果大盘再度沉寂，对股票本身也没有太大的影响。

庄家采用这种方式出货时，经常会和打压式出货组合起来运用，这样会起到更好的效果。

强庄股出货，通常会选择这种拉高的方式出货。只有在万不得已的时候，庄家才会选用打压方式出货。

三、震荡式出货

震荡是一种很自然的出货手法。庄家持仓比较高，不可能在短时间内凌厉杀出时，就会采用这种方法。采用这种出货方法，庄家需要有大盘和人气来配合。庄家完成收集，将股价推至一定高度后，完成派发较为困难。于是庄家便高抛低吸，或利用利好消息制造震荡行情，在大势走好之际，庄家再次推高，并大举派发。

在高价区反复制造震荡，让散户误以为只是在整理而已，而庄家则在震荡中慢慢分批出货。这种出货方式所需时间较长，常用于大盘股或重要指标股的出货操作。

由于大势处于整理或上升市道之中，散户警惕性不高。庄家采取升升跌跌震荡方式出货，使散户摸不着头脑，以为行情只是整理而已，高不愿出，低还补仓，这样就帮助庄家在高位慢慢出掉手中的筹码。

这种震荡式派发手法在K线组合上通常体现为较有规则的图形，如大三角形、双重顶、三重顶与头肩顶等。如果同期大盘走势亦呈此类规则图形振动，则庄家派发相对更容易，否则就要利多消息来配合庄家的行动了。

庄家将股价拉抬到一定位置时，如果人气旺盛，就会开始借机出货。庄家出货，盘中卖压升高，必然会造成股价下跌。股价下跌到某一支撑位时，庄家就会出来护盘。因为跌破支撑位，人气就会受到较大的影响。为了保证出货价格，也为了保住已经略显衰势的人气，庄家必须制造快速有力的拉抬，才能恢复散户的持股信心。同时快速有力地拉抬，可以节省庄家的控盘成本。出货和护盘动作交替，自然就形成了震荡走势。

这种出货方法一是隐蔽性强，二是市场气氛乐观，三是没有大利空消息袭击。这种出货方法对庄家来讲，优点是有充裕时间在高位派发，从而获利丰厚。对散户来讲，既有有利之处，也有不利之处。从出货时间来讲，考虑时间比较长，不至于贻误战机，稍纵即逝；缺点是很具有迷惑性，如果出得早，很久不见跌，会怀疑自己原先判断的正确性，担心是洗盘，重新入市，最终落入多头陷阱。

采用震荡方式出货的个股，虽然股价总体上不再上涨，但由于震荡剧烈，所以短线机会相当多。没有经验的股民，看到股价暴跌之后又很快止跌，而且出现有力地上涨，迅速回到前期高位乃至突破前期高位，会感到买进的风险不大，希望股价还能再创新高。前期被轧空的股民，这时还对股价拉升抱有希望，希望给自己一个机会，在这轮行情中赚到钱。因此看到如此快速的拉升，以为机会又来了，于是疯狂买入。庄家因此暂时得以维持人气，稳住卖盘，顺利实现出货。

如图 11-5，阳光城（000671）的走势图。

图 11–5

该股出货时采用的就是震荡出货方式，股价在顶部阶段多次反弹震荡，庄家在此过程中不断抛售手中的筹码。散户看见股价不断地反弹，会误以为庄家只是在洗盘而已，因此就会有不少投资者主动去接庄家抛出来的筹码。

震荡出货的震荡周期如果达到几天或几十天，就会在日 K 线上形成经典的顶部形态，如头肩顶和 M 顶。如果震荡周期在 3 天以内，则会形成高位快速震荡的行情。高位快速震荡反映出市场心态浮躁，行情在顶部维持的时间更短。如果股价以几十天的周期震荡两次，且第二次是一个大的护盘动作，把股价拉到前期高点，就会形成M顶。如果人气较旺，股价在顶部维持时间长，可以出现三次震荡，再次把股价打到前期高点，这样就会形成头肩顶或三重顶。

判断庄家是否在震荡中出货的一个重要标志，是K线中出现熊长牛短的形态。庄家在一定区间内反复出货和护盘，由于出得多进得少，很容易形成熊长牛短的走势。下跌的时候速度较慢，时间较长，这是庄家谨慎出货造成的，为的是利用有限的空间尽量多出一些货。上涨的时候比较迅猛，持续时间短，这样拉抬可以节约控盘成本。

另一个特点是看成交量和K线振幅。庄家大规模出货，必然造成大成交量和股价大幅度下跌。庄家护盘只能控制股价不跌破一些关键价位，但盘中的大幅震荡是不可避免的。如果持续出现带量且震荡幅度较大的K线，则表明庄家在出货。

四、打压出货法

打压出货的方式，一般经常用在小盘绩差类个股上。由于这类个股基本面较差，庄家如果采用高位横盘或震荡方式出货的话，考虑到散户资金较少，进出比较灵活，庄家的资金量则较大，船大调头难，因此极易造成庄家自拉自唱，甚至被散户套牢的局面。庄家采用这种方式来出货，则可以达到快人一步的效果。

庄家爆炒之后，因大势或个股基本面发生重大利空，或因自身原因而在高位大举派发，股价最终会因庄家抛压过重而大跳水。不仅追涨的散户被深套，而且股价一路跌下来，已远低于庄家成本区。当然，如果出的没有那么快，中途庄家也可能会借抢反弹散户的力量护一下盘，稳定一下心态，然后再继续派发。由于庄家进货成本低，采取此种出货方式一般不会赔本。遇到特殊情况，庄家即使赔本也认了。而跟进稍晚，出脱稍有犹豫的散户，恐怕就要遭受套牢之苦了。

这种出货手段表现在股市大势走弱时，投资者信心受挫，轻易不追涨。庄家采取其他手法无法出脱手中筹码，只有向市场直接出脱筹码。结果是股价随出货步步走低，庄家也不顾利润，只想出货了事。

这类个股在炒作过程中，绝大多数参与者都是抱着投机心态加入的。由于人类与生俱来的贪婪本性，人人都奢望股票能卖个更高的价钱，所以在股价上涨的过程中，很少有人会出手自己的筹码，大家都在等待股价继续往上涨。庄家利用普通投资者的这种贪婪心理，在拉升股价的过程中突然采取打压的形式大胆抛售筹码。散户们看见这种情况，会以为庄家在震仓。

庄家采用这种打压方式出货时，根本不用出来护盘，所以股价一旦下跌的话，其速度也是比较快的。有时候庄家甚至会不顾一切地抛售筹码，使得股价一路狂跌。等散户们反应过来时，已经来不及采取行动了，因为股价已经远远低于他们的持筹成本。

一般的庄家都会在打压之前制造一个回落反弹的走势来误导散户。散户看见股价又反弹起来了，就会觉得没什么危险了，而庄家却在回落和反弹的过程中继续出货。

如图 11-6，浙富控股（002266）在 2013 年的走势图。

该股在高位出现放量大阴线，就是庄家杀跌出货时最明显的技术特征。通过强势上涨吸引来的买盘数量非常多，所以庄家根本没有制造长时间震荡的必要，只要有买盘，就一律通杀。虽然出货的价格低一点，但是可以在一天内收回大部分资金，这对于短线庄家来讲非常重要。

五、涨停板出货

有时庄家会采用涨停板的方式拉高出货，技巧高明的庄家就是让中小散户不知不觉中上当。利用涨停板出货，就是一种比较高明的派发手段。以涨停板方式拉高出货，可以说是拉高出货的最高境界。这种方式既可打开上升空间，

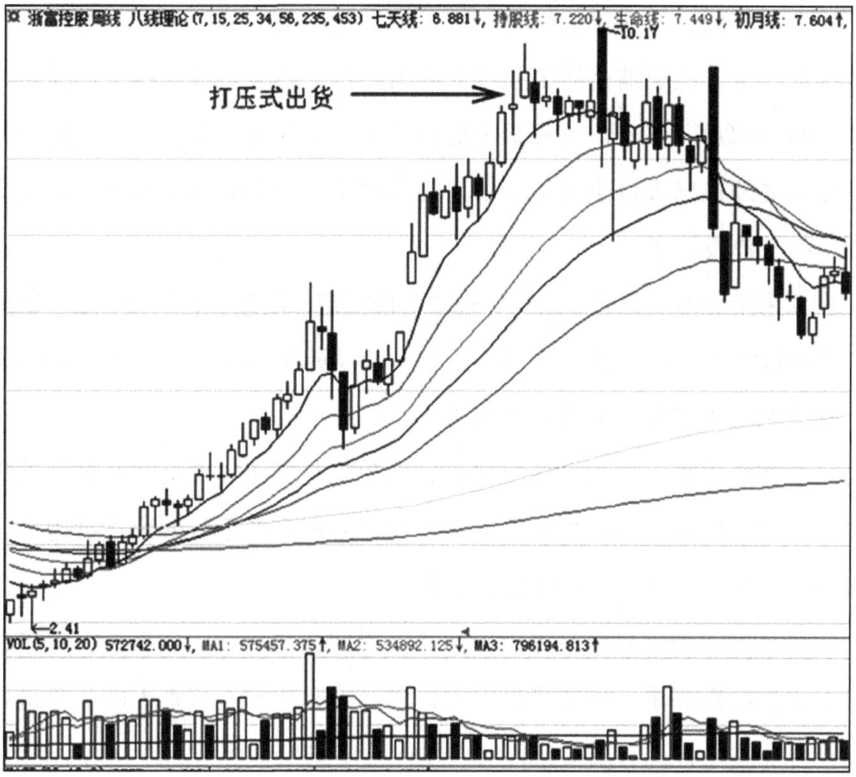

图 11-6

又可节省“弹药”，还可以引起市场追涨的轰动效应，派发起来较为轻松。

庄家将股价拉高后，股价进入加速上扬阶段，并且上扬速度越来越快，甚至出现飙升的行情。观望的跟风盘经受不住股价快速上涨的诱惑，原来获利的跟风盘也由于利润的快速增值，滋生出贪婪的心态，从而产生惜售心理。庄家抓住这个机会，以巨量的买单将股价封至涨停，从而使多头买气达到高潮。此时，后进的跟风买单纷至沓来，股价已被牢牢地封在涨停位置。

国内股市采取时间优先和价格优先的成交原则。在涨停价格挂单，买单价格是一致的，无法确定成交优先顺序，但在挂单时间上却有先后之别。时间上处在前列的，是庄家的巨量买单，排在后面的，是中小散户的跟风盘。在这种情况下，庄家悄悄撤出挂在前面的买单，然后再将这些买单挂在跟风盘的后面。从盘面上来看，涨停板上的巨量买单数量并无变化，甚至还有增多。然后庄家往外推出大量小批量卖单，逐步将手中的筹码转交给排列在前面的挂买单的散户投资者。

庄家采用涨停出货的方法是一种“明修栈道，暗渡陈仓”的手法，既能让手中的筹码卖出一个好价钱，又不会引起一般投资者的警觉，可谓是一箭双雕。

庄家利用涨停板出货有两种做法。

一是在涨停板上不用大买单接盘，以免吃得更多，而是用对倒分批买进上方自己的大抛盘，引诱投资者追涨，并不时地对准下方的承接盘抛售。涨停板不时被打开，说明庄家出货意愿强烈。

二是庄家不断将自己涨停板上的买单撤回，往后排队。表面上看来，涨停板上仍有巨额买单，成交量也很大，实际上是庄家对着别人的买盘抛售。因此高位涨停之日，若成交量很大，往往是庄家出货所为。

如图 11-7，大洲兴业（600603）走势图。

图中箭头位置，一开盘庄家便将股价封至涨停，然后引诱散户挂买单，庄家趁机撤买单挂卖单，把大批筹码都甩给了抢进者。当日分时图上可以看到涨停中途曾被打开过，成交达 3000 多万股，换手率高达 18.39%，庄家出货特征明显。第二日一开盘股价便跳空下跌，这是庄家利用涨停板成功出货的例子。

有些手法比较特别的庄家，在出货过程中还会采用推土机式拉高来出货。庄家在卖一、卖二和卖三上不断地挂出均匀而小量的卖单，在买一、买二和买三上挂出虚张声势的大买单，通过对倒的方式，引诱不明真相的散户投资者买进上方庄家挂出的小批量卖单。当卖一上的卖单被散户投资者抢走后，庄家会适时地再挂上卖单。这样重复操作，股价在盘面上就会呈现出一定角度的缓慢上涨形态。

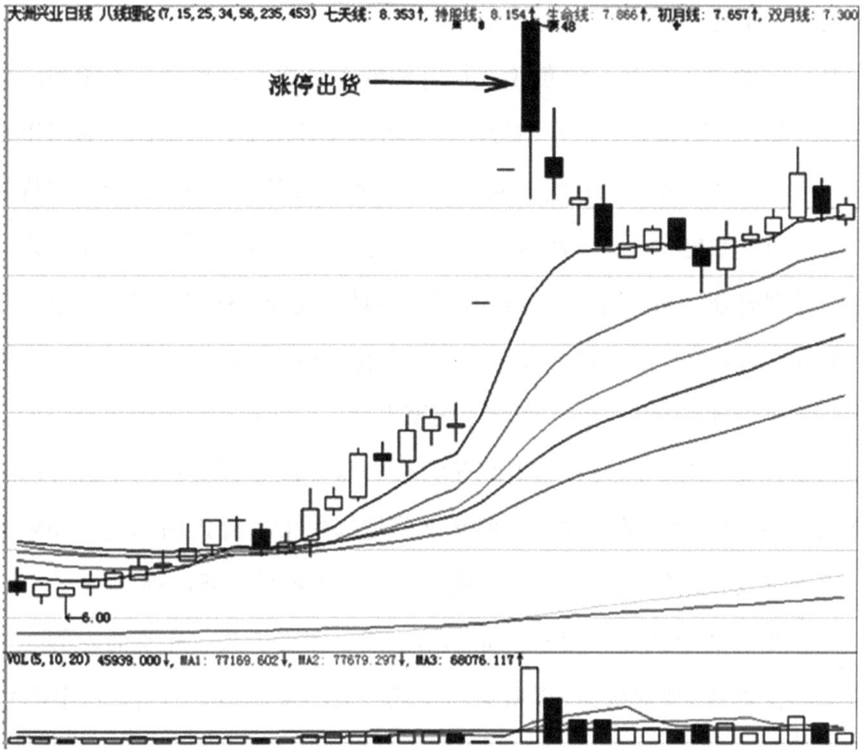

图 11-7

从日 K 线图上来看，红色的阳线一个连着一个，股价每时每刻都在上涨，犹如一串诱人的冰糖葫芦。可是这串诱人的冰糖葫芦只宜欣赏，不能品尝，因为这种看似行云流水般的走势，实际上是庄家采用的一种被动出货方法。

庄家有时候也会采用钓鱼竿式拉高来出货。钓鱼竿式拉升方法是在卖一、卖二和卖三上连挂三张较大的卖单，下档则不挂或者少挂买单。庄家通过不断对倒，买进上档的卖单，促使股价上涨，以此来引诱多头买进。由于下档买单极小，所以想卖出的空头无法抛售，也就无法给庄家制造股价拉升的阻力。

从成交来看，这种拉高出货方式的外盘和内盘成交悬殊极大，外盘有时甚至大出内盘几倍甚至十几倍，但股价上涨的幅度却与此严重不成比例。这种出货方式也是一种拉高出货的方式。

从一定意义上来说，钓鱼竿式拉升和推土机式拉升都是为了顺利出货。实际比较起来，钓鱼竿式拉升出货比推土机式拉升出货，出货的庄家显得更为心虚一点儿。这两种出货方法一般出现在行情的末期，钓鱼竿式拉升出货方式应用的时间可能更晚一些。两者的区别除了挂单方法不一样外，推土机式拉升包含的对倒成分，要比钓鱼竿式拉升包含的对倒成分少得多，也有可能不包含对倒成分。另外推土机式拉升如果出现在低位，也有可能是实力较弱的庄家在虚张声势地制造高股价，并不完全是庄家出货。出现在高位就要另当别论了。

值得注意的是，这几种拉升出货方法，虽然庄家都能将手中的筹码卖出较高的价钱，出货效果也很好，但必须要把握好市场背景和人气。如果把握不好市场背景和人气的话，画虎不成反犬类，很容易弄巧成拙。

庄家出货的形式还有很多，如小单出货、多卖少买、先吃后吐等。投资者应多分析总结，加深认识，以避免在实战中被庄家迷惑而上当，充当牺牲品。

第四节　庄家出货的盘面特征

一、庄家出货的市场特征

个股被炒至高位后，庄家会以较温和的成交量出货。出货时的技术特征与震荡调整蓄势行情表现相似，所以不易引发跟风出货的风潮，但庄家也不能保证这种出货方法最终会成功。如果庄家不顾后果，强行出货，则该股马上就会破位，最终会害了庄家自己。为了防止自己被套，不少庄家采用了更聪明、更具有欺骗性的做法——向上突破法。

向上突破法的具体做法是，庄家先构造出向上突破的态势，引发跟风盘。然后再往下压低出货，逼使跟风盘补仓。最后把手中筹码全部抛光，把跟风盘和补仓盘全部关起来。

通过分析归纳，庄家出货时的主要市场特征如下。

◆ 从某只个股的日 K 线图表上看，自底部算起，这类个股的累计涨幅一般已经相当大，通常具有 80%左右的获利空间。

◆ 这类个股的庄家既然已经把股价拉至高位，手中筹码又没有脱手，于是庄家就做一个高位平台。在这一高位平台上，庄家一边护盘一边出货。

◆ 经过一段时间的横盘，当该股庄家已经卖出了大部分筹码后，再次快速拉抬股价，令其创出新高，制造出再次向上突破的假象。

◆ 当该类股票再次向上突破并再创新高之时，跟风盘会不请自到，一拥而入。

◆ 庄家主要利用市场看好还有一波上升行情的心理气氛，在这种情况下借机抛售。

◆ 庄家抛售筹码时，一般是大批量出货，小笔资金拉抬。虽然庄家出货的价格并非在最高位，但套现后足以实现庄家的预定目标了。

◆ 庄家出货完毕后，该股会阴跌不止，毫无支撑点位。

◆ 庄家出货时，个股的最大特点是，往上突破时阳线实体短，通常有上影线，同时换手率惊人，最大的换手率一般高达 30% 以上。

二、庄家出货的盘口特征

1. 小单出货法

有耐心的庄家，每次只卖 2000 股～ 8000 股，根本不超过 1 万股。几乎所有的软件都不会把这种小成交统计成庄家行为。

2．多卖少买

操盘手抛出19900股，同时买进100股，在显示的时候，就是成交了2万股，而且是按照买入价格成交，一般软件会统计成主动买入量。

3．大幅度砸低股价后出货

目前价格是11元，有的操盘手会突然用10万股的量砸到10元，然后股价再回复原状。买进的人以为拣了便宜，没有买进的人以为也可能有机会捡个便宜，所以积极在10元附近挂买盘，然后操盘手可以再次卖出20万股。

由于股价是突然下跌的，所以买进的人多，操盘手出的货也比较多。实际上10元不是他心里的出货价格。

4．先吃后吐

有的操盘手会先把价位拉高5%～10%，而且在高位放巨量，显示的是买入实盘。多数人会认为庄家在买进，风险不大，所以也积极买进。然后庄家再逐渐出货，股价逐渐下跌。如果做得好，庄家可以出很多货。

采用这种方法，庄家在高位买进的可能确实是实盘，比如买进50万股。但随后他可以在低价抛出100万或者200万股，对出货来说还是划算的。

5．跌停板开盘出货

开盘直接跌停板，许多人一看股价如此便宜，常常会有抢反弹的冲动。如果跌停不是庄家出货，股价常常会立刻复原，根本就不可能以跌停价买进来。如果你居然在跌停板附近从容买进许多，以后可能就要吃不了兜着走了。

6．涨停板出货

如果庄家操作得当，是可以把股价拉到涨停板附近的，然后故意在涨停板上放几十万或者上百万自己的买单，等待追涨的人买进，有的时候还要自已吃掉一些。

最后股价封住涨停板，并在涨停板上放几百万股的买盘，让其他人眼红跟进。然后庄家把自己的买单逐渐撤掉，放在最后面（按照时间优先的原则，先挂上去的先成交），随后再自己卖出。如果一只股票在涨停板上的成交量比较大，就有庄家出货的嫌疑。

7. 飘带式出货

股价飘带式拉高是比较流行的一种出货方法。操盘手在每一个买盘上都挂几万甚至几十万手的买盘，促使股价逐渐飘带式上移，这时总会有沉不住气的人勇敢地跟进。

其实上面的卖盘都是庄家自己的，因为持仓者都想卖出最高价格，一般不会挂出卖单，所以你如果买进来，那就离下跌不远了。要注意，多数人认为飘带式是庄家拉高的方式，其实这是一种出货方式。

三、庄家出货的技术特征

1. 均线系统特征

股价经过大幅度的上涨后出现回落，5 日均线从上向下穿越 10 日均线，形成有效死叉时，股价头部形态出现。5 日均线、10 日均线、30 日均线在高位形成死叉时，后市看淡。60 日均线走平或向下拐头，表示股价中期转势在即。

2. 成交量系统特征

股价经大幅度的上涨，成交量突然在顶部急剧放大，并且股价转而向下，则表明庄家正在积极出货。如果股价不能再次上涨，但成交量放大，此为量价背驰现象。此时多是庄家偷偷派发筹码。

股价处在升势中，突然止涨下跌，成交量大幅度增加，说明庄家急于派货。在上涨的高价区间，股价仍然上涨，但成交量不能有效放大，说明市场高位缺乏承接盘，后市不乐观。

3.K线系统特征

出货阶段，股价在高位常常出现阴阳相间的K线组合，大阴中阴K线的数量不断增多，阴K线的数量多于阳K线的数量，股价向下产生跳空缺口且不能回补，K线组合形态多为长阴墓碑线、三只乌鸦、平顶、下降三部曲等。

虽然庄家的出货行为较为隐蔽，手法也比较高明，但庄家在出货抛售筹码的行动中，或迟或早、或多或少总会露出一些蛛丝马迹，总会有一些征兆。一般来说，如果有以上现象出现时，就要注意庄家很可能在出货了。

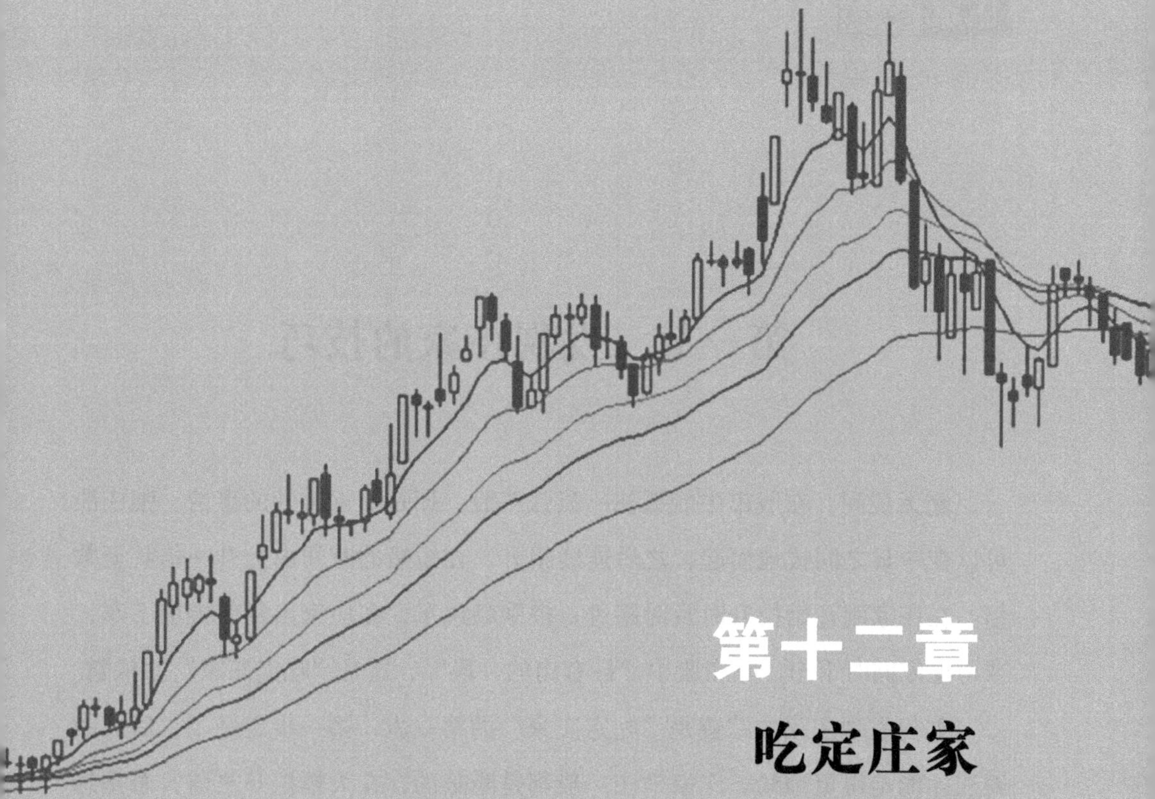

第十二章

吃定庄家

第一节　发现庄家的技巧

第二节　庄股看盘技巧

第三节　如何发现庄家正在建仓

第四节　拉升阶段如何操作

第五节　如何发现庄家出货

第六节　如何区分拉升与试盘

第七节　如何区分震仓与出货

第八节　如何区分洗盘与出货

第一节　发现庄家的技巧

毫无疑问，在股市中能抓住一只强庄股，那是非常美妙的事情。强庄股可以在一日之间拔地而起，之后连续飙升，在短短的时间内上升一倍甚至数倍。在庄家刚开始拉升时及时跟进，搭乘顺风车，在庄家出货前提前下车，或与庄家同时下车，吃庄股中“最有肉的一段”，这是“吃定庄家”的精髓。

如何发现庄家的踪迹是“吃定庄家”的第一步，第一步走好了，后面的跟庄才能走得更顺畅。庄家坐庄一般都是隐蔽的，在大幅拉升之前，总是想方设法掩饰自己的意图，以免被投资者发现其行踪，散户必须掌握一定的技巧，才能发现庄家。

一、发现庄家动态的技巧

1. 出现以下状态，可能为新庄股

◆无任何题材，非超跌情况下，相当长时期后出现首个涨停板。

◆走势与大盘相逆，特别是在大盘弱势时，表现为无大买单但股价走势强。在大盘走势强时，却有人为大单多价位砸盘。

◆抗跌性好。大盘急跌它抗跌，大盘下跌它横盘，大盘横盘时它微涨。

◆ OBV 指标上扬的速度远远超过股价的上扬速度。

◆连续小阳线后突然一根大阴线，而后再是连续小阳线上扬。

在具体看盘上，可以参考以下 19 个庄家进驻的特征。

◆股价大幅下跌后，进入横向整理的同时，间断性地出现宽幅震荡。

◆当股价处于低位时，多次出现大买单，而股价并未出现明显的上涨。

◆分时图上价格忽上忽下，委买、委卖价格差距非常大。

◆委卖大于成交、大于委买，价格上涨。

◆近期每笔成交股数超过市场平均每笔成交股数。

◆小盘股中经常出现 100 手的买单，中盘股出现 300 手的买单，大盘股出现 500 手的买单。

◆ 3 ~ 5 个月内，换手率累计达到 200%。

◆换手呈增加趋势。

◆原先成交极度萎靡，某天起成交量逐步放大。

◆股价在低位整理时出现逐渐放量。

◆股价尾盘跳水，次日低开高走。

◆在 5 分钟走势图上经常出现连串的小阳线。

◆股价低位盘整时，经常出现小十字线。

◆遇利空打击，股价反涨。

◆大盘急跌时它盘跌，大盘下跌它盘整，大盘横盘它微升。

◆大盘反弹时，它强劲反弹，且成交量放大。

◆股价每次回落的幅度明显小于大盘。

◆股价比同类股价格坚挺。

◆日 K 线呈缩量上升走势。

走势与大盘相逆一般为强庄股。在大盘疲弱之际，股市不断创出新低，个股也纷纷破位下行之时，有些强庄控盘的个股在大盘跌时成了过河卒——继续前行而不回头，此时便很容易区分出庄股来。

若庄家重仓持有某只股票，在大盘走弱时会采取各种手段进行护盘，防止抛盘过多，否则会使前期庄家自身拉升的成果丧失。由于大量的筹码都被庄家收走了，浮码极少，下跌时期的抛量很小，呈无量空跌，护盘也相对容易。因此，如果大盘下调时某只股票拒绝下跌，或跌幅明显小于大盘，出现“当跌不跌”的情况，说明这只股票的庄家已经深度介入了。

此类强庄股的主要特点如下。

◆一般流通盘较小，庄家控盘充分，浮筹较少。

◆以横盘代替下跌。庄家护盘积极的个股，在大盘回调、大多数个股拉出长阴时，不愿随波逐流，而是保持缩量整理态势，等待最佳的拉抬时机。

◆尾市拉抬。尾市拉抬的情况比较复杂，应区别分析。一般来说，若股价涨幅已大，当天股价逐波走低，成交量放大，尾市却被大笔买单拉起的个般宜警惕。此类拉抬活动通常是主力在派发之后为保持良好的技术形态而刻意为之。有些个股涨幅不大，盘中出现较大的跌幅，成交量很小，尾市却被买单收复失地，应视为主力护盘的一种行为。

◆从走势上看，总体升幅不太大，尚处于拉升阶段，或主升段还未开始，或目前价位并非庄家的目标位。若升幅巨大而逆市走强，一般是庄家急于拉升出货，故意引人注目，这类庄股千万别去碰。

2．从成交量判断庄股

成交量是股价涨跌的先行信号，庄家的活动都可以从成交量上找出蛛丝马迹来。在正常情况下，如果某一只平时成交量不大的股票突然放量，且成交量比平时放大 10 倍以上，就可以肯定有庄家在活动。

放量的原因是多方面的，既可能是该股的基本面有突发性利好，造成新庄入驻，还有可能是原来的庄家借消息顺势拉起，也有可能是换庄。但不管是哪种情况，突然放大的成交量是庄家存在的最好证据，因为这绝不可能是散户们的统一行动。

散户要特别注意那些在底部已经横盘了很长时间（至少 3 个月），某日成交量突然放大的个股，这类股票成为强庄股的可能性极大。另外，对于那些小幅拉升后进行调整，且已调整完毕、成交量突然放大的个股，更要多关注，这些个股极有可能被庄家大幅拉升。如果股价处于相对高位而成交量突然放大，很有可能是庄家在出货，这类股票不可碰。

二、跟踪庄家的技巧

发现庄股后，切勿匆忙跟进，而应首先从基本面、技术面上分析庄家进庄的目的。庄家操纵股票的主要目的是盈利，其借助的手段有送股、题材、热点套利、业绩增长和远期投资等，据此判断未来股价涨升的幅度潜力。次之分析该股的庄家成本、持仓数量以及技术走势分析等。

完成上述分析后，应集中精力与资金，根据该股的走势规律进行加仓，同时可小仓位高抛低吸。在已经跟进仓位后，应坚定持股信心。要相信长时间的理性分析，不要受情绪影响轻易买卖，主要仓位应以中线波段为主，少量套利为辅。通常情况下，达到投资者认可的目标位，或出现急涨后的快速回落，或股价滞涨、OBV 指标盘跌时应减仓，并开始准备新的回合。

在认识庄股的同时，更应注意防范庄股的风险。有人把庄家比喻成日本鬼子，其主要操作思路是，把其运作的个股像抡一个装着中小投资者的口袋一样，在一个相对高位来回抡几圈，待把散户抡晕后，再往地下摔几下，还要恶狠狠地踢上几脚。最后在散户心理实在承受不了时，股评人士会信心十足地告诉你：“乡亲们，出来吧，皇军不抢粮不放火”。但是等中线散户低位交出筹码，股票便立刻开始启动了，粮食却被鬼子抢走了。

第二节 庄股看盘技巧

很多散户朋友不知道如何看盘，如何判断即时行情。而一些老股民、看盘高手往往只要对着盘面观察上几分钟，就能大致判断出当天某只个股的抛压大小与走势。做到这一点需要积累经验，注意掌握一些技巧。

熟悉沪深股市的投资者都知道，沪深指数走势始终是运行在一个又一个股指箱中，箱底和箱顶位置高低，取决于市场上股票流通总量的大小、股市参与资金的多少及上市公司的业绩，有人把这种理论称为容器理论。

在一个时间段中，流通总量和上市公司的业绩可以看作是一个相对的定值，而股市资金的注入是一个变量。这就是说，注入股市的资金量多少决定了大盘与个股的涨跌。

股市里的变量资金绝大部分掌握在庄家手中，大部分的中小资金及新投资基金，主要是为股市的相对缩容作贡献的，在没有基本面重大变化刺激投资者的持股信心与买进冲动时，庄家的动态直接决定了指数与个股的涨跌。也正是这个原因，给中小资金带来了机会和风险。对于中小投资者来讲，要想盈利必须提高看盘、操盘和捕捉盘面信息的能力。

中国股市的庄家很看重四个价位：开盘价、最高价、最低价、收盘价。开盘价是一日行情的起点，是影响当日市场情绪的第一个因素，因此显得格外重要。大机构造市，一定会在开盘价上做文章。

一、观察开盘走势

9点25分到10点这个时间段的开市状态及后续走势需特别留意，一是因为开盘价在K线图中占有很重要的分量，二是庄家往往在这段时间试盘。比如庄家当日若想拉升的话，常常会在集合竞价时以较大的买单推高股价，以便察看市场上的抛压大小。一些有经验的股民，往往会对这期间的股价走势特别留意。

首先我们要关注9点25分～9点30分的集合竞价。集合竞价是每一个交易日的第一个买卖时机，庄家常借集合竞价跳空高开拉高出货，或者跳空低开打压建仓。一般而言，散户资金量少，不能操纵股价，投资策略多是卖出跌势股，买入热门股或强庄股。庄家操盘恰恰反其道而行，常常利用集合竞价卖出热门股，买入超跌股。

9点25分开盘价出现时，散户若发现手中持有的热门股跳空高开，缺口很大并且伴有巨量时，就应提高警惕。如果开市半小时即达到5%的换手率时，应作逢高派发的准备，此时一般不应盲目追涨热门股。

反之，当9点25分开盘价出现时，散户若发现手中的热门股向上跳的缺口较小，量价关系配合良好，散户经仔细分析前期量价趋势后，可以适当追涨。简言之，集合竞价时，庄家会选择前期的强庄股、热门股做文章，黑马股则多是在尾盘中杀出。

9点25分到10点的时间段，一般来说，对于那些已经形成突破走势或强势冲高的个股来说，这是一天的最佳介入时间。因为庄家一旦试盘发现抛压较小，往往就会由此展开升势。对于那些已经形成向下突破趋势的庄股来说，开盘30分钟也是最佳卖点，因为收盘时的股价还会更低。

当市面上“利好”或“利空”传闻最多之时，也是庄家利用开盘大举造市的时候。开盘后半小时的行情，对市场人气的聚散有着特别的影响。开盘后，投资者一般应立即查看委托买进笔数和委托卖出笔数的多寡。通常一开盘委买大于委卖单达两倍以上，显示市场人气旺，短线可买入；反之则代表空方强大，当日做空较为有利。开盘后若委买和委卖相差不大，再观察是否有大笔委托单的同时，还应结合前期量价趋势进行分析判断。

◆如开盘价突破前密集成交区和强技术位，并且盘中放量，应立即买入。

◆倘若平开高走，应视为热门股炒作信号。

◆倘若平开低走，则后市难有表现。

上午收市前，下午开盘后的几分钟，为买入、卖出股票的重要时机。上午平开高走者，下午可能高开高走；上午平开低走者，下午可能低开低走。

开盘后，观察大盘的庄家动向及市场强弱，可注意涨停板和跌停板的数量。由于市场有涨时追涨、跌时杀跌的共振效应，如果上涨家数迅速增加，可跟进。反之，下跌家数迅速增加应该撤退，以免高位吃套。

二、观察中午收盘

临近中午收盘时的走势也值得关心。许多老股民都有这样的经验，凡上午收盘前急忙冲高的，下午一般会以阴线收盘；反之，凡上午收盘前急忙下探的，下午以阳线报收的概率也很高。因为这毕竟也是个小收盘，所以庄家常常反向操作，或尽可能地让其收在对自己有利的点位上，以便能够较好地影响下午开市。

下午收盘前30分钟，是一天中多空双方争夺最激烈的时间段，消息灵通人士一般也都是在这个时间段内提前知道市场信息，因此值得特别关注。一是优势方往往会利用这段时间扩大战果，二是发生变盘也多在这个时间段。

三、观察委买盘和委卖盘

看盘的另一个重点是观察委买盘和委卖盘。股市中的庄家经常在此挂出巨量买单或卖单，然后引导股价朝某一方向走。许多时候，大资金时常利用盘口挂单技巧，引诱投资者作出错误的买卖决定，使买卖盘失去原有的意义。

例如有时刻意挂出大的卖单动摇持股者的信心，但股价反而上涨，充分显示出庄家刻意示弱、欲盖弥彰的意图。要盯住盘口，这将使我们有效地发现庄家的一举一动，从而更好地把握买卖时机。

1. 上压板、下托板看庄家意图和股价方向

大量的委卖盘挂单俗称上压板，大量的委买盘挂单俗称下托板。无论上压下托，其目的都是为了操纵股价，诱人跟风。股票处于不同价区时，其作用是不同的。

当股价处于刚启动不久的中低价区时，主动性买盘较多，盘中出现了下托板，往往预示着庄家做多意图，可考虑介入跟庄；若出现下压板，股价却不跌反涨，则庄家压盘吸货的可能性偏大，往往是大幅涨升的先兆。

当股价升幅已大且处于高价区时，盘中出现了下托板，但走势却是价滞量增，此时要留心庄家诱多出货；若此时上压板较多，且上涨无量时，则往往预示顶部即将出现，股价将要下跌。

2. 连续出现单向大买卖单

（1）盘口意义：连续的单向大买卖单，显然非中小投资者所为。大户大多也不会如此轻易买卖股票而滥用自己的钱。

大买单数量以整数居多，但也可能是零数。但不管怎样，都说明有大资金在活动。比如用一些特殊数字的大买单或卖单告知对方自己的意图，像666手、555手，或者用特殊数字含义的挂单，比如1818手（要发要发）等，而一般投资者是绝不会这样挂单的。

挂单相对较小且并不因此成交量有大幅改变，一般多为庄家对敲所致。

成交稀少的较为明显，此时应是处于吸货末期，进行最后打压吸货。挂单相对较大且成交量有大幅改变，是庄家积极活动的征兆。如果涨跌相对温和，一般多为庄家逐步增减仓所致。

（2）扫盘：在涨势中常有大单从天而降，将卖盘挂单连续悉数吞噬，即称扫盘。在股价刚刚形成多头排列且涨势初起之际，若发现有大单一下子连续横扫多笔卖盘时，预示庄家要大举进场建仓，是投资人跟进的绝好时机。

（3）隐性买卖盘：在买卖成交中，有的价位并未在委买委卖挂单中出现，却在成交一栏里出现了，这就是隐性买卖盘，其中经常蕴含庄家的踪迹。

出现单向整数连续隐性买单，而挂盘并无明显变化，一般多为庄家拉升初期的试盘动作，或派发初期激活追涨跟风盘的启动盘口行为。

一般来说，上有压板，而出现大量隐性主动性买盘（特别是大手笔），股价不跌，则是大幅上涨的先兆；下有托板，而出现大量隐性主动性卖盘，则往往是庄家出货的迹象。

3. 无征兆大单解读

一般无征兆的大单多为庄家对股价运行状态实施干预所致。如果出现连续大单，现行运作状态有可能被改变。如大单不连续，也不排除是资金大的个人大户或小机构所为，其研判实际意义不大。

大单吸货：股价处于低位，买单盘口中出现层层大买单，而卖单盘口只有零星小单，但突然盘中不时出现大单炸掉下方买单，然后又快速扫光上方抛单，此时可理解为吸货震仓。

四、收盘功课

收盘以后，应该查看一下涨跌幅榜上排名或成交金额居前的股票情况，研究其中有无领涨板块或异动个股。若有，则需要查看它们的技术走势以及基本面，再结合盘口情况，确定它们在目前的价位上还有无投资价值，是否可以短线炒作一把。

这些盘后功课对于股民是非常重要的，因为当日分时走势的明细情况以及单笔成交明细在电脑里只保留一天（保留下来的5分钟分时走势已经面目全非），许多情况只有在分时走势和单笔成交明细中才能看出。

例如有的时候，庄家出了一天货将股价砸了下来，却在临收盘前用大买单将股价拉起，修复本已走坏的图形，第二天继续如此。由于股价并没有连续大幅度下跌，许多股民仍会持股等待股价走好。但只要是庄家在出货，这股价就怎么也走不好了。庄家这种尾市拉高、假进真出的操盘手法，对于不认真看分时走势图的股民来说欺骗性极大。

再如，是大笔成交多还是小笔成交多，大笔成交是内盘多还是外盘多等。都必须要在当天晚上或者第二天一早及时看仔细。

第三节 如何发现庄家正在建仓

庄家要完成大规模的建仓动作，必然会造成股价不正常的波动。我们从这些蛛丝马迹中就能发现庄家，从而有效地狙击庄家。

一、看股价走势

当一只股票下跌到一定的幅度后，会出现成交量开始活跃的迹象，这个迹象一般是庄家开始进场吸筹的表现。

庄家不像一般散户那样急于求成，他们有自己的操盘计划和安排。庄家如不能在低价位吸到筹码，会略抬高价格吸纳，但上升趋势不太明显，主要是担心散户在升势时不愿抛出，于是又略做打压。就算是吸筹，他同样可以通过打压股价，让散户彻底失去信心，然后在他们计划的底部开始吃进。庄家开始收集筹码阶段，成交量会逐步增大。

如图 12-1，华能国际（600011）开始建仓阶段的走势。庄家在低价位吸收不到足够筹码时，会拉高平台继续吸收筹码。在走势中我们看到，庄家多次拉平台和横盘的走势，让散户交出手中的筹码。在股价拉升前，庄家更是通过打压式洗盘获得筹码。当庄家完成筹码收集时，拉升也就急不可耐了。

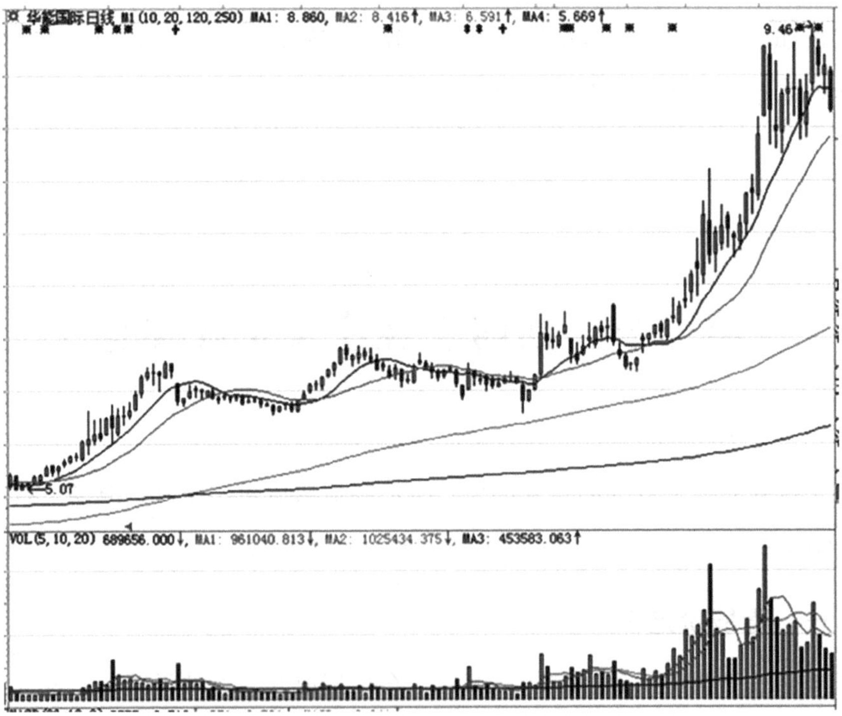

图 12-1

二、看日K线图

在盘整的底部，易出现小十字星或类似小十字星吸货K线，其含义如下。

一方面，庄家压价后慢慢吸纳，又不想股价收高，抬高今后吸货成本，故收盘时打压到与开盘相同或相近的价位，就形成十字星或近似十字星K线。

另一方面，庄家想悄悄地在这种盘局中吸纳便宜货，因而打压也不敢太放肆，收集不敢太疯狂，所以振幅较小，呈小十字星或近似小十字星吸货K线。

筹码收集到最后，会出现实体较长的阳线或上影线较长的K线，伴随较大成交量，代表收集工作到了最后时刻。

三、看成交量变化

庄家介入某只股票的吸货行为，往往会造成股价上涨，成交量递增。精明的散户应该能够通过分析庄家在什么价位开始进货、进货时间、进货多少等方面，估计出庄家拉高的时机和可能的炒作幅度。

庄家吸货造成成交量变化，一般有两种情况。

一种情况是，在原先成交极度萎缩的情况下，从某天起，成交量突然有所放大，连续数天维持在相近水平，不像以前时大时小，这显然是人为的。

还有一种情况是，庄家吸货也可能采取温和加价加码买进策略，从而造成成交量有规律地递增。这一方面反映吸货后期浮码少，不得不加价才买得到，同时也反映庄家吸筹的急切心情。

四、看成交笔数

一般来说，如果卖出笔数大于成交笔数，大于买进笔数，且价格上涨，说明主要是散户在卖，大户在买，散户当跟进。

五、看盘中的价量关系

一般来说，总体上，如涨时量大，跌时量缩，可能是庄家吸货。这里要注意,有时庄家集中一笔打压,股价急跌且成交量大,但随后股价又级级爬升,量逐步放大,这也是大户庄家在打压吸货。

第四节　拉升阶段如何操作

庄家的操作手法各异,操作流程也不尽相同。不同的个股其拉升手法也会有差异,拉升的幅度难以准确把握。但拉升阶段是所有庄家必须完成的一个关键阶段,最终必然会将股价通过一定的手段拉升起来。在吸筹、洗盘之后,最终必然要拉升以达到高位派发获利之目的。

在庄家拉升阶段,可以掌握以下几点操作手法。

一、把握进入的时机

在庄家拉升的初期介入最好,此时及时介入,无须等待,马上就会有账面利润。这时跟进需要胆识,因为股价已经脱离底部区域,并上升了一大截。跟进的价位以不超过庄家成本的30%为宜,较强的庄家可以调高至50%。

注意,这里指的是庄家的成本,并非股价在本轮上涨的最低价位。此时跟进的重点是,要准确判断究竟是拉升还是洗盘的继续。有时候有的庄家实力不济,反复在50%的空间内做波段。此时若误中奸计,没准会买到一个波段顶点。这就是强调在拉升期间跟进时不宜过分追高的原因。

二、把握卖出的时机

股市谚语云:“会买的是徒弟,会卖的才是师傅。”

在拉升中后期卖出较为理想，此时的典型特征是股价上涨幅度越来越大，上升角度越来越陡，成交量越放越大，交易气氛火热，此时大幅拉升阶段就快结束了。

买盘的后续资金一旦用完，卖压就会大量涌出。此现象的出现表明涨势将尽，上升乏力，涨势力竭，有趋势反转之嫌。因此该阶段后期的交易策略是坚决不进货。如果持筹在手，则应伺机出货。

三、不同拉升手法采取不同操作策略

市场上，关注最多也是最受追捧的，莫过于直拉式上升了。由于该类股票短期内涨幅巨大，上升过程中表现出一往无前的态势，使得短线客短时间内轻易获利，极大地满足了大部分投资者急功近利的心态，深受散户欢迎。

如果散户投资者有幸抓着了这类股票，一定要戒贪，预先设置好止盈位，见好就收。否则的话会造成两种后果，一种后果是坐一回电梯，怎么上去的怎么下来。还有一种是被无情地套牢在高位，为庄家站岗。

对于台阶式拉升，一般都是一步一个台阶，每一个台阶上升幅度都不会太大。30 日、60 日均线对股价走势形成长期依托，股价离均线不远，很少形成加速走势。投资者在短期内获利有限，使庄家操作时上行压力不大。一旦大盘走势不稳，该类股票回调也有限，往往在 30 日均线处止跌。通常这类个股很少居于市场涨幅前列，基本上不为市场所关注，成交量也不会呈现较明显的放大。这种股票经常以缩量的形式缓缓走高，在市场投资者不知不觉中完成了推高过程。

如果散户投资者手里拿的是这样的股票，在放心持有的同时，随时关注该股基本面的变化，将庄家的持股成本牢记在心中。结合市场环境和大势走势，只要该股的运行趋势不发生根本改变，就一路持有。

事实上，发现庄家不是最难的事，敢于跟定庄家，最终大赢出局才是最难的。

特别是每日坚持看盘的朋友，经受的考验更是无法用言语形容。买进之后担心庄家继续打压，无钱补仓。股价上涨之后，又担心庄家洗盘失去波段利润。

跟庄是辛苦的，但是坚持用这种方法操作的朋友最终会获得成功，并且在总结经验的基础上能驾轻就熟，使之成为自己一种有效的投资方法。其实庄家最怕的就是长期持仓的散户。

第五节　如何发现庄家出货

能正确判断庄家出货的时间非常重要，一旦目标股庄家开始出货了，就是比较危险的时刻了。庄家拉升到高位后，某天出现一根高位“避雷针”，也就是一根带长上影的 K 线，并伴随着较大的成交量，这是经常可以见到的一种形态。出现高位“避雷针”，一般可能是以下两种情况。

一、庄家开始出货

庄家将股价拉升到高位后，已有较大的涨幅，跟风者众多，庄家的账面利润相当丰厚。但账面利润毕竟是虚的，并不能代表庄家的实际盈利。为了将账面利润转化为实际盈利，庄家必须在高位将筹码派发给跟风者。

如何才能顺利地出脱手中的筹码呢？这就需要庄家设置圈套，让中小散户心甘情愿地接手。当然，最好的办法就是诱多。庄家在早市先大幅拉高股价，吸引跟风盘涌入，等“鱼儿”上钩之后再反手做空，将大量筹码一古脑儿倒出。这样造成的结果就是股价先升后跌，日 K 线带有长长的上影线，成交量非常大。

如图 12-2，太极股份（002368）2013 年 6 月至 2013 年 11 月的走势图。

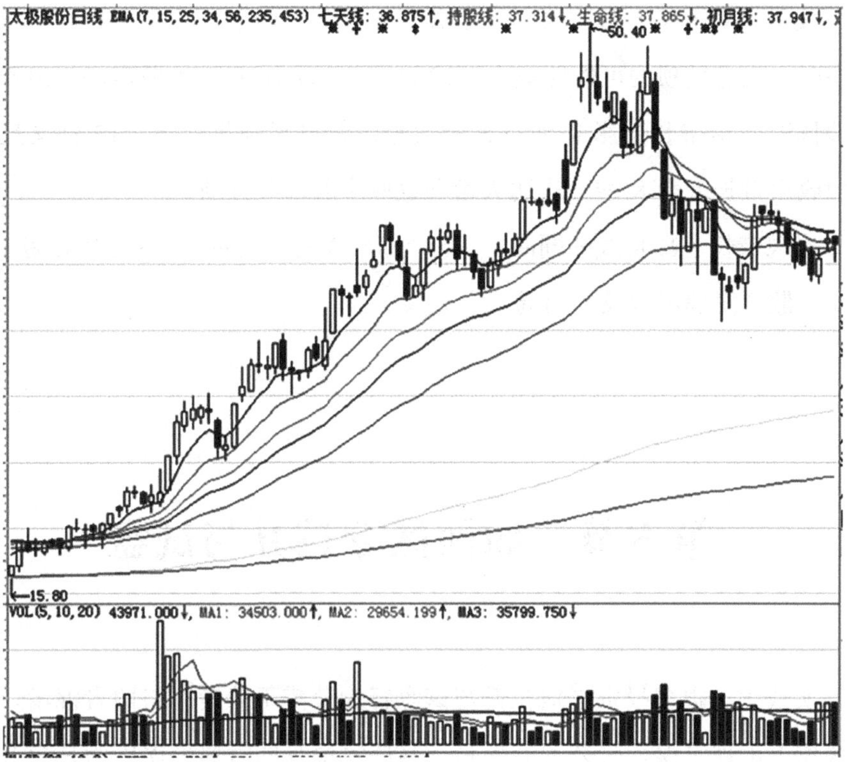

图 12-2

该股自 2013 年 6 月开始启动升势，至 2013 年 10 月，升幅已经极大。拉至高位后，在高点位置呈现连续震荡走势，K 线出现长长的上影线，量能也出现放大，庄家出货现象明显。

二、短线获利盘离场

股价连续上升，造成短线客获利丰厚。由于对后市看法出现分歧，多头阵营出现哗变，短线客出于落袋为安的考虑，纷纷抛股套现。这样也会造成股价冲高回落，留下带有长长上影线的 K 线，且成交量同步放大，意味着股价短线见顶。

投资者对带长上影的 K 线宜保持高度警觉，特别是大批股票同时出现该形态时，大盘见顶的可能性极大。2007 年 10 月 16 日，A 股市场就出现大批个股同时收出带长上影 K 线，显示大盘走势已呈强弩之末。17 日又是大批个股收出带长上影 K 线，表明大盘和这些个股同时见顶。

出现带长上影 K 线的同时，一般伴随较大的成交量，此为庄家出逃的“铁证”，散户发现后宜及早出局。

第六节　如何区分拉升与试盘

实战中，很多投资者对拉升与试盘行为分辨不清楚，将两者混淆，导致在操作上出现错误。带来的后果是，当庄家试盘的时候，误以为是拉升行情来临而大量追进，结果是被套牢在阶段顶部。当庄家真正拉升了，又误以为庄家在试盘，于是微利出局，结果眼睁睁地看着到嘴的鸭子飞走了。

这里总结几点操盘经验以供参考。

1. 拉升与试盘市场心态的差异

试盘时市场人气刚刚从恐慌中恢复过来，心有余悸，多空双方尚未形成一致看法。拉升时市场人气已经激活，赚钱心理强烈，市场开始出现追涨意愿。

2. 拉升与试盘的周期长短有差异

一般来说，试盘的周期较短，持续时间只有短短几天，有时候甚至只在盘中出现几个小时。相反的是，拉升周期一般较长，持续时间至少有 3 个交易日以上。

3. 拉升与试盘的 K 线形态有差异

在日 K 线形态上，试盘时的 K 线上下影线较长，实体部分较短。拉升时上下影线较短，常出现光头光脚阳线，实体部分较长。

4. 拉升与试盘成交量有差异

试盘时成交量来势突然，但持续时间较短，在盘面上经常出现单根孤孤单单的长红柱。拉升时量能呈有规律的放大态势，维持时间较长。

5. 拉升与试盘盘面形态有差异

试盘时盘面震荡十分强烈，庄家刻意行为明显。拉升时尽管手法各异，但是存在有规律的上行态势，以吸引更多的场外力量来抬轿。

6. 拉升与试盘操作时机有差异

试盘时主要技术指标转强信号不明显，甚至有的还处于下降通道或弱势格局之中，买入信号不强烈。拉升时主要技术指标已呈多头特征，做多态势明显，买入信号十分强烈。

第七节 如何区分震仓与出货

为了麻痹散户，庄家在做图时，往往把震仓做得跟出货一模一样。这样在多次震仓之后，散户就容易把庄家的出货行为误当成是在震仓，从而上当受骗。

震仓是为了洗清浮筹，便于拉升，出货是为了派发兑现利润。这种本质的不同，使得二者在分时图上“形似而神不似”的特征也很明显。

庄家震仓的目的是尽量把心态不坚定的跟风盘甩掉。庄家出货的目的是尽量吸引买盘，通过各种手段稳定其他持股者的信心，而自己却在尽量高的价位上派发手中尽量多的股票。

区分两者的不同是十分关键的，这直接关系到投资者在该股上的获利率。但在实际操作中，许多投资者却把庄家的震仓当出货，出货当震仓，结果卖出的股票一路狂升，死捂的股票却一跌再跌，深度被套。错误操作，除了经济上造成损失外，也对投资心态产生了较大的负面作用。

震仓与出货一般有以下区别。

第一，如果是震仓，往往开盘即跌，然后一直横盘，下跌的量和斜率都不大。拉升时成交量会放大，斜率会变陡，盘口上出现大的接盘时停留时间较长，小笔成交较多。

出货时一般会先上冲后回落，分时图上下跌斜率较陡，一般全天都在日均线之下运行，盘口时常有大手笔卖出。任何大的接盘一旦出现，也会在短时间内被打掉，根本容不上你挂单卖出。即使股价瞬间有上拉，成交量也远不如股价下行时大。

第二，庄家出货时，在卖盘上是不挂大卖单的，反而下方买单大，显示委比较大，造成买盘多的假象（或下方也无大买单），但上方某价位却有“吃”不完的货。或成交明细中常有大卖单卖出，买单却很弱，导致价位下沉，无法上行。

庄家震仓时，在卖盘上挂有大卖单，造成卖盘多的假象。若庄家对倒下挫时分不清是震仓还是出货，但在关键价位，卖盘很大，买盘虽不多却成交速度很快，笔数很多，股价不再下挫，多为震仓。

第三，重心方面：重心是否下移，是判别主力震仓与出货的显著标志。

第四，K 线形态方面：从日 K 线形态上分析庄家是出货还是震仓更为关键。

庄家震仓是想甩掉不坚定的跟风盘，并不是要吓跑所有的人（否则庄家就要吃进更多的筹码了），所以必须让一部分坚定者仍然看好此股，仍然跟随他，帮他锁定筹码。所以在震仓时，某些关键价位是不会跌穿的，这些价位往往是上次震仓的起始位置。这是由于上次已洗过盘的价位不需再洗，也即不让上次被震出去的人有空头回补的机会。这就使 K 线形态有十分明显的分层现象。

庄家出货则以力图卖出手中大量股票为第一目的，所以关键价位是不会守护的。出货会导致 K 线价位失控，毫无层次可言，股价一味地下跌。

第八节　如何区分洗盘与出货

一、震荡出货与震荡洗盘的区别

震荡出货从表面上来看和震荡洗盘别无二致。但从实际意义上来看，二者却有本质性的区别，我们要对二者加以细致的区分。

震荡出货和震荡洗盘虽然都是以震荡为手段，但二者的目的却有天壤之别。震荡出货的目的，是采用震荡的手段来掩饰庄家派发的痕迹。一方面以派发手中的筹码为主要目的，另一方面在派发的同时，还要维持较高的人气。所以从盘面上来看，股价向下震荡的时候，向下抛出的卖单具备连续性，并且卖单比较均衡，成交量比较真实，基本上都是真实的卖单。

股价向下震荡至箱体底部或较低价位时，盘面上仍有较大的抛单出现，股价继续盘弱。而股价借大盘走好或利好公布而采取向上震荡时，买单往往不具备连续性，或者持续性的买单很假，绝大部分为庄家诱多时的对敲盘。

当股价向上震荡到一定价位时，只要上档持筹投资者稍有抛售意愿，庄家根本不愿正面交锋，股价遂掉头向下。总体表现来看，庄家基本上扮演的是空头角色，多头则多为对后市仍抱有幻想的中小投资者。

从这时的成交量来看，由于股价下跌时成交卖单均衡而持续，显得比较有组织、有计划，所以在盘面上和分时图上就形成跌时放量的态势。股价向上震荡时，多头力量基本上来自对后市仍抱有幻想的散户投资者。所以股价上涨时的买单就显得零碎和杂乱，缺乏集中性和计划性，表现出涨时缩量的特征。这种跌时放量、涨时缩量的不健康量价关系，表明了庄家急于出局的真正目的。

震荡洗盘虽然同样是采取了震荡的手段，但由于庄家的主要目的是诱使获利盘换手，同时由于庄家对后市股价的走势很有信心，所以股价在向上震荡的时候，买单往往具备持续性、集中性和均衡性。反映在盘面上，往往形成价涨量增的健康走势。

向上震荡到压力区域的时候，一旦有持筹者有抛售意愿，庄家也敢于和空头搏斗，从而显示出庄家信心百倍。相反，在股价向下震荡的时候，由于做空能量大多是来自对股价后市走势持有疑虑的散户投资者，所以在股价向下震荡的时候，卖单显得零碎和杂乱，缺乏计划性、持续性和集中性。表现在盘面上，成交量也是价跌量缩，表明投资者不愿在低位沽售。

股价向下震荡到箱底或者较低位时，一般就没有大的抛单抛售了。就是偶尔有较大的抛单沽售，股价也应该止跌回升。其机理就是，把不看好该股的大户清洗出局后把股价做高，让其没有逢低吸纳的机会，从而造成退场者再追高买入，踏错节拍，垫高其投资成本，真正起到洗盘的作用。

还有一种情况就是放量止跌。这种情况一般是庄家采取放量向下对敲，抛单很多、很大，但是股价并不下跌，主要目的是恐吓意志不坚定分子，引诱信心不坚定者出局。此类情况也可能是其他小资金持有者获利出局，另有机构进场换手。这两点看似细微却也非常重要，是区别庄家出货与洗盘的重要标志。

正是由于以上几种情况的存在，所以震荡洗盘的成交量表现在K线和分时线上，往往形成价涨量增、价跌量缩或者放量止跌的健康态势。这是区分庄家震荡洗盘还是震荡出货的重要标志。

再从整个形态的成交量来进行比较和分析。由于二者存在本质上的区别，震荡洗盘在整个形态演变的过程中成交量迅速萎缩，标志着换手后盘面浮码迅速减少，股价最终以向上突破而使震荡洗盘形态成为涨升过程中的中继形态。震荡出货则恰恰相反，由于庄家派发的行为导致整个形态演变过程中浮码越来越重，最终选择向下突破，使这种震荡演变为头部形态。

二、横盘出货和横盘洗盘的区别

横盘洗盘和横盘出货，虽然同样采用横盘方式，却带来不同的结果。由于两者之间存在本质上的区别，因此就导致了庄家在整个横盘形态过程中有不同的行为。

横盘式洗盘，庄家以换手为主要目的。庄家只有在关键时刻才会在高位或低位出现，以主动性买单或卖单来控制股价，使得股价呈现出横向整理的走势，促使中小散户投资者自由换手。

在横盘洗盘的整个过程中，庄家真正参与买卖的行为并不多，所以股价走势沉闷，但股价比较坚挺，成交量也伴随着股价换手迅速萎缩。出现这种情况时，就标志着筹码日趋集中，浮筹逐步减少。横向洗盘最终放量向上突破时，就标志着横盘洗盘结束。

横盘出货则恰恰相反，由于庄家在这个时候是以抛售筹码为主要目的，因此导致在整个横盘形态演变的过程中，庄家表现得最为活跃，常常作出各种各样的假突破姿态，以此来引诱跟风盘。

随着庄家不断抛售筹码，导致盘面浮动筹码日趋沉重，股价走势也日趋疲软。每次股价跌至低点，庄家出来维持股价时，都会显得特别沉重。造成庄家控盘沉重的原因，是前期庄家抛出的筹码分散到散户手中后，致使庄家控盘能力下降。

横盘出货表现在成交量上，是在整个形态演变过程中成交量能比较活跃，并且始终不能萎缩。在横盘洗盘过程中，则不需要太大的成交量来维持股价横盘走势。股价在这么高的价位横盘，肯定不存在换庄的可能性，再加上盘面浮码日趋沉重，因此这时只有一种可能，那就是庄家在出货。

三、打压出货和打压洗盘的区别

打压出货和打压洗盘，同样以使用“打压”为手段，其目的和意义却截然不同。打压出货以庄家派发筹码为目的，以打压为手段。打压洗盘则是通过“打压”手段清洗获利筹码，震出不坚定分子，从而促进筹码快速换手，以提高其他投资者的成本。因此，我们有必要对二者加以详细的区分。

打压洗盘：由于庄家的目的是清洗获利筹码，促进筹码换手，震出不坚定分子，所以庄家既想打低股价，吓出获利筹码和市场中的不坚定分子，又不想丧失手中的廉价筹码，因而庄家往往采用向下挂单对敲，以炸单或空中对敲的形式打低股价。

从盘面走势上来看，股价跌势极为凌厉，鲜有反弹。5 分钟 K 线上留下多个向下跳空缺口，成交量暴增。但仔细观察却发现，绝大部分成交量来自对敲的成分，这是庄家的诡计。

从日 K 线上来看，打压洗盘往往是巨量长阴，形态极为恶劣，主要是吓唬那些不仔细观察盘面的技术派人士，造成一种放量出货的假象。这一招不仅蒙蔽很多散户投资者，甚至一些号称大师级的股评人士也是屡屡中招。

打压出货则与此有所不同。庄家利用的是跟风盘正旺盛的时候，趁投资者好梦未醒，突然反手做空，先套牢后进买盘，接着将敢于抢反弹的人士一网打尽。从盘面上来看，虽然也是快速下跌，但盘中多有反弹，以吸引买盘跟进，同时稳定套牢者之持股信心。但股价总体走势呈逐波下探之势，重心快速下移，在日 K 线上往往形成长阴线。

由于股价下跌的过程中，卖出的成交量为真实卖盘所致，所以常常一张卖单打低数个价位。盘中向上做反弹时，却有对敲盘出现，其目的是引诱跟风盘。因此打压出货未必有巨量成交放出，相反，由于抢反弹的人越来越少，成交量还会逐步缩小。

四、从技术走势判断洗盘和出货

1. 从均线系统上看

洗盘时，股价始终维持在 10 日均线之上，即使跌破也并不会引起大幅下跌，而是在均线下缩量盘稳，并会迅速返回均线之上。出货时，股价盘跌，均线走平，均线系统多头排列被破坏或开始向下，最终跌破均线系统并以阴跌形式向下发展。

洗盘时，股价在庄家的打压下快速走低，但在下方获得支撑，缓缓盘上。出货时，股价在庄家拉抬下快速走高，之后缓缓盘下。

洗盘时，均线上攻的斜率不是很陡，且喇叭口刚刚发散。出货上攻的斜率一般大于 45 度角，且喇叭口发散程度放大。

2. 从成交量上看

洗盘时，股价下跌而成交量无法放大。洗盘完毕，股价再次回升时成交量慢慢放大。出货时，股价上升持续时间短，成交量并不是很大，有许多对倒盘，但股价下跌则伴随着大成交量。

3. 从 K 线形态上看

洗盘时，日 K 线一般不会连拉大阴线，顶多拉 2 至 3 根中小阴线；出货时，日 K 线经常连拉中大阴线。

4. 从盘面看

洗盘时，盘面浮筹越来越少，成交量呈递减趋势。出货时，盘面浮筹越来越多，成交量一直保持在较高水平。

洗盘时，反弹力度较小，如此不会恢复持股者的信心。出货时，反弹力度极大，如此可使场内外的散户投资者对庄股保持信心。

如果是洗盘，股价最终会放量突破盘局，表明洗盘完成，新的升势开始。如果是出货，股价最终会向下突破盘局，但成交量不一定迅速放大，呈阴跌走势，表明庄家基本出货完毕。由散户支撑股价，股价必然阴跌。

洗盘时，外盘与内盘成交手数差不多。出货时，一般内盘（绿单）成交手数大于外盘（红单）成交手数，且常有大卖单出现。